国家社科基金(教育学)青年课题
“高等教育资源的生态化配置与培植研究”(CIA110149)最终研究成果

高等教育资源的生态化配置与培植

彭　勃　著

中国矿业大学出版社

内容提要

本研究以高等教育学、教育生态学和教育经济学等为理论基础，对我国高等教育资源配置进行了历史回顾和现状分析，认为出现高等教育资源短缺与浪费并存的主要原因是没有按照高等教育发展的内在逻辑配置和培植高等教育资源，并以苏北地区为例进行了实证研究，提出了高等教育资源的生态化配置与培植思路。

本书可作为高等教育理论研究的参考资料，也可供教育行政管理人员和高校管理工作者阅读、参考。

图书在版编目(CIP)数据

高等教育资源的生态化配置与培植 / 彭勃著. —徐州：中国矿业大学出版社，2017.6

ISBN 978-7-5646-3553-4

Ⅰ.①高… Ⅱ.①彭… Ⅲ.①高等教育—教育资源—资源配置—研究—中国 Ⅳ.①G649.2

中国版本图书馆 CIP 数据核字(2017)第 128584 号

书　　名 高等教育资源的生态化配置与培植
著　　者 彭　勃
责任编辑 陈振斌　孙　景
出版发行 中国矿业大学出版社有限责任公司
（江苏省徐州市解放南路　邮编 221008）
营销热线 (0516)83885307　83884995
出版服务 (0516)83885309　83884920
网　　址 http://www.cumtp.com　**E-mail**：cumtpvip@cumtp.com
印　　刷 江苏徐州新华印刷厂
开　　本 787×960　1/16　**印张** 14　**字数** 252 千字
版次印次 2017 年 6 月第 1 版　2017 年 6 月第 1 次印刷
定　　价 36.00 元

目　录

第一章 绪 论

陶行知先生说:教育是立国之基。教育可以承传社会文化,可以传递社会生产和生活经验,教育也是培养人的基本途径。21 世纪是知识和信息的时代,所有的政治、经济以及文化方面的建设都要以人才作为基础,都要把教育作为一个基础性平台。因此,新世纪是教育的世纪、是人才的世纪。

20 世纪中叶以来,人类社会进入了一个全新的知识经济时代,高等教育与社会发展的关系日益密切,已从社会的边缘走向中心,成为社会发展的"轴心机构"。高等教育从来没有像今天一样在国家发展和社会进步中举足轻重。虽然它不能保证高速的经济增长,但缺少它,持续的进步就不可能实现。在人类社会新的千年纪元里,高等教育已不是一种奢侈品,而是生存的必需品。1998 年,在巴黎召开的世界首次高等教育大会上提出,大学的根本使命就是促进社会的可持续发展和进步。

新中国成立以后,我国高等教育历经曲折,既曾沉浮于政治漩涡,也曾荡漾于经济海洋,并于 20 世纪末启动了"跨越式发展"的步伐。自 1999 年开始扩招到 2006 年,高等教育总规模达到 2500 万人,高等教育毛入学率达到 22%,提前实现了 1999 年教育部颁布的《面向 21 世纪教育振兴行动计划》中关于 2010 年高等教育毛入学率达到 15%的目标,成为世界高等教育规模第一大国。至 2015 年,全国各类高等教育在学总规模达到 3647 万人,高等教育毛入学率超过 40.0%。然而,我国高等教育大众化的实现方式与欧美国家的高等教育大众化实现方式迥然相异。欧美等发达国家高等教育大众化的一个共同特点,就是它们都是高等教育在与本国政治、经济、文化、科技等环境因素交互作用过程中,经过长期磨合而逐步实现的,是一个渐进的过程。而我国自 1999 年开始大规模扩招,在短短 4 年内就使高等教育总规模翻了一番,以"跨越"的方式快速跨进了高等教育大众化的门槛。

显然,这是一种突变式的大众化,它是在政府的强力行政牵引下,通过"行政总动员”的方式实现的。因而，我国的高等教育大众化进程自然会面临一些特殊的困难，其中比较突出的有三点：一是高等教育经费短缺。扩招以来，几乎所有高校都因资源短缺而向银行举债，中国社会科学院《2006 年：中国社会形势分析与预测》社会蓝皮书显示，我国高校向银行贷款约在 1500 亿～2000 亿元之间。① 二是教师资源短缺。扩招后，我国高等教育招生规模急剧膨胀，造成教师严重短缺，生师比居高不下，同时，教师的培养是一项系统工程，不是一蹴而就的，更不是靠钱能立即解决的。虽然国家教育行政部门和高校都在尽力通过各种方式缓解教师短缺的状况，但到 2006 年，我国普通高等教育生师比仍高达 17.93∶1，高于 14∶1～16∶1 的国际公认合理区间。三是就业问题突出。自扩招后，大学毕业生就业难现象日益突出，2003 年大学生未能就业的人数为 36.07 万人，2004 年为 44.8 万人，2005 年为 50.7 万人。② 如此众多的高等教育“成果”无法就业，既是严重的“人的生命的浪费”，也是高等教育资源的巨大浪费。上述状况表明，当前我国高等教育资源短缺和浪费现象都十分严重，而且高等教育资源的短缺和浪费相互纠缠、叠加作用，已经成为制约我国高等教育持续、和谐发展的“瓶颈”③，到了非解决不可的时候了。

一、研究背景

研究选题是整个研究的关键。常言道：“好的开始是成功的一半”，“选好了问题也就解决了问题的一半”。一项研究选题的确定，是基于一定的研究背景的。

1. 高等教育大众化

当前我国高等教育正处于加速发展的重要时期。自 1999 年教育部颁布《面向 21 世纪教育振兴行动计划》，提出我国高等教育大众化发展目标为到 2010 年高等教育毛入学率达到 15％以来，我国高等教育规模快速膨胀。经过几年连续大幅扩招，至 2002 年，我国高等教育在校学生总规模已达 1600 万人，

---

① 汝信，陆学艺，李培林. 2006 年：中国社会形势分析与预测[M]. 北京：社会科学文献出版社，2005：36.

② 彭勃，张万红，陈振斌. 我国高等教育资源浪费的生态学观照[J]. 辽宁教育研究，2007(4)：17.

③ 方惠坚. 关于我国高等教育今后发展的几个问题[J]. 清华大学学报(哲学社会科学版)，2004(4)：47.

高等教育毛入学率达到15%，提前实现《面向21世纪教育振兴行动计划》设定的目标；到2006年，我国高等教育总规模达2500万人，高等教育毛入学率达到22%，从而提前步入高等教育大众化时代。

大众化时代高等教育最显著的特征就是规模大、样式多，表现为社会对高等教育的投入多，高等教育供给能力强，在办学模式、管理方式、培养目标、评价标准等诸多方面呈现出面向市场多样化发展的态势。由于我国长期以来实行精英化教育，人才培养和科研活动都是在相对封闭的环境中小规模进行的，学术界过多地强调知识的自我积累和发展，轻视了办学经济效益，人为地限制了高等教育的投入和发展规模，造成了高等教育资源的短缺和浪费并存、科研成果的闲置以及人才的结构性浪费。目前，我国的高等教育尚处于大众化的初级阶段，在教育经费投入、资源配置和市场扩容等许多方面仍受精英教育模式的制约，高等教育要想突破这些羁绊，顺利向大众化阶段继续前进，就应当立足于开放式发展。无论从大众化的实现条件还是实现途径来看，高等教育都和社会经济有着必然联系，一方面社会经济、教育基础、社会文化传统会制约对高等教育经费和生源等资源的供给，另一方面社会经济的发展又会影响对高等教育成果的需求。因此，研究高等教育资源的配置问题，可以促使高等教育走出狭窄的办学空间，主动面向市场，适应市场需求，用供求规律、价值规律和生态平衡规律引导高等教育资源的配置，缓解高等教育资源的短缺，提高高等教育资源配置的经济效益和社会效益，促进大众化时代高等教育的和谐发展和可持续发展。

2. 经济改革对高等教育改革的推动

教育系统是社会大系统的一个子系统，教育的发展从来都不是孤立的，它是国家发展的一个重要组成部分，为一定社会的政治、经济、科技、文化服务并受其制约。其中具有决定性作用的是经济体制。我国30多年的经济体制改革历程，是渐进地对传统国家垄断体制进行改革和不断引入竞争机制的过程。市场竞争伴随着行政分权悄然兴起，并逐步从传统体制外围渗透到体制内部，从产品市场扩展到要素市场。随着经济体制改革的深入，高等教育改革的呼声也日益高涨。1993年中共中央颁布的《中国教育改革和发展纲要》明确提出要逐步建立中央和省、自治区、直辖市两级管理，以省级政府统筹管理为主的新体制。1999年，中央部委机构改革基本完成，计划经济时代"条块分割"的高等教育宏观管理体制失去了存在的基础，高等教育宏观管理体制改革迈出了坚定性步伐。目前，除少数有代表性的重要学校及行业性强、地方政府不便管理的重要学校继续由中央政府部门管理以外，大多数原隶属于中央部门的高校已转由地方管理，高等教育“中央和地方两级管理、以地方统筹为主”的新的管理体制已基本形成。因此，开展对高等教育资源优化配置问题的研究，对于减少高等教育系统资源浪费，提高高等教育质量和效益具有重要意义。

3. 生态思潮的兴起和生态研究方法的广泛运用

自工业革命以来，人类由农业文明时代进入工业文明时代。生产力和科学技术飞速进步，全球人口和经济以史无前例的速度增长，人类所创造的物质成果比以往几千年农业文明时代所创造的物质财富的总和还要多。然而，由于人类所取得的大多数成就以损害自然为代价，或少数人为获取自己的利益以损害多数人的利益为代价。因此，伴随前述成就而出现的诸如生态失衡、环境危机、资源短缺等问题日益扩散和严重，越来越为世人关注，成为人类可持续发展的巨大威胁。在此情况下，人类被迫反思自己与自然的关系，人类要想在这个星球上生存下去，社会的发展就必须与自然相协调，采取可持续发展的战略。伴随着对资源和环境问题的关切，以人与自然的关系为研究原生对象的生态学逐步升温，人类的生态意识日渐觉醒，一股生态思潮在全球范围悄然兴起。生态研究的进展，使得生态学研究逐步走出生物生态学领域，进入人类生态学和社会生态学视界，并与多学科交叉综合，给各学科带来了新的研究思路和视角。用生态学方法研究社会科学领域的问题成了一种新的思维方式。正如我国著名学者余谋昌教授所说，“用生态学观点分析与生命有关的社会现象、社会问题，已经越来越受到学术界的重视”①。生态思想、生态思维方式也为高等教育研究提供了有益的启示。

高等教育系统是一个由多因子组成的体系，是结构和功能的统一体。它同样需要与政治、经济、科技、文化等环境因子进行物质、能量和信息的交流。也就是说，高等教育系统是一个人工生态系统，具有生态属性，遵循生态运动的原理和规律，因此，高等教育生态研究为高等教育研究带来了新的思维、新的气象。

---

① 余谋昌. 生态文化论[M]. 石家庄：河北教育出版社，2001：83.

二、研究价值

选择一项研究选题，首先应该考虑其研究的价值与意义。深入分析高等教育资源配置和培植的内在规律，用生态学的理念和方法指导高等教育资源的配置与培植，对于促进我国高等教育可持续发展具有重要的理论价值和积极的现实意义。

1. 拓宽高等教育研究视野，丰富高等教育理论

本研究运用生态学思想和方法研究高等教育资源问题，是对国内不多的高等教育生态研究的深化，拓宽了高等教育研究的视野，丰富了高等教育研究的方法，为高等教育资源研究带来了新的思维和视角，因而具有重要的理论意义。同时，由于拓展了高等教育研究的领域，充实了高等教育资源及其配置方面研究的理论，因而，本研究又具有一定的理论创新意义。改革开放以来，我国高等教育研究逐步深入，取得了较为丰富的研究成果。进入21世纪以来，高等教育研究向更加深化、细化的方向发展，并且出现了与多学科交叉、融合，进行跨学科研究的趋势。本研究是在已有的教育生态研究、高等教育生态研究的基础上，从生态的视角对高等教育资源的配置和培植进行研究。希望通过该选题，能够继续深化高等教育研究，丰富高等教育研究领域。

2. 探寻优化高等教育资源配置途径，促进教育体制改革

高等教育资源的短缺和浪费同时并存，是当前阻碍我国高等教育事业健康、和谐发展的现实问题之一。用生态思想和方法研究高等教育资源问题，能为解决此问题提供可资借鉴的思路和方法，对解决当前我国高等教育领域的实际问题和促进苏北地区高等教育的和谐发展具有有价值的实践意义。

同时，经过近些年的改革和发展，我国高等教育系统已经基本形成了“中央和省级人民政府两级管理，分工负责，以省级人民政府统筹为主，条块有机结合”的新体制。本书通过对我国高等教育资源配置现状进行分析评价，指出了高等教育资源配置领域存在的问题，探寻了进一步优化资源配置和培植的途径，对于促进高等教育体制的进一步改革具有借鉴意义。

3. 促进高等教育可持续发展

加入WTO以后，我国高等教育面临国际化和大众化的双重挑战。一方面，高等教育国际化使国外高等教育机构和高等教育资源大量涌入我国，会造

成我国优秀教师、学生和资金的流失；另一方面，高等教育大众化大大刺激了社会对高等教育大规模、多样化的需求，高等教育不但要扩大规模，还要在办学模式、教育手段、功能定位、教育产品结构等方面满足社会多样化、个性化的需求。但现实是，我国由于长期以来实行计划经济管理体制，一方面教育经费投入长期严重不足，制约了高等教育规模的扩张和质量的提高，导致高等教育供求失衡；另一方面办学模式单一、办学体制僵化、教育机构冗员严重、教育资源效率低下，资源浪费现象严重。尤其是近一段时间以来，我国高等教育资源短缺和浪费并存的矛盾更加突出，已经成为我国高等教育可持续发展的瓶颈，到了非解决不可的时候。因此，本研究从生态的视点出发，重点研究了如何按照高等教育的内在演化逻辑和高等教育生态系统自身的特点进行资源配置和培植，实现高等教育资源的低浪费和高效益，希望以此为促进我国高等教育可持续发展提供参考。

三、国内外相关研究进展

随着高等教育规模的持续扩大以及高等教育大众化进程的加快，高等教育起点公平问题有所缓和，人们逐渐认识到由于高等教育资源在不同地区和高校之间配置的不均衡，学生在享受高等教育资源、获得个人发展机会上有很大的差别，这会对将来就业和未来发展产生重要的影响。20 世纪 80 年代以来，国内外许多专家学者日益关注高等教育资源配置问题，从教育学、经济学、管理学、社会学等多个学科领域对这一问题进行了研究。

1. 国外相关研究动态

高等教育资源配置研究属于教育经济学的研究范畴。西方关于教育经济学的研究起步较早，代表性的论著有马克思的劳动价值论，西奥多·W. 舒尔茨的人力资本理论。1962 年，英国教育经济学家、伦敦鲁诺大学社会科学院院士 J. E. 韦锥出版了以《教育经济学》为名的专著，标志着教育经济学的形成。随后又有许多经济学家对高等教育的经济问题进行了深入探讨，取得了一定的成果。综观国外教育经济学研究和发展现状，大致可分为两部分：一部分是探讨教育自身的经济效率和效益问题，即如何有效地分配和利用稀缺教育资源，提高教育资源的经济效益；另一部分是考察和探讨教育与社会、经济之间的相互关系，即社会能为教育提供的资源总量，社会和个人在既定的社会经济条件下，对教育的需求总量和需求结构的特征，以及教育在推动社会经济发展中的作用、动力机制、作用程度等。

国外关于高等教育如何优化配置资源、提高组织效率方面的研究，倾向于实证分析和个案研究。如美国圣弗朗西斯科大学的 John F. Ryan 在《高校经费与学生毕业率相关性分析》一文中，利用最小二乘法建立多元线性回归模型，定量分析了学生毕业率与入学成绩、民族、性别、年龄、教学经费支出、学校公共管理支出等自变量之间的关系，结果表明学生毕业率与教学经费支出、学生科研经费支出呈正相关，与后勤支出和学校公共管理支出呈负相关，据此提出今后高校经费应多向教学和科研方面倾斜的资源优化配置策略。Card 和 Krueger(1996)、Pritchett 和 Fulmer(1997)也做过类似研究。国外还有些学者运用 DEA 方法构建模型，评价高校运行效率以优化高等教育资源配置。Brue 和 Raab 运用 DEA 方法对美国公立大学相对效率进行分析，此文选取具有博士学位的教师占全体教师的百分比、生师比、生均教育经费支出、学生平均入学成绩、生均学费五个指标为输入指标，选取学生毕业率和新生就学率两项指标为输出指标。

Susan R. Hutchinson 和 Cheryl D. Lovell 通过对一段时期以来发表在美国三家核心期刊《高等教育》、《高等教育评论》和《高等教育研究》上的文章进行分类统计分析，结果表明，国外高等教育理论方面的研究更侧重于定量分析，常用的方法有多元回归分析、相关分析等高级统计分析方法。从内容来看，偏重于对各种高等教育市场化改革措施的实施效果的检验。

国外的相关文献为本书的研究提供了很好的思路和方法借鉴，但鉴于国外的政治体制、高等教育传统、制度环境、文化传统、改革进程等方面与我国差异较大，因此，国外高等教育资源配置方面研究成果的借鉴意义不是很大。

2. 国内相关研究动态

改革开放以前，由于我国一直实行高度集中的计划经济体制，高等教育作为政府的一个附属机构，在教育资源的获得和使用以及人才培养方面都完全按照政府的计划行事，高等教育的主要职能是为社会培养合格人才，而不是作为独立的组织需要考虑运行过程及经济效益和社会效益。改革开放以后，我国开始实行经济体制改革，教育经济效益方面的研究才逐渐引起国内学者的关注。1979 年召开的全国教育科学规划会议提出建立我国的教育经济学，1980 年 8 月，中央教科所在北京召开了全国教育经济学研究工作交流会，在于光远、董纯才、许涤新等著名经济学家和教育家的积极倡导下，我国教育经济学研究领域才得以确立。此后，理论界的学者陆续翻译出版了一批外国相关论著，其中主要有英国经济学家布劳格的《教育经济学导论》，美国经济学家舒尔茨的《人力资本投资》，美国教育经济学家科恩的《教育经济学》和《西方教育经济学流派》等。这些著作的出版，填补了中国教育经济学研究的空白，使国内学者得以了解西方市场经济国家教育发展的理论和实践。这一时期的研究主要在理论层面，且多属借鉴性质。

随着社会主义市场经济的发展和完善，尤其是1994年党中央确立了发展社会主义市场经济的目标以后，高等教育作为计划经济时代的最后一座堡垒，在政府机构改革和国有企业市场化改革的洪流中才被彻底冲破。高等教育开始了艰难的体制改革，大批的高等教育理论和实践工作者围绕改革进程中某一方面存在的问题进行了深入、细致的研究，成果相当丰富，其中有关高等教育资源配置方面的研究成果也不少，大致可归为以下几类。

(1) 关于宏观层面上高等教育资源配置的研究。

关于如何优化高等教育资源配置、提高高等教育资源效益的研究，近年来有不少学者借鉴经济学及相关领域的理论知识，提出了建立市场机制为导向的高等教育管理体制。曾加荣在《高等教育资源优化配置问题的思考》一文中运用经济学资源配置的概念，分析了高等教育资源配置的本质，提出培育具有中国特色的高等教育市场是目前深化高等教育改革的一项重要任务，也是优化高等教育资源配置的核心。根据高等教育的准公共产品属性，建立以市场机制为导向，政府调控为主导，学校办学为主体的基本框架，充分发挥价格机制在资源配置中的杠杆作用。杨冬丽在《论高等教育资源的优化配置与产业化》一文中，提出高等教育要想实现资源的优化配置，就必须主动面向市场，遵循市场经济的一般规律和原则，实施高等学校的教育资本经营。吕昭河在《中国高等教育资源优化配置的经济分析》一文中深入探讨了市场体系和价格机制引入我国高等教育资源配置中产生的影响，并分析了我国加入WTO之后高等教育资源配置所面临的问题。

除此之外，河海大学胡伟的硕士论文《我国公办高等教育资源配置的现状分析及其优化方略》，通过统计资料深入分析了当前我国高等教育资源配置的现状及问题，主要表现为高等教育规模不断扩大、教育经费投入不断增加、办学条件得到改善、办学经济效益和社会效益有所提高，同时，我国公办高等教育还面临着教育经费投入不足、管理不善、教育质量下降、培养的人才难以满足市场的需求等问题。针对这些问题，该论文从改善高等教育资源配置方式、优化高等教育产权结构、改革高等教育体制三个方面提出了优化我国高等教育资源配置的方略。

四川大学夏丽萍的博士论文《高等教育资源配置研究》，从系统论的角度出发，认为高等教育资源配置是对高等教育资源进行分配的各个环节组成的包含若干子系统的有机整体，把高等教育资源配置划分为主体系统、客体系统、资源配置方式和资源配置效益。从资源配置的角度研究了高等教育资源配置方式，认为高等教育资源配置方式的转换是一个在原有计划方式下，市场力量不断崛起的过程，并进一步把政府、高校和社会纳入一个系统中，从不同主体之间的相互作用分析了其作用范围、特点和边界。该论文最后系统地分析了高等教育资源的效益，并在对当前计量方法评价的基础上，认为高等教育资源效益的评价必须定性和定量相结合。

北京理工大学蔡婷婷的博士论文《高等教育资源配置模型研究》通过分析高等教育资源配置的基本理论和方法，对社会主义市场经济条件下高等教育资源配置模型进行了研究，以提出的高等教育资源混合配置模式为支撑点，借鉴项目管理成熟度方法中关于管理能量化的方法和思路，构建了可以度量管理者管理能力和水平的定性指标，同时又兼顾物力、财力投入等定量指标的高等教育资源混合配置模型。然后，针对高等教育产出不确定性特点及高等教育的产出应最大限度满足和适应国家和市场需求的属性，把已构建的一般意义上的高等教育资源混合配置模型进一步深化，引入区间数学理论，提出了有效供给和有效供给区间的概念，构建了有效区间供给下高等教育资源混合配置模型，对有效区间供给下模型的求解过程进行了探讨。

专著方面，康宁的专著《中国经济转型中高等教育资源配置的制度创新》以中国改革开放25年来的经济制度演化为背景，运用制度分析框架，从外生变量(转型期制度环境)与内生变量(高等教育新制度安排)的相互关系入手，考察高等教育资源配置变化的初始条件和约束条件，解剖市场微观主体分化、生成、制衡的机理，解释在新的制度背景下新配置方式生成替代转换的合理性，从而认为，转型期制度创新带给高等教育的影响集中体现在稀缺资源配置的供求方式改变上，而这一改变又是以资源配置微观主体的产权确立、分化与制衡为配置前提，以增量制度创新与存量制度调整的双轨配置路径为线索，以回归的学术力量、重构的政府力量与在建的市场力量三者配置制衡为治理结构；其配置基础是以分散的个人与组织的多元利益最大化与补偿制衡机制为特征，其配置效率是以市场配置为基础的新制度重建的速度为标识的。

陈宏军的专著《高等教育资源配置论》以对高等教育的需求和供给的分析为基础，对高等教育办学效益进行了界定，通过对高等教育资源与办学效益关系的分析，提出了提高高等教育办学效益的对策和完善高等教育资源优化配置机制的评价方法，最后就政府和高校在高等教育资源配置中的职责和高等教育资源配置体制改革提出了自己的看法。

(2) 关于微观层面上高等教育资源配置的研究。

微观层面高等教育资源配置主要指在一所高校内部如何配置高等教育资源，这方面的研究在前述宏观高等教育资源配置研究的论文和专著里也有所涉及，但多是一笔带过式的粗略介绍。还有一些论著是专门研究微观层面高等教育资源配置的，其中有代表性的有：河海大学张跃的博士论文《我国高校优化资源配置提高办学经济效益研究》，该文分别从人力资源、财力资源和物力资源优化配置的角度出发，利用边际成本—效用分析法建立了有关高校人力资源配置效益的 12 个评价指标，5 个财力资源配置效益的指标，6 个物力资源配置效益的评价指标，在此基础上遴选出一些比较重要的、具有代表性同时又可量化的指标，形成了高校办学经济效益综合评价指标体系，利用综合加权评分法构建了高校办学经济效益评价模型，论文最后阐述了高校办学经济效益实现的条件。河北工业大学的董友把高校资源优化配置问题具体到某一地区高校的某一种资源的优化配置上，他的硕士论文《河北省高等学校科技资源配置与博弈分析》一文分析了河北省高校科技资源配置状况，利用博弈论模型建立河北省高等学校科技资源优化配置的方案，并提出了相应的对策建议。周江林的硕士论文《湖南省高教人力资源优化配置研究》一文分析了湖南省高校人力资源的配置现状，提出了相应的对策建议。

3. 教育生态研究动态

在教育生态方面，近年来的研究进展很快，成果丰富。教育生态学诞生于 20 世纪 60 年代的美国，其后发展迅速。高等教育系统作为教育系统的一个子系统，其生态研究也随着教育生态学的研究而不断深入。1966 年英国著名高等教育学家阿什比提出高等教育生态学的概念，也有学者认为教育生态学这一术语是哥伦比亚大学师范学院前院长克雷明于1976年首先提出的。① 20世纪70年代是国外教育生态研究的兴旺时期，英国学者埃格尔斯顿的《学校生态学》以研究教育资源的分布为主旨，并指出生态学所关注的是有机体的行为和生活方式及它们与周围环境的关系。20世纪80年代和90年代，教育生态学研究在范围和深度方面都继续发展。不少学者都把教育放在当代备受关注的环境和发展的大背景下进行考察，如莱西(C. Lacey)和威廉(R. Williams)合编的《教育、生态学与发展》(Education, Ecology and Development, 1987)；华盛顿大学古德莱德(J. I. Goodlad)从微观学校生态学着手研究，首次提出学校是一个文化生态系统(cultural ecosystems)的概念，目的在于从管理的视角切入，统筹各种生态因子，提高办学效率。

1976年克雷明在其著作《公共教育》中探讨了教育生态学问题，他于1978年发表了《教育生态学中的变革：学校和其他教育者》一文，进一步阐明了其教育生态学见解。他认为，生态学是有用的，因为它强调联系，教育生态学的方法就是把各种教育机构与结构置于彼此联系之中，以及从与维持它们并受它们影响的更广泛的社会之间的联系中来加以审视。克雷明教育生态学思想的核心在于把教育看作一个有机、复杂、统一的系统，该系统中各因子都有机地联系着，这种联系又动态地表现为平衡与失衡、一致与矛盾。他认为应当用联系、平衡、动态的观点研究教育问题。阿什比在其名著《英国、印度和非洲的大学：高等教育生态学研究》一书中首次提出高等教育生态这一概念，他运用生物学的遗传内涵，从中世纪大学的世界主义理想、19世纪欧洲大学的主要区别及欧洲大学向国外的早期移植的历史背景中比较分析，发现英国大学输出到印度和非洲在体制、文化、课程等方面受到本土文化的抵制。他认为大学的构造必须继续使它们自身适应变化的大学环境，任何类型的大学都是遗传和环境的产物。阿什比的思想为高等教育研究提供了一个新的视角。

我国教育生态学研究起步于20世纪60年代，以台湾师范大学教育学系方炳林的《生态环境与教育》为开端。之后，李聪明所著的《教育生态学导论》以台湾教育现实为研究对象，运用生态学原理对各种教育问题进行了反思。大陆学者对教育生态学的研究始于20世纪80年代末90年代初。南京师范大学环境科学研究所吴鼎福所著的《教育生态学》是大陆第一部教育生态学专著，书中作

① 范国睿.美英教育生态学研究述评[J].华东师范大学学报(教育科学版),1995(2):12.

者借用了许多生态学理论、概念和术语，具有浓厚的生态学色彩。吴鼎福作为环境问题研究者来关心、研究教育生态问题，由于他有较深厚的生态学知识基础，并能把这些生态学原理运用于教育问题的分析与研究，因而他的《教育生态学》中所借鉴、移植的生态学理论与对教育问题的分析有待加强联系以达到有机结合。1992 年任凯、白燕两位作者出版了专著《教育生态学》，该书运用生态学理论分析了教育现象，但该著作偏重对教育问题的分析，对生态学理论的应用显得薄弱，深度不够。华东师范大学范国睿于 2000 年出版了专著《教育生态学》，该书比前两部著作有所深化，但鉴于作者教育理论研究者的学术背景，该书仍未对教育现象和问题做出令人满意的生态学分析和探讨，该书的生态学的色彩略显淡化。

在论文方面，2002 年华东师范大学刘贵华完成了其博士论文《大学学术生态研究》，在文中他对我国大学学术生态从概念到体系进行了系统的阐述。2004 年华中科技大学贺祖斌完成了其博士论文《中国高等教育系统的生态学分析》，该文运用生态学原理和方法，以生态学为价值取向，对我国高等教育系统进行了分析，提出了我国高等教育系统生态承载力、高等教育生态区域平衡和高等教育生态可持续发展三个主要命题。

上述文献为本研究提供了可资借鉴的思想和素材，但也存在不足之处，总结为如下几点：

(1) 对高等教育资源分类不够全面。

绝大多数已有文献都把高等教育资源分为人力资源、物力资源、财力资源三类，这种分类方法没有能够涵盖高等教育所传承、传播和创造的知识、科技、思想等无形的资源要素。

(2) 缺乏对高等教育无形资源——文化资源培植方面的研究。

各种文献主要从经济学的角度或者市场经济的角度探讨如何配置高等教育资源，其实质是如何配置高等教育财力资源和物力资源，而对人才资源配置方面的研究就比较薄弱，对高等教育存在和发展至关重要的文化资源的培植方面的研究几乎是空白。

(3) 从高等教育生态视角进行资源配置和培植的研究空乏。

已有的文献都是从经济学视角研究资源配置问题，而从生态的视角、用生态思维来研究高等教育资源配置和培植则是空白。

(4) 苏北地区高等教育资源配置与培植方面的研究空白。

上述文献研究的不足和空白之处为本研究提供了广阔的创新空间。

四、研究方法

研究是一个运用有计划和有系统的收集、分析与解释资料的方法，探求问题答案的过程。而研究方法，即是在从事这种科学探究活动过程中所运用的方法。为了顺利完成本研究任务，达成研究目标，在研究过程中，将运用的研究方法主要有以下几种。

1. 文献研究法

文献是"包含有我们希望加以研究的现象的信息的任何书面材料"。随着社会的发展，信息传播载体的日益多样化，文献的内涵和外延不断发生改变。而文献研究法，则"是一种用科学方法收集文献资料、摘取有用信息、进行整理分析的方法"。通过查阅文献资料，掌握本课题的国内外研究现状，并发现研究不足，寻找研究重点和突破口。

2. 生态学方法

生态学方法"是用生态观点研究事物、观察现实世界的方法，又称生态学思维"①。科学的生态学思维是科学认识生态学的途径，即用生态学的观点思考、认识、分析和解决实际问题，并且全面、整体、辩证地把握研究对象。运用生态学方法研究高等教育资源，指导思想主要是生态研究的系统观、整体观平衡观和调控观。

3. 实证分析法

对高等教育系统现阶段存在的资源问题进行相关的事实分析，在对相关数据进行统计、分析、归纳、比较的基础上，通过对研究对象客观地论述，来探究高等教育资源生态化配置和培植的特点或规律，为相应的结论提供有力的佐证。

4. 多学科研究法

主要运用生态学、高等教育学、经济学、教育经济学等学科的知识和方法对高等教育系统资源的配置和培植问题进行研究。

---

① 余谋昌. 生态哲学[M]. 西安:陕西人民教育出版社,2000:61.

五、研究技术路线

本研究的技术路线如图 1-1 所示。

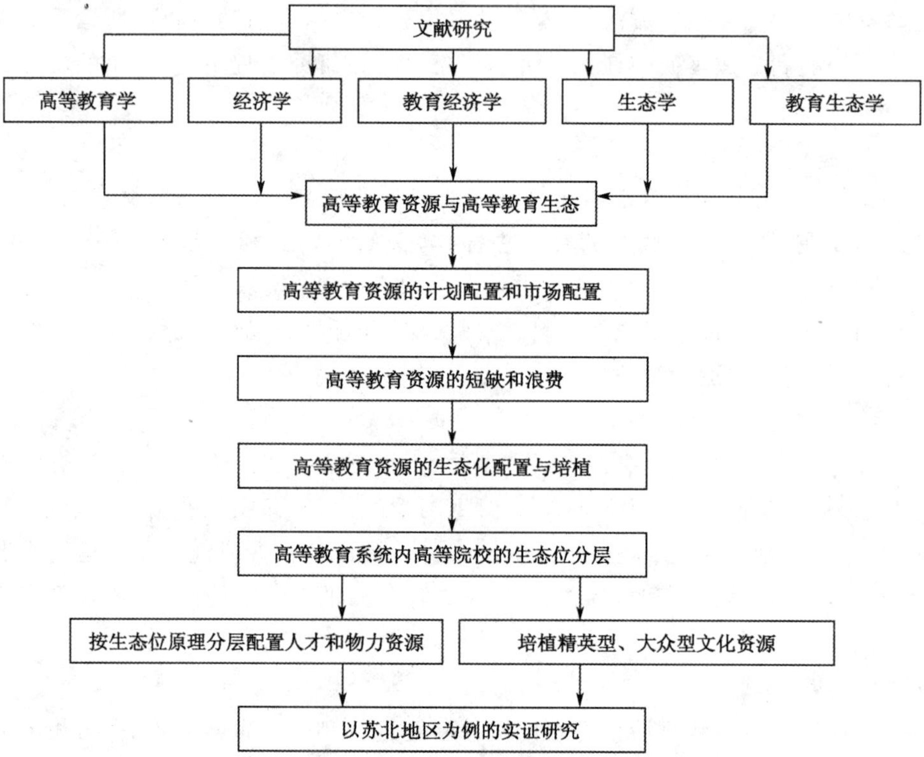

图 1-1　技术路线图

第二章　高等教育资源与高等教育生态

一、资源及其配置理论

（一）资源概念和特征

1. 资源的概念

康德指出："一切知识都需要一个概念，哪怕这个概念是很不完备或很不清楚的。但是，这个概念，从形式上看，永远是个普遍的、起规则作用的东西。"[①]《辞海》对资源的解释是：资财的来源，一般指天然的财源。《现代汉语词典》对资源的解释是：生产资料或生活资料的天然来源。联合国环境规划署（UNDP）对资源的定义是：在一定时间、一定地点的条件下能够产生经济价值，以提高人类当前和将来福利的自然环境因素和条件。[②]《大英百科全书》的定义是：人类可以利用的，天然形成的物质及其形成的环境。[③]《中国资源百科全书》的定义是：人类可以利用的天然形成的物质和能量。[④]

从上述权威辞书的界定可以看出，传统资源观是在自然的、物质的、有形的基础上形成的关于资源的总体观念。到目前为止，我国学术界在定义资源的概念时，还是以这种传统资源观为核心，或者是在固守这种传统资源观。传统资源观有如下特征：① 资源的本体主要指土地、矿产、森林、生物等有形的自然物质；② 资源的功能主要是为社会生产或经济活动提供有形的物质生产加工对象或条件；③ 资源的品种和规模很少变化，数量有限。上述传统资源观念引申出

① 北京大学哲学系外国哲学史教研室. 西方哲学原著选读：下卷[M]. 北京：商务印书馆，1982：296.

② 转引自：石玉林. 资源科学[M]. 北京：高等教育出版社，2006：1.

③ 转引自：石玉林. 资源科学[M]. 北京：高等教育出版社，2006：1.

④ 转引自：石玉林. 资源科学[M]. 北京：高等教育出版社，2006：1.

经济学的主要内容是“研究有限资源的合理配置的科学”这一思想。美国经济学家、诺贝尔奖获得者佳林·C.库普曼斯认为:“经济学是研究稀缺资源的最佳配置的学问。”①

然而,随着社会实践的发展,传统的资源观念受到了越来越多的挑战,它已经无法解释并从理论上指导实践。现代资源的内涵在纵横两个方面都在不断延伸。横向方面,资源已经不仅仅在经济领域内发挥作用,而是涵盖了社会活动的各个方面,在经济资源之外,又出现了政治资源、军事资源、人才资源、文化资源等;纵向方面,在每一种资源内部又可以分出更加细化的亚资源种类,如经济资源中的土地资源、矿产资源等。

随着资源外延的扩大,原本单一的资源内涵由清晰逐步走向了多样的混合。资源,在人们的观念中历来就是指土地、矿藏、森林等物质实体,但随着资源概念的泛化,却出现了一定程度的含混不清。综观已有的关于资源概念的研究成果和文献,我们发现有以下几点不足:首先,人们将资源和资源形态混为一谈。资源概念是对诸多实际存在的资源形态的概括,而资源形态则是各种资源存在的具体形式。工业革命以前,由于经济发展相对落后,资源内涵及其存在形态单一,因而对资源和资源形态加以区别的必要性不是很大。但在资源内涵及其存在形态都扩展之后,就有了对资源及其具体存在形态进行区分的必要性。其次,对资源形态具体而明确的分类研究比较少。已有的文献中,尽管已经提到许多具体的资源形态,但未能对资源做出性质和功能方面的分类与阐释。当资源的具体形态随着社会发展和科技进步而大大扩展之后,不仅原来不属于资源概念范畴的自然存在物都可以归属于资源,而且许多非自然和实体性的存在,如知识、政策、制度、环境等,也被纳入资源范畴之后,对资源形态的分类研究就成了必需。最后,对资源概念的界定缺乏前瞻性,在自然经济社会中,对于人类的需要和开发能力来说,不仅资源数量丰富,而且开发所需的技术要求也比较低。因此,只要指出哪些存在物属于资源范围就可以了,而没有必要在界定资源范畴时考虑过多。而随着社会经济的进步和实践的扩展,资源的内涵在不断变化,资源的形态在不断丰富,资源的功能在不断增加,资源开发的条件和要求也在不断提高,而原来的资源概念既看不出资源的这种历史发展过程

① 王宏昌,林少宫.诺贝尔经济学奖获得者演讲集(1969～1981)[M].北京:中国社会科学出版社,1986:256.

和性质,也无法涵盖所有资源形态的共性内涵,因而也就不能适应当今社会的时代要求,因此,新的资源范畴界定必须破土而出。

综合考虑资源的历史演进、现实状况以及未来发展趋势,我们认为资源应涵盖以下几个方面的含义:① 资源必须是能创造价值或财富的各种要素或各种要素的组合。也就是说,只要是被用来创造价值或财富的要素,无论物质的或精神的,有形的或无形的,都应属于资源范畴。② 资源本身并不能直接构成现实意义上的价值或财富,而是要经由人类劳动的加工之后才能成为财富并体现其价值。因此,我们可以给资源以如下定义:资源是在一定的社会历史条件下存在着,能够为人类开发和利用,在社会发展和经济活动中经过人类劳动而创造出财富、创造价值的一切要素及其组合。

2. 资源的特征

资源的特征是对归属于资源的各种具体资源形态特征的归纳与概括,是一种抽象。这种概括与抽象使得那些悬殊各异的具体资源形态之间有了共同之处,也使得不同资源形态在运行过程中遵循共同的规律。每一种具体的资源形态都有着反映其个别属性的更为具体的特征。正是这各自的具体特征,把不同的资源形态区别开来,成为相对独立的资源,诸如人才资源、物质资源、文化资源。例如,自然资源的基本特征就是其有形性和物质性,在生产过程中被用来制造物质产品的形态和功能;而文化资源的基本特征则是其无形性和非物质性,它反映着人们的思想、意识、知识、情感和愿望,在生产过程中被用来增加产品的文化价值和知识附加值。分析资源特征的目的就在于探寻各种具体资源形态的共同属性,使其成为能够涵盖其他种种具体资源形态而成为资源的一般。这个"资源"一般不仅涵盖目前已经存在并被认识到的种种资源形态,而且能够涵盖未来可能出现的其他资源形态。

对资源特征的阐释与分析,其目的就在于揭示资源的共同属性及运行规律,进而把握资源的性质,并在此基础上探寻具有操作性的资源运行建议。为了达到这一目的,我们在对资源的特征进行概括时,应从资源自身的生成和存在状态出发,对资源特征的概括必须有助于分析资源的性质,把握资源的运行规律。同时,我们还应当树立历史观念,资源的特征是人对资源状况的一种主观认识和抽象,要受到一定历史条件的制约。现在我们对资源特征所做的概括反映着当今的社会历史现实,彰显着当今社会历史条件下的资源属性和状况。

对资源特征的追问和把握,既有助于克服传统资源观念形成的束缚,从而建构新的资源观念，又能够为拓展资源的形态和功能提供更为广阔的空间。21世纪是知识经济的时代，资源被赋予了更为丰富的内涵，其中包括资源形态和功能的进一步扩展，由自然资源进一步发展、培植人才资源、文化资源等的形态和功能。而为了拓展资源的形态和功能，就应当对当前资源的基本属性和特征进行深入而确切的把握。

根据前述对资源概念的探讨和界定，我们把资源的特征归结为如下几点。

(1) 资源的短缺性。短缺性是资源的基本特征之一。短缺是就资源的规模和数量与人类需求的关系而言的。资源的短缺特征是指任何现存的、可供人类利用的资源的规模和数量，相对于人类的需求来说，都表现为不足。短缺性对自然资源来说表现尤为突出，一段时间以来，全世界都在大声疾呼自然资源的短缺和日益枯竭。1972 年罗马俱乐部发表了关于人类现在和未来境况的研究报告《增长的极限》，该报告研究了加速工业化、人口急剧增长、广泛的营养不良、非再生资源的消耗与日益恶化的环境等五种基本趋势及其相互关系，警告人们不要过分陶醉于工业文明的巨大成就，人类正面临着前所未有的危机，并预言：如果按照目前这种趋势发展下去，全球的增长将在今后的 100 年内达到极限，这就是所谓的“增长的极限”。

这份报告并非危言耸听，就自然资源而言，其短缺有两种：一是绝对短缺，即自然资源在自然界的储量日益减少，直接面临枯竭。据世界自然基金会 1988 年 10 月 1 日在日内瓦发表的题为《活的地球指数》的报告称，1970～1995 年的 25 年间，地球损失了 1/3 以上的自然资源。另外，近几个世纪以来，全球灭绝的野生动植物种类数以千计，其中 16 世纪以来灭绝的鸟类约为 150 种，兽类约 95 种，两栖爬行类约 80 种；世界自然保护联盟的统计数据表明：5%～20%的脊椎动物和树木面临灭绝的威胁，而且物种的灭绝正以百倍的速度增长。① 二是相对短缺，这是由于受到社会经济发展和科学技术水平的限制而造成的短缺。比如，一些资源由于勘探技术的制约而无法探明，另一些资源虽已探明却因经济实力和技术水平限制而无法开采出来，因而存在着短缺。人类已经探明大洋的深海中有大量的金属矿藏存在，月球上也有不少的矿藏，但就目前人类所掌握的技术和经济实力，大量开采这些矿藏用于生产生活几乎是不可能的，这种短缺是相对于当今的开采条件而造成的短缺。

① 孙琳. 濒危的物种，你们可安好[N]. 光明日报，1999-11-08(11).

除了自然资源的短缺以外，人才资源、文化资源等同样具有短缺的特征。例如，在当前我国全面建设小康社会的过程中，人才资源无论在数量方面还是在质量方面都存在严重的短缺。这是因为全面建设小康社会所需要的人才并非仅有普通劳动技能，而是要掌握现代科学技术。而我国劳动力受教育程度普遍偏低，因而尽管数量可观，但质量难以满足需求。对于文化资源来说，仍然存在数量和质量两方面的短缺。例如，科技知识贫乏，信息不足，观念陈旧等，都体现这些资源形态效用的不充分、不完整。造成这种状况的原因，既有这些资源本身方面的问题，也有人们对这些资源认识、开发、利用不足的问题。当前在一些欠发达地区，这个问题尤其突出。那里常常因为经济落后而缺乏相应的条件，加之人们长期形成的落后观念，没有有意识地去开发和培植，结果是人才资源、文化资源等明显不足，限制了自身的发展。

短缺性是资源的基本特征之一，这就要求我们在资源面前应当谨慎起来。首先，我们要克服在资源问题上的盲目状况，正是这种盲目造成了人类对资源的无节制消耗和浪费。德国学者弗里茨·福尔霍尔茨在其《享乐主义造成负担》一文中指出：一个预期寿命 80 岁的普通美国人，在目前的生活水准下，一生要消费 2 亿升水，2000 万升汽油，10000 吨钢材，1000 棵树木的木材。其次，人类解决资源问题的根本出路在于，既要借助于科技知识的发展，又要学会约束自身，既要开源，又要节流。再次，在社会生产、生活中要合理利用资源，高效配置资源，既合理开采资源，又合理利用资源。最后，因为资源短缺是全人类面临的共同问题，因而资源问题的解决必须是全球性的合作与共同行动。

(2) 资源的生成性。资源的生成性是就资源的来源而言的，也就是说，所有的资源都是在一定的自然条件和社会条件下经过生长而形成的，即使通常被认为是天然资源的资源也是如此。地球本身是在天体演变过程中经过亿万年的孕育变化而成的，地球上的一切生物和非生物更是如此。众所周知，煤炭和石油是在地壳运动中由埋藏在地下的树木和海洋生物生成的，只不过因其生成的时间相对于人的生命来说太长了，所以常被认为是自古便有的。人们常用天然来指称这些资源的存在，天然的意思也就是天道运行自然而成，它同样是一个生成的过程。至于人才资源、文化资源更是如此，它们都是在社会经济和文化活动中，逐步演化、发展或经由人的培植而生成的。比如，人才资源是由单纯的生物人经由教育和培养而成为掌握一定的知识、具备一定修养、拥有某种技能，从而能为社会创造价值的资源。这种资源同样经过一个演进和发展的生成过程。一般而言,自然资源的生成时间要长于人才和文化资源,自然资源的生成主要依赖于自然和生物系统,人才和文化等资源的生成则主要取决于社会和人文条件。

资源的生成性特征在当前知识经济时代条件下有着特殊的意义。首先,生成性是既存事实,是资源运行的规律。无论是人的社会生产活动还是资源观念,都无法超越这一事实。资源的生成性特征决定着人们对待资源的行为方向、目的和观念。认清这一事实,有助于突破传统的、狭窄的资源观念,树立新的全面的资源观念。其次,资源的生成性特征表明,资源是可以培植的,我们不应单纯等待资源的生成,而应积极创造和培植新资源,以满足社会发展和人类自身日益增多的需要。

(3) 资源存在的过程性。和其他事物一样,资源作为一种客观存在,在时间上呈现为一个连续不断的运动过程。一般意义上的过程有这样几个特征:任何过程都是处于不断运动当中;过程都有起始和终点,因而都是有限的;过程都是有条件的,具备了一定的条件便会发生,否则便会消失;过程与外界都有着广泛的联系,会与外界发生物质、能量和信息的交流,因此既会受外界的影响,也会对外界产生影响。一般过程的这些特征都会反映在资源的存在和变化之中。首先,任何资源的存在都有一个过程,都是有限的,任何一种客观存在物,都是更大范围、更长时间的一个有限环节或阶段。无论是自然资源还是人才资源或文化资源,都是在物理的、化学的、生物的以及在社会和人的作用之下,从无到有、从少到多逐渐生成的。其次,任何资源的存在和变化都是有条件的,具备了一定的条件,就会出现并展开相应的运动,条件改变或消失了,这种存在物也会随之改变或消失。这就表明,开发资源是需要付出代价的,对资源的培植也是需要条件的。最后,资源都具有时效性。过程的阶段性本身就表明事物的有限性。反映在资源上,就是在资源的开发和利用过程中也具有时效性。某种具体的资源形态,超过了一定的时限,就会失去效用。

(4) 资源的社会属性。任何资源,一旦同人和社会发生了联系,便具有了社会性质,反映着特定的社会关系。资源的社会性表现为以下几个方面:第一,资源是被人开发利用的,是人的劳动产物。因此,资源都反映着人与人以及人和社会的关系。第二,资源都是被用于社会生产过程中,任何社会生产过程都是人的行为,都具有社会性,反映着人的利益和需要。第三,资源被用于社会生产,是为了满足人的需要,人的需要的满足程度决定着产品的效用和质量,这种活动不仅反映着人与自然的关系，更反映着人与人的关系。资源运行过程中反映出的人与人的社会关系，就构成了资源的社会性质。资源的社会性质，实际上反映出了人与人的利益关系，资源的开发利用与人的利益密切相关。

资源的社会属性，在市场经济条件下，是通过资源的商品性表现出来的。资源的商品性是指资源中体现出来的人们之间的利益关系，在市场上通过资源这种商品的交换得到协调和实现，并同时实现着资源的配置和效用。资源社会属性的商品化，是一个历史过程。在古代，只有自然资源才具有商品属性，后来随着商品经济和市场体制的发展，资源商品化日益扩展，越来越多的资源被纳入到商品的范围之中，人才、知识、文化等非自然的无形资源都获得了商品属性。今天，除了诸如观念等少数无形资源不具有商品性以外，其他资源形态都是以商品的形式出现在市场上的，并且通过市场进行配置的。

资源的商品属性使资源获得了以下特征：第一，资源问题是一个利益分配问题，任何处理资源问题的方式都会涉及方方面面的利益调整。第二，资源的商品属性扩展了商品经济的范围和领域。早期的商品经济仅仅包括作为生产过程结果的产品，在成熟的商品经济条件下，资源也纳入到商品的行列，如此一来，商品覆盖了生产的全过程，资源的商品化也促进了资源的深化和扩展。第三，资源扩大了市场交换的对象，促进了市场经济的发展和完善。今天我们正在建设和发展的市场经济就是配置资源的体制和机制。

(5) 资源使用的相关性。资源使用的相关性是指不同资源形态之间在使用上的相互关联、相互制约的关系。它有两个层面的含义：一是从如何认识资源之间的关系方面来看，要把各种具体形态的资源放到资源体系中去考察，因为现实中的资源都是以具体形态存在并发挥作用的，它们之间不仅密切相连，而且在发挥作用的过程中也是相互依存和制约的。例如，土地资源和森林资源密切相关，没有土地资源，森林资源就是无本之木，而森林一旦被破坏，土地就会流失或荒漠化，渐渐失去其作为资源的价值。人才资源和文化资源之间也存在类似的关系，人才的培养和发展离不开良好的教育文化环境，发展先进文化也同样离不开优秀人才的积极参与和努力。另外一个层面，就是一种资源的使用需要以另一种或多种资源作为代价或条件。这些资源之间呈现出一种既相互矛盾又相互依存的关系。

资源使用的相关性特征对资源的开发利用提出了要求。第一，对任何一种具体形态的资源，都必须将其放到大资源背景中去考察，这样才能得到关于资源的整体观念。资源是一个整体性的存在，内部具有很强的相关性，无论是自然资源还是人才资源和文化资源，都概莫如此。比如，拥有丰富自然资源的地区，如果人才和文化资源匮乏，就无法获得很好的发展。第二，资源使用的相关性特征会带来双重结果，即一方面会产生我们想要的产品，同时会产生我们不一定想要的或者有害的副产品，例如工业生产制造产品，同时也会造成的环境污染。如何解决这一问题，是人类面临的重大课题之一。第三，对资源的研究要对资源功能、开发利用条件等方面进行综合考察，从而获得开发利用资源的最佳效益。

（二）资源配置理论

1．资源配置的三个要素

我国著名经济学家厉以宁教授这样定义资源配置："资源配置是指经济中的各种资源（包括人力、物力、财力）在各种不同的使用方向之间的分配。"①资源的合理配置有两种表达方式，一是使既定的资源产生最大的效益，即在一定量的资源条件下，通过对资源的合理分配、组合，以实现产出的效益最大化。二是在效益目标既定的条件下，通过对资源的合理分配、组合，以尽可能少地消耗资源来实现目标。当我们考虑资源的配置时，总要对资源使用的时间、空间、数量进行谋划，因此，时间、空间和数量便构成了资源配置的三个要素，这三种要素中缺少任何一个，都是不完整的，资源的配置也就无法确定。所以，资源的整体配置状况就是指各种资源形态在不同的时间、空间的分布，时间、空间和数量方面的分布状态决定了资源的配置状态。

时间是资源配置的一个维度，同一资源在不同时间使用会得到不同的效益。资源被投入生产过程会发生价值增值和价值转移，并最终体现为交换价值和使用价值。然而，由于环境的变化，在不同的时间使用资源，其效益也会发生变化，其主要体现为以下几个方面：首先，不同的时间对资源的需求会有不同，这种随时间变化的需求会影响资源的效益。某些资源会随着新用途的发现而扩大需求从而增加价值，也有一些资源会由于被新发明的替代资源淘汰从而失去价值。其次，资源的数量和获取资源的代价发生变化，导致不同时间资源的价值及效益产生差异。例如，尽管一种资源的使用价值很高，但由于其储量丰富，容易获取，却无法获得很高的交换价值。当它的储量减少，获取难度加大

① 厉以宁．非均衡的中国经济[M]．北京：经济日报出版社，1990：2．

时,人们对其价值判断会发生变化,同种同量的资源会被赋予更高的交换价值。同时,由于科学的进步和技术手段的革新,使原来不易获取的资源变得容易获取,人们为取得等量的该种资源所付出的代价会大为降低。最后,由于资源利用技术水平的提高导致资源产出率的提高,即相同数量资源投入生产过程以后,能够生产出比原来更多的产品和提供更多的服务。例如,有些矿产资源属于伴生矿,矿石中多种有用成分共存,当技术水平不高时,许多有用的成分无法提取利用,造成资源浪费。当生产工艺和技术水平提高以后,矿石的综合利用水平得以提高,同样数量资源的使用价值大为提高。技术总是在不断提高的,因此,资源的利用率也会不断提高,随着时间的推移,资源的使用价值必然会提高。

空间是资源配置的另一个维度。资源的空间配置有部门配置和区域配置两个方面。一是资源的部门间配置。资源的部门间配置是指资源在社会生产部门之间流动,以使该种资源在整个社会中的需求总量和供给总量大致平衡,从而不会发生资源的短缺。资源的供求平衡是资源配置的必要条件,资源配置效益的最大化是资源配置平衡的充分体现。实现资源的空间合理配置需要满足以下三个条件:第一是资源的自由流动,即资源从一个部门到另一个部门是自由的、不受限制的。第二是消费的自由选择性,即人们的消费行为能够充分体现人们的消费愿望而不受外界的干涉。第三是作为资源和消费者中介的生产者,既具有合理、高效的满足消费的能力,又具有做出正确投入产出决策的信息以及组织实施的手段。显然,这是一种理论和理想的状态,不过它是我们应当追求的状态。二是资源的区域间配置,即由资源在不同区域间的储藏量差别和人类经济活动水平的差异造成的区域间资源结构和总量的差异引起的区域间资源的交流。通过这种交流,能够实现一定区域在一定时间内的资源供给总量大致满足其资源的需求量,在区域间实现资源效益的最大化。

一个国家或地区在资源总量有限的情况下,进行区域间的资源交流,以实现整体的最佳资源产出效益,客观上要求资源由效益低的区域向效益高的区域流动。这种流动的趋势使资源流向报酬率高的区域。资源报酬率的高低,取决于诸多因素,包括资源在经济活动中的依存关系。比如,要实现自然资源的高报酬率,既要求自然资源同先进技术等资源相结合,也要求与掌握先进技术人才资源相结合,所以,自然资源通常会流向资本、技术和人才都比较密集的区域。人才资源同样如此,要实现人才资源的高报酬率,一方面要与丰富的资本资源相结合，另一方面还必须有适合人才资源发挥聪明才智的体制、政策和观念等文化资源与其相适应。也就是说，人才资源效益的发挥程度与自然资源和文化资源等因素构成的环境密切相关。资源生产力的这种客观要求，导致各种资源在区域间流动时跟随某一种或几种资源向某一区域集中，自然资源、人才资源、资本资源等都向这一区域流动，使该区域的资源密度迅速增大。结果是资源集中区域的资源更加丰富，而资源匮乏区域的资源更加匮乏，呈现出马太效应。

资源配置的这种马太效应在一个国家内部如此，在国家之间同样如此。例如，发达国家人口仅占全球人口的30%，却消耗70%以上的地球资源，其中一个主要原因就是，这些国家除了拥有丰富的自然资源之外，还具有良好的制度、机制、政策等文化资源，能够吸引发展中国家的资本和优秀人才资源。改革开放30多年来，这种现象在我国表现也比较明显。东部发达地区由于其政策、资本、技术和人才等方面的优势，吸引了大量中西部地区的自然资源、人才资源和资本，出现了东部地区资源相对密集，而中西部地区资源更加匮乏的状况日益严重。这也是我国区域间经济发展逐步产生差距的原因之一。

数量是资源配置的第三个维度。资源配置的数量维度是指资源的存量和增量与资源的平均成本量和边际成本量这样两组概念。资源的存量是指一个地区、部门或企业对某种资源的占有量。资源的增量是指在一个地区、部门或企业范围内部一定时间内某种资源的增加量。资源的平均量包括资源的平均消耗量、平均输出量和平均调入量。资源的边际量是指每增加一个单位产出所需要增加的资源投入量，或者最后一个单位的资源投入量。研究资源配置问题需要计算平均成本、平均效益、边际成本和边际效益，这是因为，一般说来，资源与产出的关系是非线性关系，也就是说，随着产出规模的增长，每投入一个单位的资源，其相应增加的产出是不相同的。因此，在资源配置时考虑经济效益必然要求注重资源投入的边际效果，而不仅仅是计算其平均效果。

2. 制约资源配置的因素

在现实社会生产和生活中，资源并非随意配置的，它常常会受到以下三方面因素的制约。

第一，经济体制制约着资源的配置。不同的经济体制下，资源配置所涉及的方面也不相同，主要包括以下几个方面：一是资源配置的决策者。对资源配置构成影响的首先是决策方式，即分权和集权及其程度。在完全集权的情况下，资源配置的决策权集中在单一的中央指挥机构手中，它向该组织内的下级单位发布指示。与之相反，在完全分权的情况下，全部的资源配置决策权分散在最小的隶属单位。除了权力的分配决定决策层次外，信息的处理和利用对决策层次也有影响。信息的完全集中是指单一的决策者拥有关于参与者的全部信息，分权制则表明这样的决策者不拥有全部信息。二是提供信息及调节机制。在经济体制中，有各种不同的提供信息并调节决策，现代社会的调节机制主要是计划和市场两种机制。在计划经济体制下，经济活动都要接受由高层决策机构制定而后下达到低层机构的各种计划或指令，并且根据低层机构执行这些计划和指令的优劣决定奖惩。因此，在计划经济体制下，资源根据计划者的指令进行配置，从而排除了市场作为资源配置者的作用。在市场经济体制下，市场提供了引导经济体制中各个机构就资源利用进行决策的信号，所以，市场调节着不同决策单位的经济活动。三是资源所有权。资源所有权可以划分为对实物的使用权、处置权和收益权。资源所有权的差别会导致决策规则、激励机制和目标的差异，从而产生不同的经济成果。例如，在资源为私人拥有的制度下，由于所有者追求收益的最大化，资源的配置就是为了获得在相应风险之下的最大收益；而当资源为国家拥有时，资源配置的规则就会不同，这时受关注的将是国家所期望的长期社会收益。因此，总体上讲，不同的经济体制对资源配置的影响是至关重要的。

第二，产业政策影响资源配置。一个国家或地区制定产业政策的目的，一是发展经济，二是调整和转换产业结构，三是保持和促进经济的增长。产业政策目标不同，相应的资源配置方式也应当不同。产业政策的效力就在于它能够推动资源配置按照产业政策的目标在不同产业之间进行调整，通过调控资源的流动方向，使资源向产业政策目标方向配置。在我国计划经济时期，产业政策对资源配置的调节能力是很强的。我国是第二次世界大战后资源转向工业化最快的国家之一。据估算，我国工业化的总资源转移率高达 20%，高于泰国和土耳其的 18%，仅次于韩国的 33%。① 我国计划经济体制下，产业政策要求采取行政强制措施，使政府掌控大量的资源，中央政府决定这些资源的使用方向。随着改革开放的发展，所有制的多样化、利益主体的多元化和产权的多重化以及市场机制的建立，中央政府可以直接控制的资源大大减少了，出现了多层次

① 国务院农研中心发展研究所.走向现代化的抉择[M].北京：经济科学出版社，1987：28.

的资源配置主体,使资源配置出现了多样化的局面。各经济主体的决策取决于利益和信息两个因素。只有当政策信息和市场信息一致时,他们才能做出既能增加自身利益也能促进经济发展的决策。因此,产业政策对不同层次决策主体所拥有的资源,应采取不同的手段进行使用。

第三,科学技术发展状况影响资源配置。一个国家或地区的资源配置状况不但受到经济体制和产业政策制约,而且也会受科学技术发展状况的影响。科学技术进步的含义十分宽泛,一般包括如下几个方面:劳动工具和工艺流程的改进和完善,劳动技能的提高;新材料、新能源、新技术和新工艺的研制、生产和推广;产品和产业结构的改进与优化;生产组织、劳动组织和经营管理水平的提高。其中,前两项是狭义的技术进步,后两项是广义的技术进步。狭义技术进步的特点是科技进步的结果主要改变生产要素本身的性状,如劳动力技能和质量的提高,资本资源的改进,新能源引入生产过程,新工艺流程的推广应用等,这些改变使得某一生产过程中的自然资源要素、资本要素或劳动力要素发生改变,但它们都属于生产要素本身的改变。而广义的科技进步并不要求资源本身改变,也不直接地体现在生产要素上,虽然它可以提高经济水平,却不是通过改变参与经济的资源数量和质量而实现的。这种科技进步的效果是通过对资源配置的优化,或者说通过管理效率的提高和进步而实现的。它改变的是经济中各类要素形成过程的组织形态或相互组合的状态,包括宏观的资源配置优化,即产业结构的调整,以及微观管理的优化,即企业或生产组织有效地经营管理。因此,科学技术进步对资源配置的影响也可以看作是通过经济管理水平的提高来实现的。

3. 资源配置的目标

通过合理的配置资源使有限的资源取得尽可能大的效益是资源配置的根本目标。由于资源配置追求的是效益最大化,因此有必要对效益的内容加以明确,对效益含义的明确也是对资源配置是否合理的一个判断标准。总的来说,与资源配置相关行为所产生的效益涉及面较广,主要包括以下几个方面:第一,个人效益。个人效益对应于个人需要的满足,而个人需要是多种多样的,并且呈现不同层次。美国著名心理学家马斯洛把人的需要分为生理需要、安全需要、归属和爱的需要、自尊及受到他人尊重的需要和自我实现的需要五种,满足这些需要的任何效果都可以称为个人效益。在个人效益中,处于不同社会地位和经济水平的人,他们对每一种需要的权重程度是不同的。社会地位和经济水平低的人会对生理、安全、尊重的需要比较看重，而对于前几种基本需要已经得到满足的社会中上层人士以及经济水平较高的人来说，则发展和自我实现的需要更被看重。对于文化层次高低不同的人来说，也有和上述情况类似的情形。第二，企业效益。对于企业来说，最大的目标就是追求经济效益，如最大产量、利润和市场占有率等，当企业侧重于追求某一目标时，其努力目标会发生变化，内部各种资源的配置也会做相应的调整和变化。第三，国民经济效益。国民经济效益就是在资源有限的条件下，追求国民经济的稳定和发展。对整个国民经济效益的追求，是建立在宏观范围内资源合理配置基础上的目标，是资源配置所追求经济目标的最大程度的实现。但仅仅考虑经济目标是不够全面与合理的，社会效益也应当考虑在内，因此，资源配置的经济效益目标还必须与社会效益目标结合起来。第四，社会效益。社会效益是指不同社会阶层、社会集团之间，不同区域之间的发展水平是否协调，社会公平和正义是否得以维护，生态环境是否得到保护和改善等，社会效益也是资源配置的最高追求。

4. 资源配置的原则

在资源有限的条件下要取得最大的资源效益，应遵循以下几个基本原则。①

第一，社会效益原则。资源的合理配置，必须考虑使用资源生产出来的产品或服务如何与社会需求实现最佳匹配的问题，要求最有效地生产，同时也要求社会最有效地分配产品和服务，实现最有效的消费。资源合理配置的社会效益标准，除了分配性消费方面的因素之外，还有社会文化、社会保障和社会稳定等方面的效益。首先，对于所有的资源配置项目，必须要考虑这些项目各个方面的社会效果，在经济效益相同的情况下，应优先考虑社会效益大的项目，在经济效益不等的情况下，应以社会效益的大小作为衡量标准。其次，对于没有直接经济效益的社会性资源配置，如修建学校、公益设施、社会保障事业等，应依照社会效益的原则，用尽可能少的资源投入实现其目标。

第二，经济效益原则。资源配置合理与否的最重要判断标准就是使有限的资源产生尽可能多的产品或服务，或者为了生产一定的产品，尽可能少地使用资源，这就是贯穿整个经济过程的经济效益原则。

第三，生态效益原则。对生态环境的改善和保护是资源配置合理与否的又一个判断维度。具有高效益的最大产出和公平的分配并不能保证对生态环境

① 李昌宇. 资源倾斜与配置——中国产业结构的转变过程[M]. 西安：陕西人民出版社，1992：43.

的充分保护，因而不是资源合理配置的充分条件，资源利用的社会效益、经济效益和生态效益的总体，是资源合理配置的一种完整的准则。生态环境也是一种资源，这种资源的所有者是全人类，在地球上进行的任何一种人类工程，任何一种经济资源的生产、分配和消费方式都必然与人类的生态环境相互交流。生态环境也是一种福利，人们像消费其他物品和服务一样，也在享受着良好的生态环境带来的福利，温暖的阳光、清洁的空气、纯净的水体以及优美的环境，使人们身体健康、心旷神怡。因此，对生态环境的保护和改善也是对人类福祉的保护，是资源配置的最高层次的目标。

第四，综合效益原则。资源配置的效益可以分为经济效益、社会效益和生态效益。这三种效益是彼此相关、相互依存、相辅相成的。具体到每一个具体的资源配置个案，有的是三种效益相互协同一致，例如“桑基鱼塘”模式；但有时三种效益并不一致甚至相互矛盾，例如发展化工工业不可避免地会造成环境污染。因此，对于每一个具体的资源配置项目，必须对其各种效益进行综合考察、权衡利弊，只有发展那些综合效益高的项目，按综合效益原则进行资源配置才是最优的资源配置。

5. 资源配置的方式

政治制度和经济体制是决定一个社会中资源运动和配置形式的关键因素。自人类社会产生以来，曾经存在着多种不同的资源配置方式，但在至今的人类社会发展过程中，两种最主要的资源配置方式就是计划经济体制下的资源配置方式和市场经济体制下的资源配置方式，因此，这里主要对这两种资源配置方式加以介绍。

(1) 计划经济体制下资源的配置。

1917 年，苏联“十月革命”的胜利标志着世界上第一个社会主义国家的诞生，从而使经济社会产生了一种完全不同于资本主义制度的新兴社会主义制度，同时，也产生了一种不同于市场经济体制的计划经济体制。在这种制度下，经济资源的配置由国家计划部门通过产、供、销的杠杆来实现综合平衡。计划经济体制下资源配置的一种极端典型，就是在一个国家范围内，对全部经济活动所涉及的各种经济资源，都由中央计划部门实行自上而下的行政指令性配置。

中央计划机关配置资源的主要原则是综合平衡，即通过合理分配各种资源，使各地区各部门资源的需求和供应大致相当。

① 计划管理体制。计划经济国家的经济管理，主要是通过各级计划管理机构来实现的。整个计划工作分为两部分：一是地区经济计划，即在一定行政区域内的各种资源需求和供应计划以及其他经济社会活动计划；二是各部门的计划，即每一部门的活动在各地区的分配。两部分计划相互平衡，即一是按行政部门和行政区划组织经济，二是按行政隶属关系组织经济。所有的基层生产和经营单位以及各种事业单位，都按不同情况分别隶属于各部门或各地区的行政管理机构。

② 计划经济体制下资源配置的过程。资源生产及配置计划一般采取自上而下、自下而上、上下结合的程序进行编制，然后由各级行政组织按计划组织实施。

在计划编制工作开始以前，计划部门要进行各项准备工作，包括组织调查研究，检查报告期计划执行情况，核算预计数字和综合生产能力，研究计划期国民经济发展中的重大问题和政策措施，修订各种计划消耗定额，制定和颁发计划编制方法、计划表格、计划项目目录等相关文件。在此基础上，首先由国务院自上而下地颁布控制数字，包括各地区和部门间资源调入、调出的初步意见，然后各级计划部门据此编制计划草案，即由各地区、各部门分别按地区和行业汇总并进行初步平衡，编制出计划草案上报国家计划委员会，由国家计划委员会进行汇总和综合平衡，制定出全国计划，并报请国务院批准后自上而下地下达正式计划。

③ 计划经济体制下资源配置的目标和动力。在计划经济体制之下，资源配置是由政府来实现的，因此，采取何种资源配置方案取决于政府组织经济的目的。资源配置得以顺利实现的程度，则取决于各级组织执行计划的动力以及信息的准确程度。政府组织经济的目标，一是尽快发展经济，二是经济的平衡和稳定，三是人们生活的尽快改善，四是国民素质的提高及技术的进步。斯大林曾指出，社会主义生产是在高度技术的基础上，使社会生产不断满足整个社会经常增长的物质和文化需要。因此政府在配置资源时，一般是从社会成本和社会效益的角度来考虑的。

政府计划的正确贯彻执行所依赖的动力是多方面的，一是政府通过比较严格的命令形式限制了下级乃至生产者选择及调整的可能性；二是执行计划的绩效与经理人员的升迁和其他方面的社会荣誉以及地位是挂钩的；三是一定的物质刺激，但主要是精神鼓励。为了保证资源配置计划的完成及效果的实现，集中计划体制要求中央决策者具有高度的权威，下级对上级的忠诚以及强调整个社会内每个个体、团体和阶层的无私奉献精神。

上述分析表明，计划体制配置资源具有如下特点：一是决策的集中性，集中决策的实现又客观地要求生产资源的公有制以及严密的行政组织系统。二是信息的运动主要是纵向的，即由下而上地反映各种关于资源需求的信息直至中央，中央根据来自各方面的信息进行综合平衡，形成关于计划和决策的信息，再从上向下传达。有关执行结果的信息也及时反馈到中央，由中央形成调控的政策方案下达。在资源配置上，主要是根据数量平衡的信息而不是价格信息。三是经济活动的动力来自于对中央权威的信任、完成任务的责任心、严格的等级制度以及精神上的鼓励。上述三点是区别于市场经济的特征。

④ 计划经济合理配置资源的条件。计划经济体制具有其自身的优越性，主要表现为以下几点：一是体制的指导者有更大的能力实现他们的目的，当这种能力能代表国家的整体利益时，有助于国家的进步。二是有可能实现较大的经济结构转变以便应付某些突发事件，或实现较快的经济增长。三是中央政府更易于对任何决策的长期效益进行权衡，而不致受短期收益的局限，因而有可能实现较多的投资率。四是存在着“把外在的经济情况或非经济情况内在化”的可能性，即可以在经济决策时考虑各种外部的经济因素或非经济因素，例如能从整个经济的范围来考虑教育的利益以及消除工厂污染的费用，这些对于分散的企业来说是无法考虑的。五是可以集中地取得有关整个经济范围内各种决策相互作用的更好信息。六是指导者可以把最稀缺的资源，包括人才资源，集中到最重要、最急需的领域。七是可以更好地做到产品的规格化和标准化，避免产品过大的差别造成浪费。

计划经济是一种理想的模式，是所谓的“电子计算机乌托邦”。它假定在计划的条件下，存在一个全知全能的计划者集团，他们精确地知道自己想要完成的事情，从经济的其他参与者那里获得一切必要的信息，对所有这些信息进行处理，然后做出各项任务中分配可用资源的最优计划，接着指挥每个人去完成被分配给的任务。显然，这种体制的效率依赖于下列假设：第一，计划者必须能够详细地规定他们的目标函数，即反映他们决策或计划目的的一系列详细标准，以测定经济活动中每一个合乎希望的分量，对不同的方向和时间的消费、投资做出正确的评估，以判断在何种情况下能取得最大的效益。第二，在中央政府对目标函数做出明确的判断之后，下一步就要取得可用资源的充分信息，用以确定各种可行的生产函数，即确定每一种可用的生产技术生产某一单位产品所需要的劳动、资本和其他经济效益的数量。同时，要对消费者的行为有充分了解，以使生产与需求相一致，并引导到最大效益中去。第三，把所有生产、流通、消费、分配的信息集中到中央计划部门之后，中央计划部门要有处理的手段和方法，对信息做出及时的分析和处理，以获得在一定资源条件下，如何分配资源、实现最优的生产组合、最终取得最大效益的具体方案。第四，中央计划制订以后，从上到下的贯彻执行应当是畅通的、不折不扣的，因此各级组织和企事业单位向上提供准确的信息、向下贯彻上级决策的动力问题，假定已经获得圆满的解决。

⑤ 计划经济体制配置资源的缺陷。上述计划经济体制下合理配置资源的条件，是一种理想状态的条件，在现实中是难以满足的，因而不可避免地存在配置资源的缺陷，主要有以下几点：

第一，目标是否明确、政府制定的目标是否能够反映整个社会的价值取向是一个问题。集体决策的目标往往不可避免地带着领导人本身的喜好，从而有可能偏离目标。例如，领导人从政治方面考虑，可能会急于求成地加大国民收入分配中投资的权重；领导人观点、知识水平及性格等方面的差异都有可能导致其决策目标的偏移。

第二，信息的传递有可能出现偏差。计划经济并没有创造出一种必然性，使信息不扭曲也不漏失地、自上而下和自下而上地传递。由于地区、部门以及企业的利益不可能完全一致，在信息传递过程中必然存在漏失现象。信息传递在时间上的滞后，使得决策总是滞后于经济事态的发展变化。当中央计划部门花费很长时间平衡好计划并在实践中执行时，事态已经偏离了决策时的信息。在计划经济条件下，许多资源缺乏价格尺度，例如，尽管土地是一种稀缺资源，却经常被无偿投入到生产过程，因而无法核算资源的产出效果，导致资源的不合理配置。

第三，中央计划部门事实上不可能熟知每一个企业的生产可能性界面以及技术关系，不可能熟知企业的每一种选择机会以及由此发生的成本和收益的详细情况，因而其计划和决策必然与最优资源配置状态发生偏差。人作为生产要素和消费者的双重属性以及由于人作为生产要素时的不确定性或主观性，也是政府决策时的一个难点。实际上，政府无法把这些因素都考虑到决策过程中来。即使生产者和消费者的所有信息都可以准确获知，要想及时处理如此大量的信息并作出科学的计划也几乎是不可能的。计划经济体制配置资源时最重要的缺陷是在计划执行过程中，由于全社会的利益与客观存在的地区利益、部门利益、企业利益、个人利益之间的不一致性，以及各级管理人员在执行上级决定或下情上传的过程中会从自身的利益出发考虑问题，有利于自己的计划会积极执行，不利于自己的计划则有可能消极对待甚至抵制。于是在各级决策组织之间便会发生竞争或讨价还价，这种讨价还价会以为本单位或部门多争取资源少生产产品为目标，从而很可能导致资源的短缺与浪费并存现象的发生。在社会主义国家普遍存在的“投资饥饿”和“进口饥饿”症状就是这种局部利益和整体利益矛盾冲突的典型表征。

总的来看，计划经济体制对配置资源的缺陷来源于不能很好地避免危害全民或全社会利益的官僚主义，来源于信息及计算方面的难度，来源于计划执行和实现方面的利益矛盾引起的摩擦。上述缺陷的根源是计划经济体制内在矛盾的客观反映。例如，为了实现集中的计划和决策，就必须借助领导集团的权威和思想的高度统一，这就为官僚主义的产生提供了条件。信息计算的困难主要来源于经济及社会现象本身的复杂性及科学手段的局限性。社会越进步这种复杂性就越大。尽管信息和计算手段会不断进步，但要及时准确地处理数不清的资源合理配置问题、各种各样的商品生产和服务活动的计划问题仍然困难重重。尽管政府不断对下属及国民进行思想教育，尽量使各单位和个人的目标与社会目标保持一致以缓和利益矛盾，但利益矛盾总是客观存在的，计划的缺陷也是客观存在的。

（2）市场经济体制下资源的配置。

① 市场经济体制下资源配置的目标和动力。市场经济体制的基本特征是在任何一种产品或资源的市场上，存在大量的私营生产者或供给者，同时存在大量的需求者，他们在相互竞争中达到均衡的产量和价格，从而实现资源的分配。在所有的产品及所有的市场上，都发生着供给与需求之间的竞争、供给者之间的竞争和需求者之间的竞争，最后会形成一种整体的均衡，从而实现资源的配置格局。亚当·斯密是最早总结这种市场机制的经济学家，他把这种市场竞争所形成的有序称为“看不见的手”，在无形中调节着经济，从而实现资源的合理配置。在市场机制下，对资源配置最具有决定意义的是生产者对生产投入的选择。生产者根据市场对其产品的需求量以及价格信息规划其生产组织时，依据利润最大化的原则来规划自己的投入和产出。在各种投入中，根据资源的

价格以及彼此替代的效果来决定生产投入组合。

生产者的这种选择是在竞争的背景下完成的，在完全的市场条件下，单个生产者并不能决定某种生产投入资源的价格。价格是在众多生产者对资源的需求竞争中实现均衡的。在市场中，谁的资源利用效率高，即投入某种资源对其生产增加和利润增加的贡献最大，谁就有可能支付较大的资源投入成本，在需求竞争中处于有利的地位。由于其能承受较大的资源成本，愿意支付更高的价格来取得资源，资源就自然会在价格导向的作用下，流向这样的生产者，从而使资源集中于资源产出效率高的生产者或生产部门，实现资源整体效益的提高。

因此，社会资源合理配置的目标是在众多生产者为追求自身利益最大化的过程中，依靠市场力量来实现的，资源配置最原始的目标和动力来自利润的最大化。

② 市场经济体制下实现资源合理配置的条件。市场条件下，由众多企业和生产者通过竞争来实现资源的合理配置，从而使整个社会的资源实现最合理的配置时，在其背后隐含着诸多前提条件，只有当这些条件得到满足时，众多分散生产者的效益才能与整体的资源配置效益等价。

第一，在任何一个市场，对于任何一种资源的竞争都是充分的，即存在许许多多的资源提供者和资源需求者，没有任何少数的资源拥有者能够垄断供给，同时不存在资源需求者能垄断需求，价格能够通过充分平等的竞争来决定，这是充分竞争条件。

第二，当价格或需求方面的信息变动时，生产者可以根据变动的信息连续而又及时地调整产品结构或资源的需求结构，使之与变动后的新环境相适应。一是要求信息的传递迅速、及时、准确。如果在信息调整之间有较大的时滞，产品结构及生产要素组合的决策就会与合理的资源配置产生偏差。如果生产投入或产品不能连续调整，资源的配置也无法进入合理的轨道。二是生产者要对自己面临的各种选择机会以及某种选择的成本和收益有一个及时、准确的判断，这是信息及时条件。

第三，资源的流动应当灵活地、无阻碍地进行。资源从一个生产者手中转移到另一个生产者手中，或从一个地区转移到另一个地区都是畅通的，没有贸易壁垒或市场垄断形成的障碍。人力资源也是充分商品化的，能够自由流动。资本从一个产业转移到另一个产业也是自由的，可以自由地进入或退出一个产业，这是资源自由流动的条件。第四，外部经济条件性。即在理想的市场中，企业为追求利润的选择，不会产生外部不经济的假定。外部不经济是指生产者的选择损害了他人的利益，例如在有限的水域内，一些人捕鱼量的扩大会使每一条渔船成本上升；又比如，大批的人无组织地开采煤炭，会使可开采的资源量过少反而浪费。第五，在市场经济的理想模式中，还假定对同一产品市场的各个供应者都提供同质的产品，即企业生产的同种产品都是同样的、无区别的。

上述前四个条件是完全竞争的市场条件，第五个条件是纯经济限制和独立性限制。在这些条件下，通过市场这只看不见的手的调节，最终会使有限的资源实现最大的效益。

③ 市场经济体制配置资源的缺陷。

第一，在垄断条件下配置资源的缺陷。在市场经济中，垄断的形成是客观的、不可避免的。生产者或需求者由于独占某些资源就会形成事实上的垄断。也就是说，同一产品的生产者或需求者客观上会存在一定的差别，这使得某些生产者或需求者具有一些优势，而使另外一些生产者或需求者则处于一定的劣势。由于在垄断的条件下，垄断者可以获得超额利润，所以在市场竞争中，处于优势者总会力图使自己成为垄断者。无论在早期市场经济中还是在之后的垄断的资本主义或现代的资本主义经济中，垄断都是一种客观的存在，生产资料或资源的私有制是形成市场垄断的温床。在资源市场或产品市场中，垄断有多种表现形式。首先可以分为需求垄断或供给垄断。其次，每种垄断又具有几种具体形式：a. 独家垄断，即一家垄断了资源的供给或需求。b. 寡头垄断，即少数几个生产者或需求者垄断了资源的供给或需求。c. 竞争垄断。在垄断的情况下，垄断者通过其供给或需求的变化而影响着资源或产品的价格，从而影响整个资源的供求关系，引起资源配置的扭曲。

第二，在信息不充分、不及时情况下配置资源的缺陷。充分、及时的信息只是一种理想的状况，生产者和需求者在现实生产中，都是在不充分、不及时的信息系统中决策的。生产者正确的决策得以实现的前提条件之一就是他应该及时、准确地知道与自己生产过程的投入、产出物品相关的一切投入资源即产品的价格及可能发生的变化趋势。他还应熟悉自己生产过程中的各种技术关系、自己在决策中的各种机会以及每一种机会的成本和收益。由于信息的发生、传递手段不可能尽善尽美，生产者一般都是在一种信息不充分的情况下决策，因而就会充满各种由于人为因素带来的干扰，产生资源合理配置的风险和扭曲。

生产者和需求者对资源利用决策最重要的信息就是价格，在由于垄断及其他因素引起的价格扭曲时，资源配置必然会受到影响，相对较低的资源价格会鼓励对该种资源的掠夺式利用，造成浪费；而相对较高的资源价格，则有助于较少浪费，保护资源。经济在不断的运动中，信息的传递也需要时间，根据信息进行的经济调整更需要时间，调整后的经济所面临的环境可能已经变化，过去的信息已经不再正确，这时依据过去不正确的信息做出的调整，必然会导致对资源合理配置的扭曲。管理者为了避免这种由于时间差而产生的决策失误，常把时滞比较大的决策建立在对未来经济状况的预测基础之上，从而使这种资源配置的效率依赖于预测的正确性。由于经济社会的复杂性，预测偏差甚至失败时常发生，因此在市场经济中企业常处于盲目的调整状态，给资源带来不可避免的损失。一般认为，市场广告是增加市场透明度的良策，它使得信息的充分性大为增加，但在现实市场条件下，广告信息本身的可靠度也难以保证。广告除了本身要消耗一定的资源外，也常误导供需，引起社会资源的浪费。

第三，由于外部不经济导致的资源配置缺陷。在完全市场竞争的理想市场条件下，生产者按照利润最大化竞争，需求者按照效用最大化竞争，在不存在外部不经济的情况下，在有限的资源条件下可以获得最大的产出。然而在现实的经济中，外部不经济是普遍存在的，企业生产可能引起环境污染、社会公害或他人的生产生活受到损害。考虑到社会的目标，例如考虑到平等和就业等社会利益时，自由的利润最大化竞争会导致资源在全社会范围内的不当配置。首先，为了取得经济效益，生态环境可能受到破坏。这种破坏对单个的企业可能是利大于弊，但整个社会却将为此付出巨大的代价。其次，由于竞争以及竞争中存在的垄断性经济，资源及社会的其他财富会集中到具有垄断优势的生产者或消费者手中，从而恶化社会分配关系，引起两极分化，甚至可能激化矛盾影响社会稳定。因此在纯粹市场竞争的条件下，资源的配置也存在缺陷。

二、高等教育资源概念

1. 高等教育资源的含义

在介绍高等教育资源的概念之前，有必要探讨一下“高等教育”和“大学”这两个概念的区别与联系。“高等教育”和“大学”是高等教育研究中的两个最基本、最容易混淆的概念。无论在日常用语还是在书面语中，人们常常把这两个概念相互替代、混为一谈，在有些表述中二者是混用的。这样一来，概念的混乱必然带来研究的困难和错乱，影响学科的发展和理论的构建。“高等教育”和“大学”这两个概念虽然意思非常接近，早期的“高等教育”和“大学”之间的关系非常简单，“19 世纪之前，高等教育基本只有大学一种形式，高等教育与大学往往被看成是可以互换的同一概念”①。

随着高等教育的发展，“高等教育”和“大学”的内涵和外延不断进行着分化、聚合和交叉，它们之间的分野逐渐增多。时至今日，二者之间的区别已越来越多，主要有以下几点：第一，从概念的隶属关系上说，高等教育从属于教育，具有与教育相同的本质属性，都是培养人的活动；而大学从属于高等学校，具有与高等学校一样的本质特征，是一种培养人的教育机构。虽然大学作为一种教育机构，其主要职能是教育，但除此之外，大学还有其他非教育职能。第二，从概念的层次和范围上来说，高等教育是指在完成高级中等教育基础之上实施的各种专业性和学术性教育，包括专科教育、本科教育和研究生教育三个层次，包含了大学教育；而大学所实施的教育只是高等教育中的高层次教育乃至终端教育。尽管有时大学也被用来指代高等教育，但它所指代的大多是在综合性大学中实施的教育，它只能代表高等教育的一部分而非全部。高等教育是由各种不同层次、类型和形式的高等院校组成的，而大学作为高等院校中的一种，是高等教育中高学历教育和高水平科研的具体体现形式和具体职能的承担者。第三，从概念的同义词来看，“高等教育”的同义词或代名词主要有“第三级教育”(tertiary education)和“中学后教育”(post secondary education)，由此可见高等教育的内涵与外延已有了很大的扩展，而大学则一直是约定俗成的称谓，没有其他代名词。第四，从高等教育的实施机构来看，《中华人民共和国高等教育法》第十八条规定：“高等教育由高等学校和其他高等教育机构实施。”在第六十八条又进一步明确指出：“本法所称高等学校是指大学、独立设置的学院和高等专科学校，其中包括高等职业学校和成人高等学校。本法所称其他高等教育机构是指除高等学校和经批准承担研究生教育任务的科学研究机构以外的从事高等教育活动的组织。”显然，实施高等教育的法定机构很多，既包括普通高等教育机构，也包括成人高等教育机构和高等职业教育机构，还包括其他“从事高等教育活动的组织”；而“大学”则只属于普通高等教育机构中的一种，它的法定

---

① 潘懋元. 高等教育学讲座[M]. 北京：人民教育出版社，1993：100.

教育权利和义务十分明确，它是一个特定而非泛指的概念。

其实，对于什么是高等教育资源配置，究其含义，国内学者对此也存在着不同的声音。康宁认为，高等教育资源配置的实质是分享高等教育资源的相关利益主体之间相互关系的一种规则。张男星等认为，高等教育的资源配置其实应该包含两个方面的内容：一是在宏观层次上的高等教育资源的分配，二是在微观层次上的高等教育资源的再分配和再使用。还有学者持不同的观点，比如刘晖等认为，高等教育资源配置主要指的是教育的受益者和家庭、私人资助者、工矿企业、地方社会部门和中央政府等，是这些包含在社会里面的主体对投入在高等教育事业中的人力资源、物力资源、财力资源在各种不同的使用方向上的分配。

当前我国高等教育系统已经非常庞大，其资源配置模式也非常庞杂，要想对其全部形式都进行研究，工作量相当大，恐怕本书难以穷尽，因此在这里我们规定，本书研究的高等教育是指我国高等教育系统中的主体和大多数——公立普通高等院校，包括各类公立大学、学院、专科学校和职业技术学院。

根据前述资源的概念，可以类推出高等教育资源的概念：一定社会历史条件下存在着的，能为发展高等教育事业所利用，通过高等教育系统加工和创造而产生高等教育成果的所有要素。高等教育机构是人类社会的学术组织和文化机构，是人类为保存知识、传播智慧和创新文化而创造出的特殊组织，它是过去一千年中人类最杰出的创造之一，它创造了一个延续世界文明的场所并培养了大量全面了解这个世界的智者。高等教育具有选择、传播、传承人类智慧和文化的功能；具有提高下一代科学和人文素养、培养社会所需人才的功能；具有进行科学研究、创新科学技术的功能；具有批判和涤荡旧文化、引领新的文化潮流、支撑社会道德良心的功能；具有以自己的科技创新成果服务社会、为社会创造直接物质财富的功能。

2. 高等教育资源的特征

显然，鉴于高等教育所承负的重任及其所具有的独特功能，高等教育资源除具有资源的一般特性之外，还有其独有的特征。

第一，稀缺性。稀缺性是资源的一般特征，因为人类的需求总是无限的，一种需求满足了，新的需求又会出现。高等教育资源的稀缺性表现尤为突出，迄今为止，全世界没有任何一个国家的高等教育能够使所有希望接受高等教育的人都能够接受高等教育，更谈不上接受优质高等教育，其根本原因就在于资源稀缺的制约。

第二，外部性。法国高等教育学家艾雪认为，高等教育的正向外部效应主要指高等教育通过知识的增进对经济增长的贡献、劳动力市场灵活性的提高、形成美学和文化价值、促进更有效的政治参与。① 美国教育经济学家科恩指出，高等教育的正向外部效应是一个似乎有理但未得到确证的假定。② 虽然对高等教育的外部性的陈述、假设、验证及量化尚需不断改进，但外部效应的存在是一个不容争辩的事实。③ 教育的实施，一方面使受教育者学习各种科学文化知识，掌握现代科学技术，有利于提高一个民族的科学文化素质，促进社会进步和经济发展。同时，对于受教育者来说，接受教育尤其是高等教育，也提高了个人的科学文化素养，使其在将来的生活中获得更多的收益。

第三，专业性。高等教育资源是高等教育活动的基础，高等教育的多元化决定了高等教育资源的多元化。马丁·特罗指出："大众型的高等教育系统是多样的，因此它的社会功能、标准等也是多样性的。"④潘懋元教授也认为："高等教育大众化的发展前提是多样化，多样化的高等教育要有多样化的培养目标和规格，从而也应当有多样化的教育质量标准。"⑤因此，多样化的观点已经被广泛接受。社会和市场需求的多元化，必然要求高等教育多样性和独特性。由于高等教育的目的是培养专门人才，相应进行的是专业教育，因此高等教育资源大多不是一种普遍适用的资源，而是与一定的专业领域相结合的，不同专业所需的资源内容也不尽相同，不同专业领域的高等教育资源具有自己独特的专门性。

第四，学术性。高等教育是教育系统中最高层次的教育，其主要目标和任务是保存、传播人类文明和智慧、发展科学、探求真理、评判和创新文化、培养高级专门人才，它所传播和探求的是各种高深学问和专门知识，具有较高的学术性。高等教育系统中，无论是从事高深学问和专门知识传播和探索的人，还是

① EICHER J C，CHEVAILLIER T. Rethinking file financing of post-compulsory education[J]. Europe Journal of Education，1987(27)：4-7.

② COHN E. Economics of education[M]. New York：The Penguin Press，1992：87.

③ 杨明. 论高等教育中的市场失灵及其矫正[J]. 浙江大学学报(人文社科版)，2004(4)：7.

④ [美]马丁·特罗. 美国人看撒切尔和梅杰时代的英国高等教育[J]. 国际高等教育研究，2000(2)：44.

⑤ 潘懋元. 高等教育大众化的教育质量观[J]. 中国高教研究，2000(1)：10.

培养的人才、创造的知识和成果，都具有浓厚的学术性，因此，学术性是高等教育资源的一个十分重要的特征。

第五，迟效性。高等教育系统无论是培养人才、科技创新，还是培养的人才在社会上作出贡献、科技成果转化成现实的生产力，这一切都不是一蹴而就的，都需要一个过程和一段时间。这就决定了高等教育资源需要在若干时间之后方能显现其效用，实现其资源的价值，即高等教育资源具有迟效性。

三、高等教育资源分类

1. 人才资源

根据高等教育的功能及高等教育资源的特征，我们把高等教育资源分为如下三类：教师、教育管理者、学生。高等教育系统的教师、教育管理者是品德、知识和技能的凝聚者，是已经接受过长期高等教育的培养和训练、具备了充分的知识储备和良好品德修养的教育者和学生成长的引路人，是既成人才；高等教育系统中的学生是经过初、中等教育的培养，达到一定标准、具备一定规格的人，他们正处于成才的进程之中，是“准人才”，他们和高等教育系统中的教师、教育管理者都是社会输入高等教育系统的人才资源。

2. 物力资源

物质是社会大厦的基础，同样，高等教育的存在和发展也离不开必要的物质基础。高等教育要实现其目标，离不开一定的场所、建筑、图书、仪器设备等物质条件。另外，政府和社会投入高等教育的财政经费也会物化为各种实物形态，所以这里把政府和社会投入高等教育系统的实物和经费都归为高等教育的物力资源。物力资源是高等教育存在的物质基础，是研究高深学问、探索科学真理的必要条件，是高等教育系统释放功能、实现价值的物质保障。

3. 文化资源

对文化的定义和阐释，众说纷纭、见仁见智，概括起来大致有以下几个方面：人类创造的物质财富，主要指物质生产成果；精神财富，包括哲学、科学、文学、艺术等；人的行为规范，指法律、政策、制度、道德、伦理、风俗习惯等；人的行为方式，指技术、语言、社交礼仪等。文化资源，顾名思义，指可以用作资源来创造财富的文化要素。高等教育文化资源主要是指高等教育所传承、创造的科技知识，规定高等教育发展方向的制度安排，社会和公众的高等教育价值观念，大学精神,校园氛围等。

在高等教育三类资源中,人们谈论、关注比较多的是人才资源和物力资源,几乎所有相关文献都把高等教育资源归结为"人、财、物"或"人力资源、财力资源和物力资源"三类,而对文化资源则相对论及甚少,所以这里我们给文化资源以更多的笔墨。

"文化"一词,在中国古代出现很早,由"人文化成"简化而来,指对人施加文治教化,把未成年的、不明事理的人培养成有教养的人的过程,有动词的意味,类似于今天的"文化化"。作为一种结果或状态,它与人的内在德性和教养密切相连。英语中的 culture 一词源于拉丁文中的 cultus 和 cultura。美国学者菲利普·巴格比认为:"'文化'一词最初在欧洲语言中出现时,它还未获得今天我们所赋予的意蕴。在拉丁语和古英语中,它通常具有'耕耘'或'掘种土地'的实在意思,这种用法今天仍在'农业'(agriculture)和'园艺'(horticulture)两词中保存着。"①18 世纪末,德国学者赫尔德已开始赋予文化一词现代意义:"对赫尔德来说,文化乃是一个社会向善论的概念,它意味着人的完善,或者在发展他自己的过程中取得的工艺、技术和学识。"②可见,古代东西方文化的概念已很相似,都有丰富完善人的内心世界,提高人的德性和教养程度的意思,指向人的完善和发展,并表明教育在其中所起的作用。这里的文化具有两层含义:一是描述性含义,即受过教育的人表现出的状态,与科学、知识、文学、艺术相关联;二是过程性含义,即文化是一种过程,与今天的教育过程相关联。今天我们所说的文化主要取上述第一种含义,是指人类创造的科学、知识、文学、艺术、精神、观念等非物质性的人类劳动成果。

高等教育文化资源是指与高等教育发展相关的科学、知识、观念、制度、法规政策环境、氛围等要素。这些要素是人类实践的创造物,文化在被创造出来之后,随着时间的推移而日益积淀,成为具有能动作用的资源。高等教育系统在有了人才要素,具备了一定的物质基础之后,文化资源就成为必需。文化资源的特殊性不仅在于它是高等教育发展的必需,还在于它对高等教育具有能动作用,能促进或阻碍高等教育的发展。例如,由教风、学风、考风和校园环境等构成的大学氛围就是重要的高等教育文化资源。一所大学的氛围是长期积淀

---

① [美]菲利普·巴格比.文化:历史的投影[M].上海:上海人民出版社,1987:87.

② [美]菲利普·巴格比.文化:历史的投影[M].上海:上海人民出版社,1987:88.

的结果，这种氛围一旦形成就会熏陶、感染所有的大学人，对大学生起着潜移默化的影响和教育作用，在某种程度上决定着大学生的精神气质和灵魂。北大、清华和国内其他高校在课程设置、所用教材方面大同小异，但这两所学校之所以在国人心中具有如此崇高的地位，很大程度上应归结为他们拥有别人在短期内无法拥有的精神、氛围等文化资源。同样，西南联大在风雨如晦的年代，在物力资源极度匮乏的条件下，能够培养出诺贝尔奖获得者，能为新中国造就一大批科技、文化精英，也足以证明精神和信念等文化资源对高等教育具有强大的支撑和促进作用。反之，科学知识能够推动西方近代高等教育的发展，而伪科学、封建迷信内容却阻碍了我国近代高等教育的发展，尤其是封建社会后期，我国高等教育拒绝吸收西方先进的科技知识，拒绝吸收和培植优秀的高等教育文化资源，顽固地坚守落后的教育内容和封建文化糟粕，以致延缓了我国现代意义上高等教育的诞生，这是文化资源制约高等教育发展的一个典型例证。

在高等教育的三类资源当中，人才资源是根本。高等教育是人的事业，也是为了人的事业，离开人高等教育就成了无本之木、无源之水，就失去了存在的意义。人才资源是高等教育中最革命、最活跃的资源，高等教育物力资源和文化资源也都是人才资源的创造成果。物力资源是高等教育的物质基础，高等教育要实现其传承文化、培养人才、科技创新、服务社会的功能，离不开相应的场地、图书、设备等物力资源，否则，再崇高的教育事业也是海市蜃楼，再高尚的“象牙之塔”也是空中楼阁。文化资源是高等教育的核心和灵魂，它虽然是无形的、非实体性的资源，却是高等教育资源至关重要的组成部分。无论是高等教育传承、传播的知识，还是高等教育创造的科学技术都是以文化的形式存在的，至于大学理念、大学精神、学术积淀、大学氛围等，更是高等教育发展至关重要的文化资源。这些文化资源不仅是高等教育的创造成果，也成为高等教育进一步发展、引导人类文明更加进步的坚实基础。这三类资源都是高等教育存在所不可或缺的资源，它们互相依存、相辅相成，共同支撑高等教育的进步和发展。

四、生态学与教育生态学

1. 生态学及其发展

生态学(ecology)一词源于希腊文“oikos”和“logos”的组合。“oikos”意为“房屋或居住地”，“logos”意为“论述或研究”之意，生态学是“研究住所的学问”。

该词是1858年由博物学家索罗(Thoreau)首先提出的。1868年德国生物学家海克尔(E. Haeckel)把生态学定义为“研究动物与其无机和有机环境的全部关系”的科学。现在普遍接受的定义是:生态学是研究有机体或有机群体与其周围环境关系的科学。20世纪初,生态学已初具理论体系,其原理逐渐为人们接受,并被用于社会科学领域。最早运用生态学原理与方法研究人类社会问题的是美国学者帕克(R. E. Park)和伯吉斯(E. W. Burgess)为代表的芝加哥学派。1921年,帕克和伯吉斯在其所著的《社会学科学导论》(*An Introduction to the Science of Sociology*)一书中首次提出“人类生态学”(human ecology)的概念。美国社会生态学家麦肯齐(R. D. Mackenzie)于1923年发表《人类社区研究的生态学方法》,指出人类生态学是一门“研究人类在其环境的选择力、分配力和调节力的影响作用下所形成的在空间和时间上的联系的科学”①。帕克和伯吉斯认为,社会是由许多在空间上彼此分隔、在分布上却有统一的地区联系,而且能独立移动的个人所组成的。人类社会的这种空间上的联系形式是竞争和选择的结果,在这一层面上,人类与其他生物并无二致,都存在于一定的自然环境之中。

对人类而言,与这一自然环境紧密相连的还有社会环境中的各种要素,它们共同构成一定区域的人们生活于其中的社区。居住在同一社区的人们之间具有共生(symbiosis)关系,这种共生关系是指在各种不同的人口单位之间存在着相互依存的状况:没有一个单位能够离开其他单位的持续存在而能生存下去。虽然人类生态学在某种意义上被认为是生物生态学的一个分支,但人类却具有特殊性,与人类以外的植物和动物不同的是,人类有创造文化并按照自己的意志行事的能力。因此,人类生态系统不仅包含不同群体之间的生物关系,而且包含由文化和有目的的人类行为所构成的复杂关系。此后,生态学原理和方法被人们用于研究人类生存和社会发展中的各种问题,而且,随着人类社会种种危机的出现,社会生态学和人类生态学逐渐把人口、环境、资源等社会问题作为自己的研究重点。

1935年,英国学者比尤斯(J. W. Bews)的专著《人类生态学》(*Human Ecology*)开创了这一新的研究领域。在此后的发展中,人类生态学著作日渐丰富,并且分化出更加细的学科,例如人口生态学(population ecology)、城市生态

---

① [美]帕克,伯吉斯,麦肯齐.城市社会学[M].宋俊岭,等译.北京:华夏出版社,1987:77.

学(city ecology)等。进而,“有的学者提出运用生态学原理和方法研究行政系统,如1947年,哈佛大学教授高斯(J. Gause)最早提出行政生态学研究,并且认为了解生态环境的各种因素是阐释行政行为的唯一途径。1961年,美国学者里格斯(Riggs)出版的专著《行政生态学》丰富了这一领域的研究”①。

人类生态学和社会生态学研究,尤其是文化生态学研究的兴起与发展,为教育生态学的产生和发展奠定了直接基础。文化生态学(cultural ecology)是一门研究文化适应环境的过程和由这种适应性所导致的文化习俗之间的相互适应的学科。该术语由美国人类学家、新进化论学派代表人物斯图尔德(J. Steward)最早提出。美国著名教育人类学家奥格布(J. U. Ogbu)教授则将文化生态学研究与教育生态学研究融为一体,并取得了丰富的成果。奥格布把文化生态学的假设和结构—功能主义社会学的假设结合起来,同时考虑个人层次上的认知要素和行为要素,从而提供了一个动态的研究范式,即文化—生态模式(cultural-ecological model),其目的在于把政治、经济、认知和行为结构统合成一个统一的分析框架。这一模式的主要概念是适应(adaptation),即人们对其周围环境的适应,这被认为是人与环境联系的主要方式。奥格布曾试图运用这一模式来研究社区环境与学校环境之间的关系是如何影响学习的,并努力用它把各种宏观研究和微观研究联系起来,以期获得对教育过程的多层次理解。奥格布把自己的研究思路和方法称为“学校教育的人种生态学”(ethnoecology of schooling)并以此来考察教师、学生、家长、学校员工以及纳税人之间的关系。奥格布认为,学校系统是一个与其他社会机构尤其是经济机构相联系的社会机构,同时,在现代社会中,学校教育还与劳动市场紧密相连。奥格布的研究还指出,宗教团体中的各种观点、兴趣、策略以及政治、经济政策和学生毕业后社会对其成绩的认可,都使得低收入的少数民族在学业方面的失败率居高不下。学业成绩低是适应性变化,是学生面对教师和同龄人以及家长的压力所采取的相应对策的结果。正如汉森(J. F. Hansen)所说,学生、家长、学校职员和纳税人的相互结合,是一种有效维持现状的适应过程。

2. 生态学规律与原理

生态学基本原理是对生态学规律的科学认识和概括,研究生态学基本原理有必要先了解生态学规律,当前世界上权威的生态学研究成果概括出生态学有

① 王沪宁.行政生态分析[M].上海:复旦大学出版社,1989:26-27.

如下十条必须遵循的规律。

第一，生态学是科学。生态学是一门纯科学学科，目标是了解有机体与其广阔环境的相互关系。分清楚科学观点与生态学知识的政治和社会影响这一件事是十分重要的。

第二，生态学知识只有按照进化论才可理解。有机体巨大的多样性，以及其形态学、生理学和行为的变异的丰富性，全都是亿万年进化的结果。这个进化历史对于每一个个体都留下了不能去除的影响。我们今天发现的种种模式，只有按照进化论的观点才可能有意义。

第三，“对物种有利现象并不存在”。对于那些看起来对个体是花费的有机体行为模式，认为其出现是“对物种有利”的想法是一个非常普遍的误解。这是绝对和完全错误的。自然选择将会有利于那些传给大多数后裔的基因，即使这些基因有可能导致物种种群规模的缩小。

第四，基因和环境都很重要。有机体自己所处的环境，对于它在开放的各种选择中决定取舍上具有重要的作用。决定有机体构造的基因，同样具有根本的重要性。这两方面因素的基本性质及其相互作用的事实，对于理解生态学都是很重要的。

第五，理解复杂性要求模式。生态学是一个复杂的对象，几乎每一个尺度都有大量变异——亿万个种类，每种有大量基因变异，在复杂和动态的环境中有变化着的数量和随时间而改变的行为。为了理解它，清楚地认明特异问题，然后形成可以检验的假设是必需的。以数学的方法构造假说常常是很有用的，可以躲开在语言模型中常不能避免的含糊不清和混淆。数学模型在生态学里被广泛地应用。

第六，“讲故事”是危险的。在打算解释生态学种种模式或相互关系的时候，人们很容易滑到虚假世界之中，每一个观察都很容易被某种特定的断言(所谓的“讲故事”)所解释。例如，一个经典的错误：“北极熊之所以是白色的，是因为它们隐藏在雪地里避免被捕食”(显然，其问题是那里并没有北极熊的天敌)……无论如何，总想去推进假设实际上是应该避免的。

第七，要有分层次的解释。对于任何观察，常常有一个直接的原因可以被识别出来。这种因果解释往往是资料不足的，我们需要进一步探索，以更完全地了解情况。即使现象已经被“解释”了，更进一步和更深入的解释也是很好的，它允许我们看见更完全的情景。

第八，有机体具有很多限制。有机体表现出来的形态、功能和环境适应力的多样性是令人惊叹的，每个个体（和每一个种，但较少程度）则在相对较小的约束范围中运转。约束基本上有两类：物理约束（physical constraints）和进化约束（evolutionary constraints）。由于这些约束，进化从来就没有达到"完善"过，有机体基本上是许多妥协的杂烩。

第九，机会是重要的。随机事件在生态学中起关键性的作用。林冠中出现林窗或沙丘在风暴后裂口，对于当地动物区系将有重要影响，但是林窗和裂口出现的时间和地点都是不可预测的。机会的作用也与有机体过去进化综合在一起。生态学中机会事件的重要性并不意味着生态学中的模式是完全不可预测的，但是它必然是位于预言细节的潜在水平之边缘。

第十，在生态学家心目中的生态学边界。生态学是一门广泛的科学，覆盖着生物和物理环境，从而作为潜在相关的，很少有被排除在外的了。数学、化学和物理学都是理解生态学的基本工具。①

上述十条规律是从纯粹生物生态学角度提出的，它们既是认识普通生态学的基础，又是进一步研究各种应用生态学的前提，生态学的基本原理也是在此基础上抽象、概括而来的。生态学的基本原理内容十分丰富，并且这些原理本身也有一个不断发展完善的过程。虽然生态学研究从生物生态学而来，社会生态学、人类生态学和其他生态学都是生态学原理的应用，但诸应用生态学研究的发展也会丰富一般生态学的原理。尽管不同的应用生态学的研究对象及原理不尽相同，但它们有共同的母学科——生态学，学科的统一性决定了它们有共同遵循的基本原理，这里列出生态学的基本原理。

(1) 胜汰原理。系统的资源承载力、环境容纳总量在一定的时空范围内是恒定的，但其分布是不均匀的。差异导致竞争，竞争促进发展。优胜劣汰是自然及人类社会发展的普遍规律。

(2) 生态位原理。生态位是指物种在生物群落中的地位和功能，它用以表征生态群落内部和外部的关系。它表明每个物种在整个生物群落中都处于不同地位，这就形成了同一群落中各种不同物种之间的互补与竞争关系，并带来了资源分享问题。

(3) 拓适原理。任一企业、地区或部门的发展都有其特定的生态位。成功

---

① [英]麦肯齐，鲍尔，弗迪. 生态学[M]. 孙儒泳，等译. 北京：科学出版社，2000：3-8.

的发展必须善于拓展资源生态位和需求生态位，以改造和适应环境。只开拓不适应缺乏发展的稳度和柔度；只适应不开拓缺乏发展的速度和力度。

(4) 生克原理。任一系统都有某种利导因子主导其发展，都有某种限制因子限制其发展；资源的稀缺性导致系统内的竞争和共生机制。这种相生相克作用是提高资源利用效率、增强系统自身活力、实现持续发展的必要条件，缺乏其中任何一种机制的系统都是没有生命力的系统。

(5) 反馈原理。复合生态系统的发展受两种反馈机制的控制，一种是作用和反作用彼此促进、相互放大的正反馈，导致系统的无止境增长或衰退；另一种是作用和反作用彼此抑制、相互抵消的负反馈，使系统维持在稳定态附近。正反馈导致发展，负反馈导致稳定。系统发展的初期，一般正反馈占优势，后期负反馈占优势。持续发展的系统中正负反馈机制平衡。

(6) 乘补原理。当整体功能失调时，系统中的某些成分会乘机膨胀为主导成分，使系统畸变；而有些成分则能自动补偿或代替系统的原有功能，使整体功能趋于稳定。系统调控中要特别注意这种相乘相补作用。要稳定一个系统时，使补胜于乘；要改变一个系统时，使乘强于补。

(7) 瓶颈原理。复合生态系统的发展初期需要开拓与发展环境，速度较慢；继而适应环境，呈指数式上升；最后受环境容量或瓶颈的限制，速度放慢，越接近某个阈值水平，其速度越慢，呈“S”形增长。但人能改造环境，扩展瓶颈，系统又会出现新的限制因子或瓶颈。复合生态系统正是在这种不断逼近或扩展瓶颈的过程中波浪式前进，实现持续发展的。

(8) 循环原理。世间一切产品都要变成废物，世间任一“废物”必然是对生物圈中某一生态过程有用的“原料”或缓冲剂；人类一切行为最终都要反馈到作用者本身。物质的循环再生和信息的反馈调节是复合生态系统持续发展的根本动力。

(9) 多样性和主导性原理。系统必须有优势种和拳头产品为主导，才会有发展的实力；必须有多元化的结构和多样性的产品为基础，才能分散风险，增强稳定性。主导性和多样性的合理匹配是实现持续发展的前提。

(10) 生态发展原理。发展是一种渐近的发育和功能完善过程。系统演替的目的在于功能的完善，而非结构或成分的增长；系统生产的目的在于对社会的服务功效，而非产品的数量和质量。

(11) 机巧原理。系统发展的风险和机会是均衡的，大的机会往往伴随高的风险。强的生态系统要善于抓住一切适宜的机会，利用一切可以利用甚至对抗性、危害性的力量为系统服务，变害为利。①

(12) 累加效应(cumulative impact)原理。过去或现在的某一工程或行为将会对生态系统产生影响，即使这种工程或行为是单个的或微不足道的，一定时期后，也会产生明显的、巨大的反响，即累加的效应。②

这些原理分别从不同角度，对不同环境下事物发展变化的规律做出了阐释。然而，从本质上看，贯穿于这些原理中的基本生态学思想就是生态系统理念和生态平衡理念。

1935 年，英国著名植物群落学家坦斯利(A. G. Tansley)首先提出生态系统(ecosystem)的概念。他认为，生态系统是一定地域(或空间)内生存的所有生物与环境相互作用的具有能量转换、物质循环代谢和信息传递功能的统一体。这一概念的基本要点在于强调系统中各因素间的相互联系、相互作用和功能上的统一。生态系统是有范围、有层次的系统，总体中的任何一个系统都可以和周围环境组成一个更大的系统，成为更高一级系统的一个组成部分，同时，它本身又包含许多子系统。社会生态系统与自然生态系统不同，社会生态系统是由教育、政治、经济、文化、人口等子系统共同构成的复合生态系统(compound ecosystem)。③ 生态系统内各有机体与环境之间相互作用、相互依存、密切联系。各子系统之间以及子系统与更高一级系统之间也是密切联系的，它们之间不断进行着物质循环、能量流动和信息传递。因此，生态系统的原理就是联系的原理、平衡的原理。

在自然生态系统中，生态平衡(ecological balance)是指一定时间内，生态系统中的生物与环境之间、生物各种群之间，通过物质循环、能量流动和信息传递，达到相互高度适应、协调和统一的状态。在生态平衡状态下，生态系统的结构和功能处于相对稳定状态，其物质和能量的输入和输出保持动态平衡。生态系统的各子系统及各生态因子的运动变化发展遵循物质运动的一般规律，是运动和平衡的统一。生态系统的平衡是一种动态平衡，平衡并非意味着生态系统固定不变。变化是宇宙间一切事物的本质属性，生态平衡不是静止的平衡，而

---

① 转引自：范国睿. 教育生态学[M]. 北京：人民教育出版社，2000：20-21.

② PRESTON E M. Evaluating cumulative effects on wetland functions：A conceptual review and framework[J]. Environment Management，1988，12(5)：565-583.

③ 转引自：范国睿. 教育生态学[M]. 北京：人民教育出版社，2000：22.

是动态的、变化的平衡。这种平衡会因系统内某一部分发生变化而引发不平衡，而后依靠生态系统的自我调节机制，进入新的平衡状态。如果外界干扰力量超出生态系统的自我调节能力而无法恢复到平衡状态时，称为生态失衡(ecological imbalance)。维护生态平衡不是仅仅保持其原初的稳定状态，而是在人为的积极影响下，建立新的平衡，达到更合理的结构、发挥更高效的功能、取得更好的生态效益。正是在这种平衡—失衡—新平衡的螺旋式发展过程中，生态系统的各组成部分和整体才获得了不断的进步和发展。教育生态系统是社会生态系统的一个子系统，它不仅处于同其他社会子系统的联系之中，而且教育生态系统内部各子系统也是相互联系的，所有这些联系都是动态的，处于平衡—不平衡—新平衡的运动、变化、发展之中。

生态学中的生态环境是指有机体生存空间内的所有条件的总和，这种生态环境主要是指自然生态环境，而人类的生存环境在广泛和复杂程度上要远远超过自然生态环境，人类的生态环境是一个包括自然环境、社会环境和规范环境在内的复合生态环境(compound ecological environment)。自然环境也称物理环境(natural environment or physical environment)，指一般生态学所称的生物圈，包括各种自然地理空间及各种自然资源的系统与循环。自然环境为人类的生存和发展提供了适宜的空间和资源，是人类社会赖以存在和发展的物质基础。马克思主义经典作家把整个世界理解为“人类世界和自然界”，把自然界作为“感性的外部世界”，并认为人类与其周围的自然环境之间的关系是，“人创造环境，同时，环境也创造人”，即一方面人依赖于自然环境，另一方面人也改造自然环境，人改造自然环境的活动就是“物质实践”。人类与自然环境的关系是一种动态平衡关系，自然环境对教育生态系统及该系统中不断发展着的人也会产生直接或间接的影响。社会环境也称结构环境(social environment or structural environment)，是人类特有的生活环境。社会生态环境由政治、经济、文化、教育、人口、家庭、职业等各种环境要素构成。社会环境具有自然和社会双重属性，一方面，人作为生物有机体存在于社会之中；同时，人又不仅仅是一个自然的生物体，还是一个具有社会性的生命主体，“在其现实性上，是一切社会关系的总和”①。美国著名教育哲学家杜威也曾指出，“一个人的活动和别人

① 马克思恩格斯全集：第1卷[M]. 北京：人民出版社，1995：56.

的活动联系起来，他就有一个社会环境"①。社会环境是一个具有高度组织性、层次性的复杂整体，其中的各种生态因子相互联系和制约，共同构成一个复杂的生态系统。

教育生态系统是社会生态系统中的一个重要的子系统，该系统也具有双重属性，一方面，它与其他社会子系统相互联系和作用；同时，它本身又是作为生态主体的人的社会环境。规范环境（normative environment）也称价值环境（value environment）是人类在社会生活过程中所形成的各种态度、风气、价值观念等，包括社会风气、民族传统、风俗习惯、社会思潮、科学技术、文学艺术、宗教等。规范环境是人类社会所特有的，是人类在长期的社会生活和实践过程中以及在人与人之间的相互联系中逐步形成的。在人类社会历史进程中，不同个体、不同民族、不同地区或国家会形成各自独特的规范环境，这些不同的规范环境相互作用和影响，维持着人类的各种生存关系，同时，这些规范环境还会随着时代的变迁而变化。

在自然环境、社会环境和规范环境三种生态环境中，与教育生态关系最为密切的是规范环境，因为教育本身就是规范环境的主要构成要素——文化的一部分。各种社会文化必须借助于教育才能得以传承、传播和发展，同时，教育又以各种社会文化为内容，并且，教育对各种社会文化的批判也会促进文化的进化和发展。教育生态系统内部的生态环境同样包括自然环境、社会环境和规范环境这三种不同性质的环境要素。

生态学是研究有机体与其周围环境相互关系的一门科学。教育生态学是研究教育生态系统与各种生态环境及其构成要素之间关系的科学，它着重考察各种教育生态环境及其构成要素对教育生态系统和作为教育生态主体的人的影响。"教育生态学研究的目的在于通过分析各种教育生态环境因素与教育事业发展之间复杂的、动态的关系，解释教育发展的规律和生态机制，探索优化教育生态环境的途径和方法。"②正如美国哥伦比亚大学师范学院前院长克雷明所指出的，生态学的方法与模式的要点在于指明教育情境的范围和复杂性。运用生态学的原理和方法，就是运用生态学的系统观、平衡观、整体观、调控观来考察教育问题。基于这一思考方式，教育生态学研究把教育理解为一个与其自然

① 杜威. 民主主义与教育[M]. 王承绪，译. 北京：人民教育出版社，1990：14.

② 范国睿. 教育生态学[M]. 北京：人民教育出版社，2000：28.

的、社会的、经济的、政治的、文化的生态环境关系密切的，由时间和空间构成的，开放而实在的生态系统，它是整个社会生态系统中相对独立的子系统。教育生态学要研究教育与各种自然生态环境、社会环境以及规范环境要素之间的相互影响、相互作用的关系，特别是研究一些重要的、与教育生态的关系尤为密切的社会生态因子，如文化、人口资源等，对教育生态系统的影响；就微观教育生态而言，既要考察作为教育生态系统载体的学校在各种生态环境中的分布机制，又要探讨教育生态系统内部影响教育教学活动开展和学生身心发展的各种生态环境要素。

3. 教育生态学研究及其进展

20世纪末以来，生态学研究在纵横两个方面继续深入发展。生物生态学研究继续深化，取得了一系列重大成果，同时，在横向方面，生态学与更多的学科交叉综合，产生了众多新兴学科，例如，知识生态学、信息生态学、疾病生态学、人才生态学、景观生态学、产业生态学、工业生态学、质量生态学等。到今天，可以说，几乎所有学科都在借鉴生态学的思想或者与生态学融合而产生本学科的生态研究。正如美国著名生态学家奥德姆(E. Odum)20世纪60年代所指出的，“现代生态学是自然科学和社会科学的桥梁”①。由于本研究主要涉及教育方面，因此这里对教育生态研究和高等教育生态研究作进一步介绍。

教育生态研究的开拓者是德国学者布泽曼(A. Busemann)和波珀(W. Popp)。20世纪20年代，他们试图建立一门“教育环境学”，侧重对教育与各种宏观环境因素之间的关系——如社会环境、都市环境、乡村环境和家庭环境等对儿童发展和教育教学活动的影响——进行研究。同一时期，在德国还有关于环境教育、环境与人的发展之间关系的研究。20世纪30年代，日本学者细谷俊夫在德国同行研究的基础上出版了《教育环境学》一书，书中论述了自然环境、社会环境和精神环境对教育的影响及教育环境学的建立。该书共6章，内容包括“教育环境学上先进的研究”“色谱的教育环境学”“蒲塞曼的教育环境学”“所谓环境教育与教育的本质”“关于教育环境学的反省”等。② 除此之外，较早的关于学校教育、教学环境方面的研究有：英国法学家韦德(J. T. Wade)1935年出版

① ODUM E. Ecology: The link between the natural and social sciences[M]. New York: Holt Rinehart & Winston, 1975: 6.

② [日]细谷俊夫. 教育环境学[M]. 雷通群，译. 北京：商务印书馆，1938: 2.

的《作为学生环境一部分的中学测量》(*A Measurement of the Secondary as a Part of the Pupil's Environment*),侧重介绍对学校管理、教师、学生、物理环境、教材、教学手段与方法等学校环境要素的评价。1959～1965 年美国密歇根大学建筑研究实验室进行了著名的学校物理环境研究(school environment research),并出版了 3 卷研究报告。美国学者沃尔伯格(H. J. Walberg)和澳大利亚著名教学环境问题专家弗雷泽(B. J. Fraser)是教育环境研究领域中卓有成就的研究者。国际教育成就评价协会(The International Association for the Evaluation of Educational Achievement,IEA)曾于 1978～1987 年组织大规模的比较研究。此外,1979 年金(J. King)和马兰斯(R. W. Marans)出版了《物理环境与学习过程:近期研究纵览》(*The Physical Environment and the Learning Process: A Survey of Recent Research*),对以前的研究成果进行了总结和概括。库利克夫妇(J. A. Kulik & C. C. Kulik)采用多元分析技术对这些研究成果进行了批判性分析和研究。

1932 年,美国教育学者沃勒(W. Waller)在其著作《教育社会学》一书中提出"课堂生态学"(ecology of classroom)这一概念,被认为是"生态学"一词在教育研究领域的首次使用。1966 年,英国学者阿什比(E. Ashby)在他关于英国、印度和非洲大学的比较研究中首次提出了"高等教育生态学"(ecology of higher education)的概念,被认为是用生态学原理和方法研究高等教育的开始。20 世纪 70 年代是国外教育生态学研究的活跃时期,各种研究异彩纷呈。有的学者从教育与环境的关系着手探讨问题,有的学者从生态危机的视角探讨人类生存的宏观环境与教育的关系。1976 年,美国哥伦比亚大学师范学院前院长克雷明(L. A. Cremin)在其专著《公共教育》(*Public Education*)中正式提出了"教育生态学"这一术语,并列了专章进行讨论。1977 年,英国学者埃格尔斯顿(J. Eggleston)出版了以研究教育资源分布为主旨的专著《学校生态学》(*The Ecology of the School*)。上述教育生态学思想和研究思路得到国际教育评价协会主席胡森的高度评价。这一研究趋势表明,教育研究的重点已由关注个别学生的学习经历和学业成绩,转向研究学生成长的教育环境及其相关因素。

20 世纪 80～90 年代,教育生态学研究在广度和深度方面都有了进一步的发展。不少学者都把教育放在当时为世人瞩目的环境与发展的大背景下加以考察,如莱西(C. Lacey)和威廉姆斯(R. Williams)1987 年出版的《教育、生态学与发展》(*Education, Ecology and Development*);华盛顿大学的古德莱德(J. I. Goodlad)从微观学习生态学的角度,首次提出"学校是一个文化生态系统"(cultural ecosystem),为了建立一个健康的生态系统,提高学校的办学效率,需要从管理的角度着手来统筹各种生态因素。斯坦福大学的艾斯纳在哥伦比亚大学《师范学院学报》上发表的《教育改革与学校教育生态学》;波特兰州立大学教授鲍尔斯(C. A. Bowers)是这一时期成果丰富的学者,他的论著既有对微观课堂生态的研究,也有对教育、文化及生态危机等宏观教育生态问题的研究。现在,生态学方法已经引起诸多教育研究者的高度关注,英国著名比较教育学者埃德蒙·金(E. J. King)在谈到有教育意义的环境时就使用"生态学"这一术语①。

我国教育生态学研究起步于20世纪中后期的台湾。20世纪60年代,台湾教育部门要求各个大学广泛开设教育科学分支学科,在此背景下,台湾师范大学教育学系的方炳林率先从事这一领域的研究,并于1975年出版了我国第一部教育生态学方面的专著《生态环境与教育》②。该著作分为"社会生态与教育""学校生态与教育""文化生态与教育""家庭环境与教育"几个专题,力求建立教育生态学体系。20世纪80年代后期,我国香港学者郑燕祥进行的教师素质研究和台湾学者贾锐进行的校园生态环境研究是教育生态研究的继续③。1989年台湾学者李聪明出版了专著《教育生态学导论》④,此书运用生态学原理对"教育经营""幼儿教育""科学技术教育""职业教育""终身教育""特殊教育"等问题进行了反思和研究。这种运用生态学原理分析教育问题的研究思路,是在方炳林从生态环境与教育的关系着手进行研究的思路的超越和深化。

在我国大陆,1983年郑雪做过关于国外教育的生态评价的介绍⑤,可以看作是教育生态研究的发端。南京师范大学环境科学研究所吴鼎福教授较早进行教育生态研究并取得丰富成果,自1988年起发表《教育生态学刍议》等几篇

---

① [英]埃德蒙·金.别国的学校和我们的学校——今日比较教育[M].王承绪,等译.北京:人民教育出版社,1989:10.

② 方炳林.生态环境与教育[M].台北:台湾维新书局,1975:83.

③ 郑燕祥.从比较及教育生态学的观点评国际顾问团对香港教师素质问题之意见[M]//教育的功能与效能[M].香港:香港广角镜出版社有限公司,1986;贾锐.校园生态环境与教育[M]//师大学术专题研究(第16辑)[M].台北:台湾文笙出版社,1988:165-182.

④ 李聪明.教育生态学导论[M].台北:台湾学生书局,1989:129.

⑤ 郑雪.教育的生态评定简介[J].外国教育动态,1983(5):39.

论文，并于 1990 年出版著作《教育生态学》[1]。之后，相关研究逐渐增多，陆续出现了许多论文和一些专著，其中包括 1992 年任凯、白燕两位学者共同出版的《教育生态学》[2]。在吴鼎福、诸文蔚的《教育生态学》中，作者借用了一些生态学理论、概念和术语，具有浓厚的生态学色彩，但所借用的生态学理论与对有关教育问题的分析没有很好地结合，略显生态学色彩有余而教育学色彩不足。任凯、白燕的《教育生态学》与之相反，对教育方面的论述较为丰富，而生态学原理的演绎显得不足。2000 年，华东师范大学范国睿出版了专著《教育生态学》，该著作在已有研究成果的基础上有所突破，力图从文化、人口、资源以及环境的视角来建构学科体系，引用了大量的国外文献资料进行类比研究，但该书的生态学色彩不足，教育学和生态学的联系略显欠缺。

2005 年，贺祖斌出版了专著《高等教育生态论》，刘贵华出版了专著《大学学术发展研究——基于生态的分析》。贺祖斌的《高等教育生态论》采用生态学原理和方法，基于生态学的价值取向，对中国高等教育系统作了生态学分析，在努力构建高等教育系统分析的生态观的基础上，着重对我国高等教育系统现阶段比较突出的四个生态问题：高等教育系统的生态承载力、高等教育系统的生态区域发展、高等教育系统的生态环境和高等教育系统的生态质量控制进行了分析，并指出我国高等教育发展的理性选择是走生态可持续发展之路。刘贵华的《大学学术发展研究——基于生态的分析》围绕生态环境对大学学术的作用和影响问题展开分析和研究，通过对大学学术基本生态主体的分析，探讨了大学学术繁衍及其生态环境的优化，确证了大学学术生态的合理性，列举了大学学术生态的种种危机，给出了拯救危机的思路，并构建了融合型学术生态模式、散射型学术生态模式、棱柱型学术生态模式和发展型学术生态模式四种学术生态模式。这两部著作是对教育生态学研究的进一步发展和深化，专门对教育系统的子系统——高等教育系统进行了分析和研究，更具有针对性。两部专著分别开拓了高等教育研究领域和大学学术研究领域生态化的先河，具有重要的学术价值，为教育生态研究和高等教育生态研究的进一步发展和深化作了很好的铺垫，起到了承前启后的作用。

---

① 吴鼎福，诸文蔚. 教育生态学[M]. 南京：江苏教育出版社，1990.

② 任凯，白燕. 教育生态学[M]. 沈阳：辽宁教育出版社，1992.

从20世纪70年代中国教育研究的“生态潮”现象出现至今有增无减，已出版关于教育生态的专著7部，发表关于教育生态的研究论文2878篇。这些论著涉及教育的宏观研究（教育理念、教育环境、学校制度等）和微观研究（大学学术、课堂教学、课程和教学环境等）。总的来看，我国教育生态学的研究还处于起步阶段，主要问题还在于如何将生态学的原理运用于对教育现象和教育问题的分析与研究，如何确立教育生态学独特的研究领域，从而使教育生态学成为具有科学性的教育科学分支学科之一。

五、高等教育生态观

“运用生态学方法对高等教育进行研究，目的在于通过分析高等教育系统与其生态环境之间复杂的动态的关系，解释高等教育发展的规律和生态机制……高等教育系统是一个以人的行为为主导、以教育环境为依托、以教育资源的流动为命脉的复合生态系统。因此，生态学的研究方法是高等教育生态研究最重要的手段和方法。”①德国著名生态学家汉斯·萨克塞也指出：“生态学的考察方式是一个很大的进步，它克服常从个体出发的、孤立的思考方法，认识到一切有生命的物体都是某个整体中的一部分。”②高等教育生态系统是教育生态系统的一个子系统和一个层次，具有教育生态系统的基本特征，遵循生态学的基本规律和原理。同时，高等教育处于教育生态系统的最高层次，它具有自己独有的特征和发展规律，因此，我们有必要进一步深入研究高等教育生态系统的特征和发展规律，以期探索优化这一教育子系统的生态环境、促进其和谐、健康发展的途径和方法。

1. 高等教育生态系统观

英国生态学家坦斯利（A. G. Tansley）认为：“有机体不能与它们的环境分开，而与它们的环境形成一个自然系统，……我们所谓的生态系统，包括整个生物群落及其所有的环境物理化学因素，它们是一个自然系统的整体。而在成熟的生态系统中，这些因素接近于平衡状态，整个系统通过这些因素的相互作用

① 贺祖斌.高等教育生态论[M].桂林：广西师范大学出版社，2005：33.

② [德]汉斯·萨克塞.生态哲学[M].文韬，佩云，译.北京：东方出版社，1996：1-2.

得以维持。”[①]坦斯利提出的生态系统观把整个自然作为一个统一的大系统来考察，研究自然系统内所有因素的相互作用及所有的能量流动与生物尤其是与人的相互关系和规律，这标志着生态学研究向前迈进了一大步。美国著名生态学家奥德姆(E. P. Odum)的“整体论思想”(holistic thoughts)和他所倡导的整体性研究方法对生态整体观的发展具有重要的推进作用，为各学科进行的生态研究“提供了认识论基础”[②]。生态系统理论是生态学与现代系统理论的系统论、控制论、信息论相结合的产物，是生态学向纵深发展的结果。任何一个生态系统都由四个基本部分组成，即生产者、消费者、分解者和非生物成分。这四个组成部分在物质循环、能量流动和信息传递过程中各自发挥特定的作用，形成整体功能，共同支撑生态系统的正常运行和功能释放。生态系统的生物之间既有相互依存的共生关系，又有相互矛盾的竞争关系，各种关系相互交织构成复杂多样的生命形态。

奥地利生物学家贝塔朗菲(L. V. Betalanffy)首先提出“系统”的概念，并认为，系统是“相互作用的诸元素的综合体”[③]。多元和联系的特性是系统最本质的规定性。自然生态系统和社会生态系统均具有以下特征：第一，整体性。构成任何一个系统的所有元素都是相互联系、相辅相成的整体，如果减除系统的任何一个元素，系统原有的性质和特征都会改变。第二，结构性。构成系统的所有元素不是杂乱无章地组合在一起的，这些元素是按一定规则排列组合的，因而表现出结构性。第三，层次性。构成系统的元素具有无限的可再分性，每个系统都由更低一级系统构成，同时，每个系统又是构成高一级系统的子系统。第四，功能性。系统具有相对稳定的结构，并能接受外界输入的物质、能量和信息，这些物质、能量和信息在系统中发生形态转化后再被输出就是系统的功能。任何系统都具有特定的功能，功能是系统存在的直接原因。第五，变异性。系统是一个相对稳定的和开放的整体，构成系统的元素既有可能因外部因素的影响而变化，也会因自身内部的变化而发生改变，因此任何系统都会因内外环境的改变而发生变化，即具有变异性。第六，相对稳定性。运动是宇宙间一切事

① GOLLEY F B. The philosophy of ecology: From science to synthesis[M]. Georgia: The University of Georgia Press, 2000: 204-211.

② WORSTER D. Nature's economy: A history of ecological ideas[M]. Cambridge: Cambridge University Press, 1994: 293-304.

③ [奥地利]贝塔朗菲. 一般系统论[M]. 林康义，等译. 北京：清华大学出版社，1987：3.

物遵循的共同规律，是绝对的，但在系统的元素未发生根本性改变之前，系统的性质不会改变，而是保持相对稳定的状态。自然生态系统因系统内各种生物具有适应性的生物学特征，因此具有自组织、自适应、自调节能力，系统的相对稳定性表现更为突出。社会生态系统是人工生态系统，它的自然相对稳定性不强，但由于人类具有强大的灵活性和能动性，可以通过合理地对系统加以组织和调控，从而增强系统的稳定性。教育系统及高等教育系统是社会生态系统的子系统，因而也是人工生态系统，其稳定性也受人的组织调控的很大影响。

高等教育系统除了具有一般系统的整体性、结构性、层次性、功能性、变异性、相对稳定性特征以外，作为“学术组织、专业组织和行政组织”①的高等教育系统还具有如下特征：第一，高等教育系统是一个以人为中心的系统。人具有生物属性，同时，人类社会更强调人的社会属性，如马克思所说，“在其现实性上，是一切社会关系的总和”②。高等教育系统中的人（教育者和受教育者）是已经接受了相当长时间教育的人，因而具有突出的社会属性。他们不但能通过生物生态适应和文化生态适应两方面去适应环境，更能够以通过基础教育和高等教育所获得的知识能动地利用和改造环境，把自然环境改造成符合人之目的的人工环境。之所以如此，是因为高等教育系统中的人是高等教育存在和发展的前提和基础，是高等教育的核心，所以高等教育系统是一个以人为中心的生态系统，人对该系统的调控决定着它的功能发挥和存在状态。第二，高等教育系统具有生态演替性。生态系统是生物界与周围环境不断进行物质、能量、信息的传递和交换的系统，高等教育系统在其发生、发展、进化过程中具有内在的动态变化能力。因此，高等教育系统随着外部环境的变化而处于不断发展和演变的生态演替之中。包括人类在内的生物的一切行为都会对生态系统产生影响并引起生态演替。高等教育系统是一个具有一定结构和功能的、相对稳定的系统，同时，作为一个人工生态系统，它也会在与人类的互动过程中不断进行演替。第三，高等教育系统具有自我调节性。生态系统是一个物质和能量不断输入、输出的开放系统，同样，高等教育系统也是一个开放的系统，只是高等教育系统的输入和输出是以人和物的形式呈现的。生态系统具有相对稳定性，在一定阈值内系统会自行调节其物质和能量输入、输出过程的各个环节，从而保持

① 赵文华.高等教育系统论[M].桂林：广西师范大学出版社，2001：3.

② 马克思恩格斯全集：第1卷[M].北京：人民出版社，1995：56.

系统的相对稳定性。系统的构成要素越多、结构越复杂,其自我调节能力就越强。高等教育系统的自我调节功能主要表现在高等教育的发展和社会需求的调节、高等教育资源的配置调节、不同种类和层次高等学校的数量及其分布等方面。

总之,高等教育系统不但具有生态系统的物质循环、能量流动、信息传递的功能,而且具有生态演替性和自我调节性,具备了生态系统的基本特征。该系统的各组成要素及其生存环境相互依存、相互作用,共同构成一个与环境不断进行物质循环、能量流动、信息传递的复杂系统,因此高等教育系统是一个生态系统。高等教育生态系统是以人为前提和中心的系统,它同时是一个人工生态系统,因而也是一个可控系统。高等教育生态系统是社会生态系统的一个子系统,它不仅具有系统的一般特征,还具有自身独特的结构和功能,该系统结构和功能的统一,制约着高等教育的发展和演进。

2. 高等教育生态整体观

现代生态学认为世界的存在是人、自然和社会复合生态系统的整体性存在。生态系统作为整体包括生命系统、非生命系统以及各种环境因素。生态系统的各种因素是相互联系、相互依赖、相互作用的,各个部分在系统的相互作用中被再创造,部分的价值在生态系统的层次中表现出来,由于它们具有互补性,所以整体大于其各部分之和,这就是生态观的整体性观点。正如拉兹洛所指出的,"组成系统的各个部分之间存在着相互依赖关系,恰如一面网上的网线扭结"①。部分只有在整体中才能获得意义,离开整体,部分就会失去存在的意义,因此,我们强调事物相互联系、相互作用、相互依赖的整体性。

高等教育系统是教育系统中的一个层次,它同政治、经济、文化一样,是人类社会发展的子系统,高等教育系统之外的各种因素都与高等教育发展息息相关,"任一生态因子总要与周围环境经常不断地处于相互交换之中"②,因此,高等教育与社会的政治、经济、文化也存在物质、能量和信息的交换,高等教育系统和它们相互适应、相互依存,共同构成一个整体。高等教育系统内部的每一个因子也不是孤立、消极地存在的,它们之间也是相互联系、相互依存,以某种形式结为一个整体,共同与外界环境发生关系。在高等教育系统内部,无论是

① [美]拉兹洛.用系统论的观点看世界[M].北京:中国社会科学出版社,1985:1-13.

② 马歆静.对大教育的教育生态学分析[J].赣南师范学院学报(社会科学版),1996(5):53.

纵向的层次结构，还是横向的形式、类别、结构，也是以一定的结构形式结合成整体而具有某种功能的。

3. 高等教育生态平衡观

生态学中的平衡是指生态系统的结构和功能以及物质、能量、信息的输入和输出都处于相对稳定的状态。“平衡有平衡关系和平衡状态两种含义。当其指平衡关系时，一般指两种相互限制的趋势、力量或性质在数量关系上所达到的一种均衡关系，一般用数量关系的相等功能表示平衡关系，用数量关系的功能不相等表示非平衡关系。而平衡状态包含有平衡关系，它是以平衡关系为内容的系统稳定状态。”①当生态系统受外界的干扰超出其自身的调节能力时，生态平衡被打破，从而出现生态系统结构和功能的失衡。生态系统的平衡与失衡处于不断变化的动态之中，在生态系统的发展过程中，整个系统由平衡到失衡再到新的平衡，如此循环往复螺旋式上升和发展；同时，生态平衡是相对的，一旦生态系统中的某些要素的变化幅度超出其自我调节能力，该系统就要突破旧的稳态转向新的稳态。根据生态平衡的规律，我们可以通过干预系统内部要素的改变来建立有利于生态系统发展的生态平衡，正如美国著名生态学家奥德姆(E. P. Odum)所说，“人类是站在他所在的生态系统的最高控制点上……生态系统就受人类有节奏的发展文化的脉冲所控制”②。因此，我们既要努力维护系统的生态平衡，也要根据现实条件和各种需要，不断打破旧的平衡、建立新的平衡。

高等教育生态系统在发展、演进的过程中，与其外部环境之间以及系统内部不同要素之间不断经历着由平衡到失衡再到新的平衡的动态发展过程。所谓环境，是指生物有机体生存空间内各种条件的总和，也就是可以从有机体外部进入有机体的反应系统，从而直接影响生命活动的物质、能量、信息等各种资源的总和。环境是相对于某项中心事物而存在的，环境是中心事物之外的一切与它相关联的事物的集合。环境是以中心事物为参照，并随中心事物的变化而不同的。同时，周围事物的变化也会对中心事物构成影响。如格罗特费尔蒂所言，“‘环境’意味着我们人类位于中心，所有非人的物质环绕在我们四周，构成我们的环境。与之相对，‘生态’则意味着相互依存的共同体、整体化的系统和

① 王洪波. 论社会发展的协调范畴及其意义[J]. 中国社会科学，1994(1).

② [美]奥德姆. 系统生态学[M]. 北京：科学出版社，1993：607.

系统内部各部分之间的密切联系"[①]。高等教育的存在和发展过程是以高等教育为中心事物,与周围各种条件因素相互影响、相互作用的过程,高等教育与环境之间存在内在联系的机制。高等教育生态系统的平衡与失衡主要表现在系统的输入和输出、结构和功能方面。输入和输出的平衡与失衡是指高等教育系统与外部环境之间的物质、能量和信息等资源的交换与传递方面的平衡与失衡,结构和功能的平衡与失衡是指高等教育系统内部各种资源在协同发展和功能释放方面的平衡与失衡。

生态系统具有平衡与失衡的特征,高等教育系统同样具有平衡与失衡的特征。高等教育系统与其外部环境之间处于一种相互作用的动态关系,它既受到外部现有条件和资源的制约,也能依据现实条件和未来发展趋势完善自身内部结构,从而实现更好的发展。当高等教育系统的结构和功能、物质和能量的输入、输出处于相对稳定状态时,系统就达到平衡;当高等教育系统受到外部环境的干扰超出系统自身的调节能力时,高等教育系统的结构和功能就会失调,平衡被打破,高等教育系统就会出现生态失衡。高等教育生态系统的平衡与失衡取决于生态系统的自我维持和调节能力。美国著名教育学者菲力浦·孔布斯指出,"教育体制适应周围环境过于缓慢,由此而产生的体制与周围环境之间的各种形式的不平衡,正是教育危机的实质所在"[②]。这里的"世界教育危机"就是教育系统生态失衡的突出表现和结果。当前我国高等教育事业取得了巨大进步和辉煌成就,同时也出现了前所未有的困难和挑战。这些困难和挑战出现的一个重要原因就是高等教育生态系统的失衡,这种生态失衡已经影响了我国高等教育的进一步发展,甚至已经成为高等教育事业发展亟待解决的巨大障碍。高等教育系统的平衡受制于系统与外部环境之间的资源交换关系和系统内部的结构和功能的平衡关系两方面。

在高等教育发展过程中,社会输入高等教育系统的是接受过一定教育、具有一定的身心发展水平的青年人以及各种物力、文化资源,高等教育系统经过对这些资源的"加工",培养出社会所需的各种人才和文化成果,输送给社会。当一定量的外部物质、能量、信息输入高等教育系统之后,会引起高等教育系统

---

① GLOTFELTY C, FROMM H. The ecocriticism reader: Landmarks in literary ecology[M]. Georgia: The University of Georgia Press, 1996: 221.

② [美]菲力浦·孔布斯. 世界教育危机——八十年代的观点[M]. 赵宝恒,等译. 北京:人民教育出版社,1990:3.

与社会大系统之间的不平衡。为了改变这种不平衡状态，高等教育系统会根据已有条件及自身特点，及时调整内部结构，在系统内部合理调配各种资源，以充分释放自身的功能，“生产”出社会所需的人才和文化，从而实现了高等教育系统与社会大系统之间新的平衡。显然，高等教育系统的生态平衡是相对的，当外部环境发生改变时，高等教育系统的内部生态结构也会随之发生相应的变化，因为“与各种环境条件相协调的高等教育生态结构其存在才是合理的”①。

高等教育系统与环境之间进行的物质、能量、信息的交换可以归结为高等教育系统与社会之间进行的各种人才资源、物力资源、文化资源的交换。高等教育系统是一个开放的系统，它不断与社会之间进行资源交换，与其生态环境相互作用。当该系统的资源输入和输出相对稳定时，系统也相对平衡；当系统资源输入和输出失衡时，为了重建平衡，就要增加系统的资源供给，同时要对系统内部结构进行调节，以实现资源最大效益的发挥和系统最大功能的释放。在系统资源输入方面，如果物力资源输入不足（主要表现为经费短缺），则会导致系统培养能力不足，教育效益低下；人才资源输入不合理（主要表现为优秀教师资源的流失和学生资源的过度增加），会导致生师比过高、班级人数过多、图书资料和器材设备等的短缺与失衡，进而引发规模与质量的冲突；文化资源的输入不合理（主要表现为高等教育价值观念的过分功利化、社会期望值过高、政策法律、规章制度及体制的不合理），会导致高等教育系统内部教育目的的过分功利化、高等教育所培养人才的科学素养和人文素养严重失衡、大学校园被各种扭曲、异化的文化氛围及价值观念所包围和腐蚀等问题。

高等教育资源输入方面的问题会直接带来高等教育系统输出的一系列严重后果，突出表现为高等教育“产品”的低质量，即大学毕业生的综合素质低下，知识和科技成果的匮乏，大学放弃、丧失创新和引领社会文化的功能等。1967年，世界各国的150多位教育专家集聚美国弗吉尼亚讨论“世界教育危机”，他们认为教育的一个主要问题是供求之间的不平衡。在有些国家，出现了被哈佛大学经济学家弗里曼（Freeman）教授所称的以大学毕业生过剩为主要特征的“教育过度”问题。在我国，则由于长期的计划经济思维和僵化的高等教育管理体制，出现了高等教育原创性科研成果匮乏、高等学校普遍缺乏办学活力、大学毕业生就业难、高校的科研成果不符合社会的需求和期望、科研成果的闲置浪

① 马歆静.对大教育的教育生态学分析[J].赣南师范学院学报(社会科学版),1996(5):53.

费等问题。另一个比较突出的问题是大学毕业生在能力结构和综合素质方面的缺陷，正如华中科技大学杨叔子教授所总结的“五重五轻”，即重理工、轻人文，重专业、轻基础，重书本、轻实践，重共性、轻个性，重功利、轻素质，其要害是轻人文素质，急功近利，忽视全局与长远①。上述高等教育生态系统在资源输入、输出方面的失衡所引发的种种问题表明，高等教育的和谐发展有赖于高等教育生态系统的平衡；要实现高等教育生态系统的平衡，就必须保持输入该系统的资源与系统内部的结构与功能相互协调；高等教育系统与社会政治、经济、文化等子系统要保持协调发展，如果高等教育的发展落后于社会其他系统的发展，就会出现高等教育系统与社会之间的矛盾和冲突，并将导致高等教育系统自身的功能失调，阻碍高等教育系统功能的释放，最终将制约高等教育的发展。

高等教育系统是教育系统中的最高层次的子系统，它有自己特定的结构和功能。高等教育生态系统内部结构和功能的平衡影响着系统与其环境之间的协调关系，制约着高等教育的发展。“在一个国家（或省、市）的教育大系统中，受教育者的数量按层次排列起来，这种宏观生态系统的层次结构应该是纵向多层次金字塔形。”②

贺祖斌的研究成果指出：“就高等教育系统的主体而言，高等教育系统的宏观结构着重表现在以下五个方面结构的比例关系。① 层次结构。指各层次高等学校之间的比例构成，即大专、本科和研究生的比例关系。② 形式结构。即各形式、各类别的高等教育之间的比例构成，主要是指全日制、非全日制的比例关系，普通高等教育、高等职业技术教育、成人高等教育、网络高等教育之间的比例关系，以及国家办的、地方办的、民办的高校之间的比例关系。③ 科类结构。即高等教育中的学科比例关系，主要是指高等教育中文科、理科、工科、医科、农林、师范等院校、系科甚至专业以及在校生规模的比例关系。④ 布局结构。即生态区域高等教育布局结构关系，我国按生态区域划分为东部、中部、西部三大区域，不同的区域高等教育布局的均衡性、合理性将影响整个高等教育的发展。⑤ 管理结构。指高等教育管理机构的设置、隶属关系、管理权限和管理内容及与之相适应的各种制度、法规等构成状态和作用方式。”③高等教育生

① 杨叔子.现代大学与人文教育[J].高等教育研究，1999(4)：1.

② 吴鼎福.教育生态学[M].南京：江苏教育出版社，2000：209.

③ 贺祖斌.高等教育生态论[M].桂林：广西师范大学出版社，2005：132.

态系统的内部比例关系受到外部生态环境的影响和制约，特别是政治经济、文化传统及科技状况，这些高等教育的外部环境也有结构性或功能性的生态平衡、协调发展的问题，彼此间存在相互适应和相互促进的关系。

微观方面，在每一所高等学校生态系统内部也存在着生态结构的平衡问题。针对我国高等学校内部专业教育存在的不平衡问题，文辅相教授指出："一是专业口径狭窄，即专业设置较多地强调与应用对口，使专业划分越来越细，专业数越来越多，也会使学生进入社会后的工作转移能力和发展后劲不足。二是知识结构单一，即教学计划基本上是单一的专业教育计划，一切服务于专业，一切为了专业，没有体现一个人的全面成长要求，这就使学生的专业背景知识单薄，知识视野不够。三是培养规格统一，即不论学校与学生差异，按一种规格培养，不仅统一专业设置，而且统一教学计划、教材和要求，这种高度统一的教育模式抹杀了学校之间以及学生个体之间的差异。"①

高等教育系统是教育系统的一个子系统，同时它也是一个独立的系统。高等教育系统具有培养人才、科学研究和社会服务三项主要功能，要使高等教育系统保持稳定并发挥其应有的功能，就必须维护该系统的稳定性和平衡性，即便系统各因子有变化，也不能超出系统的承载能力，否则，不但系统不可能充分释放其功能，甚至有可能使系统崩溃。

4. 高等教育生态调控观

高等教育系统是一个人工生态系统，人是这一系统存在的前提，也是其调控者，正如生态学家奥德姆所认为的，"人类是站在他所在的生态系统的最高控制点上"②。高等教育系统是人类为满足自身保存和发展文明、智慧而建立的系统，它不是一个自然生态系统，而是一个可以控制的人工生态系统，同时也是一个社会生态系统，这一系统具有生态可控性，人类可以依据自身需要对该系统进行调控。生态学原理认为，社会生态系统具有由生产、消费和分解构成的生态网络结构，这样才能保证生态系统具有稳定的生产能力。生态系统中任何网络环节的缺失都会导致系统生产能力的下降甚至是系统的崩溃。因此，为了维护高等教育生态系统的稳定性和相应的生产能力，当该系统出现失衡时，应当对其进行调控，这也是高等教育系统可持续发展的基础。正如 E. 马尔特比指

---

① 文辅相. 我国大学的专业教育模式及其改革[J]. 高等教育研究，2000(2)：5.

② [美]奥德姆. 系统生态学[M]. 北京：科学出版社，1993：607.

出的，生态系统的调控“被认为是基于生态系统管理的，因为从本质上来说，它强调的不是生态系统过程，而是人类活动对这些过程和生态系统结构、功能结果的影响”①。对高等教育系统的调控，可以使系统的资源得以优化配置，促进高等教育系统的生态平衡，实现高等教育的可持续发展。

六、高等教育资源的生态观照

高等教育资源的正常输入和输出，是高等教育生态系统保持平衡和功能充分释放的有力保障，也是高等教育和谐、可持续发展的基础，因此，高等教育资源与高等教育生态密切相关。这里，分别介绍高等教育三类资源与高等教育生态的相互关系。

1. 人才资源与高等教育生态

人类社会的存在是以人的存在为前提和根本的，高等教育系统作为社会大系统的一个子系统，其存在的前提和根本也是人的存在。而且，高等教育是人类为保存和发展自身创造的智慧和文明而创设的机构，高等教育系统的人是具备较高文化知识素养和道德品质的人，所以我们把该系统中的人视为人才资源。

高等教育系统中的人包括教师、学生、教育管理者、教学服务人员等，其中主要是教师和学生。高等教育系统中的教师，是已经接受过长期高等教育，具有较多知识储备和良好德行修养的人，他们的素质高低直接关乎高等教育育人水平的高低，关乎高等教育系统“产品”质量的高低；高等教育系统的学生，是已经接受过初等教育和中等教育，具有接受高深学问的知识基础，身心发展趋于成熟的20岁左右的青年。他们正处于生命最具活力的阶段，人生观、世界观都趋于稳定，在求知欲、好奇心和创造力方面都处于较高水平。经过高等教育系统的教育和培养之后，他们将进入社会创造财富，成为社会的有用之才，因此，他们是“准人才”。高等教育系统的教师和学生共同构成高等教育的人才资源主体，这部分人才的状况决定着高等教育系统的生存和发展前景。在国内外的高等教育发展史上，无论是世界一流大学、国内一流大学，还是一般高等学校，无不把聘请最优秀的教师和录取最优秀的学生，作为学校发展的重中之重，这

① ［英］马尔特比.生态系统管理——科学和社会问题[M].康乐，等译.北京：科学出版社，2003:2.

是对人才资源是高等教育发展的前提和根本的最好注脚。

高等教育系统中的教育管理者和教学辅助人员不直接参与教学和研究工作，但他们也是接受过相应的教育训练，具备相当资质，符合国家要求的人才。他们和教师一道营造良好的育人环境和氛围，为学生的学习、成长、成才创造条件。因此，他们也是高等教育系统人才资源的重要组成部分。

高等教育系统是一个具有独立结构和功能的人工生态系统，作为该系统存在前提条件的人才资源的构成、质量和规模，对高等教育系统的结构、功能释放和生态平衡具有重要影响。例如，高等学校教师的数量、学历、职称、学缘与学生的质量和规模等都是影响高等教育系统功能发挥的重要因素。

2. 物力资源与高等教育生态

人类社会的生存和发展是以物质为基础的，同样，高等教育生态系统的存在和发展也要以物质为基础。高等教育系统存在的合法性依据就是保存人类智慧、传承和发展人类创造的文明成果。高等教育的主要功能就是培养人才、发展科学和服务社会。无论是培养人才还是发展科学，无论是教学活动还是科研活动，都离不开图书、仪器、教室、实验室等物质条件。物质条件和环境是高等教育活动得以开展的基础，离开物质条件，高等教育将失去存在的基础。高等教育系统的物质环境在很大程度上是办学经费的物化，高等教育经费最终也会物化为各种物质形态的办学物质条件和环境。因此，高等教育系统的物力资源可以用经费这一主要因子来衡量，经费的多寡在很大程度上可以反映出物力资源的丰富或短缺。

由于人类对资源需求具有无限性，所以高等教育系统对物力资源的需求永无止境，因此，只能以某一标准为参照，用相对短缺或相对丰富来标识。我们可以说高等教育系统或某一高校资源短缺，但却不能说其资源足够了。

物力资源是高等教育生态系统存在的物质基础，相对充裕的物力资源能够满足高等教育系统的发展基本需求，使高等教育系统能够正常释放自身功能，实现高等教育自身应有的价值，满足社会对高等教育的需求。如果物力资源匮乏超过一定的限度，也就是超过高等教育生态系统的承载力，高等教育系统就无法正常运转，高等教育的功能就不能正常释放，从而导致整个系统的生态失衡甚至崩溃。

3. 文化资源与高等教育生态

高等教育文化资源主要是指与高等教育发展密切相关的政策、法规、制度、高等教育价值观念、大学氛围、文化积淀等因素。与高等教育人才资源和物力资源不同的是，高等教育文化资源是以非物质形态存在的。这种资源虽然是无形的，但其在高等教育生态系统的发展中却举足轻重。它是高等教育在长期发展过程中逐步积累起来，并随着时代的变迁而灌注时代精神的要素，是高等教育的灵魂和精华。它不但引领高等教育发展的方向，而且作为高等教育的基因，在哲学层面上制约着高等教育的发展。人才资源是高等教育存在的前提，物力资源是高等教育发展的物质基础，文化资源则是高等教育进步的灵魂。人才资源和物力资源属于高等教育系统有形的物质资源，文化资源则是高等教育系统最高层次的资源，它对高等教育的影响和制约是潜移默化的。

高等教育政策、法规、制度作为制度层面的文化资源，对高等教育的影响和制约是直接的、明显的，对高等教育生态系统平衡起着重要作用。这一制度层面资源的变化既能够长期维护高等教育系统的生态平衡，又能在较短时间内使高等教育系统从失衡走向平衡，也能在较短时间内使高等教育系统从平衡走向失衡。在中外高等教育发展史上，这样的例子屡见不鲜。例如欧美早期大学能够在教会和世俗政府的势力夹缝中长期维护自身的利益，保持其作为探究高深学问知识共同体的大学自治、学术自由传统，维护了高等教育系统的相对平衡。在我国，自从一百多年以前现代高等教育诞生时起就存在的高等教育作为政府附属机构的制度，一直使我国高等教育系统随着政治、经济制度的变化而在平衡与失衡之间作钟摆运动。新中国成立以后，我国利用政权的力量使得全国的公立、私立和教会高校全部改制为公立高校；“文化大革命”时期，全国高等院校在当时的政治制度之下，几乎完全放弃了研究高深学问这一高等教育最本质的宗旨。因此，制度作为高等教育文化资源，对高等教育系统的影响是极其重大的。

文化是历史的投影，是在漫长的历史发展过程中逐渐积淀而成的。每一个时代和民族国家的文化都会以各种不同方式渗透进高等教育内部，同样，任何时代和国家的高等教育也无不反映着特定时代和民族的文化内涵，打上文化的深刻烙印。无论是中世纪宗教文化和商业文化对大学的影响，还是德国理性文化对高等教育的渗透；无论是英国绅士文化对高等教育的浸淫，还是美国实用主义文化对高等教育的牵引，以及我国专制文化对高等教育的制约，无不体现着各国历史和文化传统的印记。同时，每一个时代和国家的高等教育也都反映着其所处时代和国家的历史文化传统和时代特征。文化资源作为高等教育的基因，规定着高等教育的发展路向，对高等教育生态系统具有根本性的制约作用。例如，英国的保守主义和自由主义文化传统塑造了英国高等教育缓慢、渐进的演进道路和对精英教育或曰“学术金本位”的执着尊奉，成就了传统与现代、保守与创新的“英国现象”。又如，我国是一个具有五千多年历史的古老国家，具有丰厚的历史文化积淀。我国传统文化中既有“自强不息、和谐、仁爱”等精华，也有“专制、保守、过分强调共性而压制个性”等糟粕。这种文化因素，不论精华抑或糟粕，都在我国高等教育系统中存在，并且影响、制约着我国高等教育的发展。其中非常典型的就是极其顽固“官本位”思想在高等教育系统内的蔓延及其所延伸出的“泛行政化”逻辑、行政权力和学术权力的失衡，可以说这些是钳制我国现代高等教育发展、阻碍我国创建世界一流大学和进入世界知识体系核心圈层的文化根源所在，更是导致我国高等教育资源短缺和浪费并存和高等教育生态系统失衡的罪魁祸首。

此外，人们的高等教育价值观念、大学氛围、文化积淀也对高等教育生态系统具有相对缓慢的、潜在的影响和制约，这种文化资源使得高等教育生态系统具有相当大的韧性，能够对外部环境的变化保持一定的“免疫力”。例如，在西南联大时期，在物力资源极度匮乏的条件下，联大师生凭借满腔的爱国热情，满怀对高等教育的崇高信念，营造并保持了极佳的学术氛围，创造出了极其丰富的成果，在人才培养和科学研究方面的成就不但为国际上钦佩，被西方称誉为“中邦三十载，西土一千年”，而且创造了我国高等教育史上至今没有超越的奇迹，为新中国的建设和发展造就了一大批科技、文化精英，这也是高等教育文化资源作为高等教育的灵魂、具有极大重要性的最佳注解和明证。

可见，高等教育文化资源对高等教育的发展和生态平衡具有极其深刻的影响，其重要性是无论如何强调也不为过的。

第三章 我国高等教育资源配置方式与分析

高等教育资源包括人才资源、物力资源和文化资源，高等教育投入就是对高等教育系统的人才资源、物力资源和文化资源方面的投入。人才资源投入主要包括一定数量的教师、教育管理人员、学生的投入等方面；物力资源的投入主要包括国家对高等教育投入的行政经费、基本建设费、社会各方面投入的费用和学生的学杂费投入等方面；文化资源的投入主要包括国家的高等教育法律、法规、政策、已有的科学技术知识、社会各方面对高等教育的价值观念、社会文化环境对高等教育的影响等方面。上述三方面资源的投入中，人才资源和物力资源的投入是可以量化的，文化资源的投入属于定性方面的指标，难以进行精确的度量。高等教育的功能主要包括人才培养、科学研究和社会服务三个方面。从宏观角度来看，高等教育系统的产出主要是指高等教育培养的毕业生、为社会创造的科学技术成果和知识、对社会文化的批判和引导；从微观角度来看，高等教育系统的产出主要是指某一所高等学校培养的本专科、硕士、博士等各类学生，发表的科研论文、出版的专著、获得的专利，专利转让和校办产业等直接的社会服务所创造的价值。

高等教育资源的合理配置是指高等教育系统正常发展所需要的人才资源、物力资源和文化资源的投入能够得到应有的保障。具体有两方面：一是投入高等教育系统的各种资源能够满足高等教育发展的正常需要，尤其是人才资源和物力资源有充足的供给；二是投入高等教育系统的人才资源、物力资源和文化资源之间有一个合理的配比关系，符合高等教育的本质及其内在发展逻辑。高等教育资源的优化配置是指，在合理配置高等教育资源基础上，保证三方面资源功效发挥上的最优组合，以取得最佳办学效益。

要实现高等教育资源的优化配置，以下几个方面的要素至关重要：第一，高等教育资源配置条件的优化，主要是指三种高等教育资源条件分别达到最优水平，并且它们之间的配比组合实现最佳状态；第二，高等教育资源配置手段的优化。主要是指在配置资源的过程中，从高等教育的本质及其内在发展逻辑出发，利用计划和市场两种方式的长处，避免其不足，依据现实条件和环境，追求高等教育的最优发展；第三，高等教育资源配置结构的优化。宏观方面，在国家和地区层次上实现高等教育系统内部各层次、形式、类别的多元化和优化；微观方面，在某一所高等学校内部，在教学、科研、社会服务的结构等不同方面实现资源的最优配比，高等教育资源配置结构的优化，是发挥高等教育资源效益的最重要条件；第四，高等教育资源配置管理的优化。这里有两方面含义，一是宏观管理的优化，即统筹高等教育宏观规划、政策指导、组织协调、监督检查等不同方面，为高等教育的发展创造良好的外部环境；二是微观管理优化，即各高等学校在依法面向社会自主办学过程中，不断进行调节，高等教育资源在横向和纵向两方面都达到最佳组合，从而实现高等学校的教育管理在动态发展中取得最佳办学效益。

一、新中国成立以来高等教育资源配置方式介绍

1. 新中国成立至改革开放期间的高等教育资源配置

新中国的成立，为各项事业的发展带来了前所未有的良机，人民当家作主，获得了高等教育的主动权。然而，“1949 年新中国建立时，中央人民政府面对的是一个校数不足 205 所、在校学生 11.7 万人，校舍陈旧、设备破损、人才流失的烂摊子”①。当时国家在高等教育方面的基本任务是对旧中国的高等教育进行改组改造，建立新的高等教育体系。鉴于当时的国际国内环境，中央确立了发展重工业的战略，加强了中央的集中管理，与此相适应，中央政府在收回高等教育主权、改私立学校为公立学校、改造旧的公立学校的基础上，于 1952 年和第一个五年计划期间对全国的高等教育资源进行了重新配置。这一改革被称为“院系调整”，它既是新中国成立前高等教育格局调整和高等教育资源的重新配置，也对新中国成立至今的高等教育发展产生了重大影响。这次调整涉及全国人、财、物资源的调配，决定把人才资源的配置作为建国初期整个经济发展目标能否实现的关键资源配置。在 1951 年高校院系局部调整的基础上，于 1952～1957 年进行了全国范围的“院系调整”。1953 年高教部对“院系调整”发出指

① 郝维谦，龙正中. 高等教育史[M]. 海口：海南出版社，2000：25.

示:“鉴于大规模的、有计划的经济建设已经开始,为使高等学校院系分布进一步趋于合理,人力、物力的使用更为集中,各类专门人才的培养目标更为明确,拟于1953年继续院系调整工作”。这一调整持续了6年,被认为“基本上改变了旧中国高等教育文重工轻、师范缺乏”的状况,顺应了中央关于高等教育“要很好地配合国民经济的发展,特别要配合工业建设的需要”的要求。①

新中国成立之初的这次“院系调整”,不仅是对原有高校布局的调整,还基本改变了新中国成立之前公立高校与私立高校并存的格局,建立了以中央政府集中统一配置资源、中央行业部门与地方行业部门为主的两级政府办学体制。这种指导思想和办学模式所产生的影响不仅在于它为适应当时国家经济战略而建立的单科办学模式,更在于对那以后整个高等教育发展的长时间的影响。这次“院系调整”之后相当长一段时期内,我国高等教育在很大程度上没有遵循高等教育发展的逻辑,积累了一系列严重的问题,从而引发了20世纪90年代后期又一个历时6年的“院系调整”。可以说,第二次“院系调整”是对第一次“院系调整”痛苦反思的结果。这两次“院系调整”有着不同的背景和环境,前一次“院系调整”是使资源配置集中到中央政府的过程,后一次“院系调整”是使资源配置分散到地方的过程。

对新中国成立后第一次“院系调整”的反思有助于对资源配置这一主题的阐释。首先,新中国的建立,使得人民群众翻身做了主人,这极大地激发了广大人民群众投身国家经济建设的热情,而建国初期高度集中的计划管理体制在最大程度上实现了对原有资源的改造和整合,初步显示了新制度的活力和效率。这一调整满足了国家发展重工业对人才数量和规格的需求,这样看,这次“院系调整”达到了预期的目标,是历史发展进程中的必然。其次,建国初期确立的以重工业为主的发展战略,使得以行业管理为主的选择顺理成章,也使以培养重工业急需的专门人才有了充足的理由。这为我国以后长期沿袭苏联高等教育的集中管理模式做了铺垫。尽管发现了过于集中的管理体制的弊端,也多次试图调整和改进,但限于当时整个计划经济管理体制的束缚而没有取得预期的成效,这也是改革开放以后高等教育领域迫切渴望改革的根本原因。

从对20世纪50年代“院系调整”的分析可以看出,新中国成立后至改革开放前的计划经济体制下,高等教育资源配置有以下特点:人才资源和物力资源

① 郝维谦,龙正中.高等教育史[M].海口:海南出版社,2000:95.

完全以国家政治经济发展战略为中心，在政府高度集中统一的管理体制下，在全国范围内统一配置，高等教育系统生存和发展所需的人才资源、物力资源完全由政府包揽下来，高等教育培养出的人才资源也完全由政府统一调配使用；高等教育文化资源也完全从属于高度集中统一的政治文化。

当时的整个高等教育系统就是政府行政体系的延伸，高等教育只需要也只能按照政府的统一计划行事，很少有人认真研究高等教育自身发展的逻辑，更鲜有人对当时的高等教育发展是否符合高等教育的内在发展逻辑进行怀疑。尽管当时高等教育所置身的政治经济环境和制度安排存在其自身难以克服的缺陷，并在那以后的发展中步履维艰，最终走向反思后的否定和扬弃，但在当时的大环境背景之下，高等教育本身除了全力服从之外别无选择。在当时计划经济体制之下，高等教育资源配置也只有顺应国家的形势，才能存在和发展。高等教育资源配置的变化有如奔涌江水中的一叶扁舟，顺水而行是其唯一的选择。正如英国著名高等教育学家阿什比所言，“任何类型的大学都是遗传与环境的产物”①。

2. 改革开放至今的高等教育资源配置

以 1978 年召开的中共十一届三中全会为标志，中国迎来了改革开放新的历史发展阶段。高等教育事业在经历了“文化大革命”之后，重新获得了生机和活力，改革开放以后的高等教育可以用“发展迅速、改革艰难”八个字来概括。“发展迅速”反映出高等教育事业发展的规模、速度、规格和质量，体现了高等教育资源变化的整体状况。“改革艰难”反映出在改革开放新阶段高等教育面临的双重压力，一方面，市场经济的不断深化发展对原来计划经济体制下的高等教育不适应状况带来的改革压力；另一方面，对未来不断探索产生的不确定性所带来的压力。前一个压力来自高等教育系统外部的制度环境，后一个压力来自高等教育本身的改革和创新。因此，改革开放 30 多年来的高等教育发展，既是体制改革的压力下的发展，又是在体制改革推动中的发展。

改革开放以来，我国高等教育的改革随着政治、经济体制改革的进展而深入发展，随着一项项政治、经济体制改革政策和制度的实施，高等教育物力资源和人才资源的配置也悄然变化着。

物力资源方面（这里主要以经费投入为例），改革开放以前，我国高等教育

① ［英］阿什比.科技发达时代的大学教育［M］.滕大春，译.北京：人民教育出版社，1983：7.

经费绝大部分来自国家财政拨款，经费投入渠道十分单一。改革开放以后，国家逐步实行了多渠道筹措教育经费的政策。1993年，国家财政预算内拨款约占高等教育经费总额的78.13%，财政预算外经费收入占10.65%，非财政性其他收入占约11.22%，这表明当时国家财政性教育经费投入仍是我国高等教育的主要经费来源，占有绝大部分比重。到2000年，预算内财政经费的比重已经下降为53.88%，非财政性各类经费收入比重上升到42.66%，2001年这一比例达到49.32%，2002年该比例为52.32%，占据了高等教育经费的半壁江山。在基本建设经费投资方面，1997年以前是额度控制、学校自筹为主，随着资本市场的发展，政府放开了额度控制。1998年之后，学校自筹收入的比重增长较快，几乎每年增加8～10个百分点。① 当前，随着经济体制改革和高等教育管理体制改革的继续推进，我国高等教育物力资源配置格局已有了很大变化，除了政府财政拨款以外，还有政府征收的教育税费收入、学杂费收入、社会捐助收入、校办产业和社会服务收入等多元经费来源渠道。

人才资源配置方面，改革开放以后，高校教师资源的配置逐步改变了原来完全由国家统包统分的格局，逐步引入了市场机制。目前国家已经取消了高等教育毕业生的硬性派遣分配制度，而实行人才自荐、高校推荐、人才市场聘用、人事代理等方式相结合的人才资源配置方式。各人才主体与各高校在协商的基础上自愿签订具有法律效率的协议，协议期满之后，双方可以续签协议，也可以解除人事关系，各自重新招聘和应聘。学生资源配置方面，自改革开放以后，国家在高考制度上逐步进行了一系列的改革，到目前，"千军万马挤独木桥"的局面已经得到很大改观，希望接受高等教育的学子，除了参加普通高考外，还可以参加成人高考、高等教育自学考试、夜大、函大、远程教育等多种高等教育方式，就是普通高考也由原来的每年一次改为每年两次。这些改革使得高等教育学生资源的配置具有了很大的灵活机动性，也在一定程度上减少了人才资源的浪费。

高等教育文化资源是非物质形态资源，也是无形资源，具有其自身的特殊性，它的历史、现状及其培植将在本章的后面单独论述。

上述关于改革开放前后高等教育资源配置方式的简要介绍，显示了高等教

---

① 上海教科院发展研究中心.多元筹资制度创新——"九五"期间我国教育经费进展情况分析[J].教育发展研究，2002(10):5-12.

育资源的变化趋向。改革开放初期，对原有体制的反思只局限于既定的制度框架中，多数改革属于保持大的规则不变而顺应环境的思路，即便是在经济领域其初衷也是如此。1978～1984 年属于恢复适应期，之后，农村改革的巨大成功给经济体制改革以重要的启迪。人们意识到，不触及经济体制的最核心的部分，即资源配置方式，改革就会失去真正的意义。1985 年前后，经济体制改革正式启动，教育领域也随之进行改革，1985 年的《中共中央关于教育体制改革的决定》就是一个典型例证。由于环境和改革方向的不明朗，当时的改革仍缺乏足够的坚定性。1992 年确定建立社会主义市场经济体制的指导思想之后，资源配置方式出现了与市场经济在本质上一致的改革趋势，改革的有效性逐步增强。

二、对计划和市场两种高等教育资源配置方式的分析

资源配置方式要解决的是以什么方式把社会资源分配到国民经济各个组成部分当中去，以保证国民经济的正常运行和社会资源最大效益的发挥，并满足社会各方面的需求。资源的有限性与人们需要的无限性和多样性之间的矛盾决定了必须选择合理的方式对资源进行配置，以保证资源得到最有效的利用。同时，资源用途的可替代性也要求必须选择合理的资源配置方式，将有限的资源配置到最能发挥其效用的地方。高等教育资源的配置方式是指以何种方式将社会输入高等教育系统的资源合理、高效地分配到高等教育系统的各个部分，以使有限的高等教育资源得到充分利用，实现高等教育系统的最大产出，满足社会对高等教育的不同需求。

1. 计划配置方式分析

资源的计划配置方式在宏观层次上具有明显的长处，但在微观层次上则存在明显的不足。在高度集中的计划体制下，所有的资源配置决策，包括资源利用水平、生产的组合和分配及其组织形式，都由政府计划决定，政府计划无所不包，并且强制执行，计划在资源配置中起基础性作用。社会化大生产在客观上需要把社会资源按比例分配于各个部门和地区，从而使全社会的经济运行得以顺利进行，避免由于社会总需求和总供给的严重脱节所造成的损失和浪费。反映社会生产和需求之间的内在联系、有计划地实现社会资源按比例分配、自觉调节经济运行的功能，叫作计划机制。计划机制对经济运行的调节就是计划调节。

计划调节具有如下优点：

第一，有利于总体上保持国民经济按比例发展和社会资源的合理配置，自觉地调节社会供求的总量平衡和结构优化。能够使社会资源在各部门之间按照一定的比例进行分配，以节约劳动时间，提高客观经济效益；能够自觉有效地进行大的经济结构调整，在一个比较短的时期内，以较小的代价实现预期目标，促进产业结构的现代化、高度化；能够控制经济总量、协调重大经济结构和特定的生产力布局，促进国民经济的综合平衡，为社会生产的正常进行创造良好的外部环境。

第二，可以在全社会范围内动员和集中必要的人力、物力、财力进行重大建设，防止资金分散影响建设进度，同时也可以防止大的重复建设造成的浪费。尤其对那些规模经济和技术水平要求较高，容易出现重复建设的项目，通过实行宏观计划调控可以合理配置社会资源。

第三，有利于合理调节收入分配，保持社会公正。在我国社会主义条件下，自觉进行收入分配调节，有利于促进人民的共同富裕，保持社会公正，避免两极分化。

计划调节具有上述优点，同时也有以下两方面难以克服的不足：

第一，一个组织作为一个微观的经济实体，其生产经营活动是以追求本组织经济利益最大化为目标的。计划调节从社会需求出发，要求实现整体经济利益。这一矛盾使计划调节的功能在直接调节微观经营主体的经济活动中的效率受到一定程度的限制。由于组织没有自身的经济利益，从而使组织的生产经营丧失了最为重要的内在利益驱动，组织也失去了进行组织创新与技术创新的动力。

第二，一个组织作为市场主体，要面向市场复杂多变的需求及时调整资源配置。而计划调节只具有相对的稳定性，很难及时反映社会需求的变化，对及时调节微观经济组织的资源配置是无能为力的，最终会导致供求结构乃至供求总量的失衡。

高等教育资源的计划配置模式是指高等教育系统完全依赖政府获得各种资源，高等教育资源的配置方式由政府通过计划手段进行控制，高等教育系统的运行由政府直接控制，国家无偿提供高等教育资源并占有全部高等教育成果，高等教育资源的配置与运行结果之间没有直接联系。

从经济学的角度来看，“政府配置高等教育资源实质上是政府职能的输出，它主要取决于资源配置供给成本、政府与社会收益以及政府配置资源的供给能力等"①。政府配置资源的供给能力取决于政府采用的技术手段、政府内部成员的素质以及政府内部组织协调和管理水平等因素。政府配置资源的供给成本是维持政府机构有效运转的经费,包括政府日常开支、资本性支出以及政府实现其职能的财政支出等。政府收益主要是指经济上的税收以及部分企业利润和社会意义上的政府合法性和社会稳定性。道格拉斯·诺斯认为,政府为取得收入就必须向社会提供公共服务作为交换,政府提供的公共服务可以用不同的曲线表示。按照经济学的观点,政府所进行的投资与产出也应该进行成本与收益的比较。

另外,政府也是一个垄断性的经济组织,一定时期内,政府能完全垄断公共服务的供给,因而作为政府配置资源的供给均衡应当是边际成本与边际收益的平衡,只有如此,政府才能取得最大的垄断利润。法国经济学家萨伊把政府比作生产者,把政府提供的保护或服务看作产品。它正确指出了政府作为公共产品和服务的垄断者角色,但在现实当中,社会需求对政府配置资源会产生反作用。社会需求对政府资源供给常常通过社会舆论等渠道对政府资源配置供给的产品和服务进行成本和收益的比较。合理的政府资源配置供给量应当是政府配置资源供给曲线与社会对政府配置资源需求曲线的交点确定的均衡数量。此时,政府资源配置供给能带给一部分或全体社会成员以额外的满足,并且政府配置资源供给带来的社会净收益最大。

然而,高度集中的计划经济体制本身具有功能性缺陷。首先,它使得高等教育成为政府的附属机构。在计划体制之下,我国高等教育服务的供需平衡是通过自上而下的行政管理和计划安排下的运作来实现的,高等教育资源的配置依赖于计划体制,高等学校的办学经费、师资、设备、招生数等物力资源和人才资源都是政府计划安排的。这不仅造成了"高等教育资源配置低效,不能为社会提供足够的服务和产品;另一方面,高等教育资源的配置与社会需求错位,不能为市场提供合格的人才资源"②。其次,计划体制下高等教育经费的危机。教育经费紧缺是制约高等教育发展的重要问题。联合国教科文组织的统计表明,

---

① 楚永生.政府与市场资源配置有效性边界分析[J].西安电子科技大学学报(社会科学版),2003(4):30.

② 吕昭河.中国高等教育资源优化配置的经济分析[J].河北科技大学学报(社会科学版),2002(6):1.

发展中国家已经把国民生产总值中相当高的比例用于公共高等教育，高等教育被放在了优先发展的地位，但是政府仍远不能满足高等教育的经费需求，发展中国家每个学生的平均支出比发达国家低十倍。因此，在很大程度上，发展中国家要以更大的比例从非政府渠道获得经费的支持，多元化的投资体系对高等教育资源的配置显得尤为重要。再者，高等学校内部等级组织制度过于突出。以行政命令和规章条例为组织资源的基本手段，各等级层次权责界限分明，下级必须服从上级，资源按照权力的大小逐级分配。这些都阻碍了教师在教学、科研上主动性和创造性的发挥，扼杀了灵活性与创新性因素，使教职员工将过多的精力投入到协调人际关系和追求行政获利能力上，教师被要求按照规定的程序从事指定的工作和任务，个人自由发挥的空间非常有限。

计划体制下形成的这种高等学校内部组织等级制度，已经深深地融入我国高等教育体系的血脉之中，到改革开放30多年后的今天，这种高等教育“泛行政化”逻辑仍根深蒂固，成为高等教育发展的严重桎梏。正如我国高等教育领域著名学者别敦荣教授所指出的，“改革开放以来，大学和大学制度去政治化的改革已经使我国大学开始走上正常发展之路。但是，由于制度的改革并不是一朝一夕就能完成的，加之社会政治、经济变革也不是一蹴而就的事情，所以，我国大学制度依然存在一系列问题。突出地表现为：第一，大学的主体地位还没有完全建立起来，大学依然从属于党和政府的直接领导和控制之下；第二，大学依然是一个官本位体系，官僚体制从根本上制约着大学的功能性活动；第三，大学的办学仍然按计划体制运行，教育教学、科学研究和社会服务并没有真正形成自身发展的逻辑与机制；第四，在与社会的复杂联系中，大学的定位趋于模糊不定，大学功能的泛化现象越来越严重；第五，大学依然没有形成自身成熟的独特的精神和文化传统，因而精神和文化对大学的作用尚未显现出来”①。

诚然，高等学校在资源配置方面采用等级组织制度有一定的合理性，它在一定程度上能够节约教师之间、学生之间、教师和学生之间重复的协调沟通成本，有利于实现规模经济，但资源配置的规律要求不能使用严格的等级制度。科层制的“官僚管理模式”已经难以提供现代社会广泛的柔性化、个性化、知识化、智能化以及越来越高的公共服务的需求。对于高等学校这样的知识型组织来说，“宽松的等级制”是比较适合的选择，它一方面能保持等级组织的约束功

① 别敦荣.我国现代大学制度探析[J].江苏高教，2004(3)：2.

能和分散风险的聚合功能，使高等学校的教师和员工团结在行政权力与专业知识权威的周围，以教学、科研为中心，为共同的目标而努力，这样就能节约信息传递和组织协调与人力资源配置方面的成本，同时，又给高校教师和科研人员自由发挥的时间和空间。

新中国成立至改革开放前这一时期，我国实行的是高度集中的计划经济制度，这一制度符合我国当时所处的国际政治、经济环境和国内局势的要求，在一段时间内促进了生产力的发展。在国家实行计划经济体制的背景和环境下，高等教育资源的配置也实行高度集中的计划方式。这种计划配置方式对于建国初期高等教育的改组改造以及急于发展重工业这一国家目标的实现起到了支撑作用，同时，这种配置方式也为后来几十年我国高等教育的发展难以走出计划模式的负面影响埋下了伏笔，成为我国高等教育改革难以逾越的“卡夫丁峡谷”。

2. 市场配置方式分析

市场经济体制是市场在资源配置过程中起基础性作用的经济体制。在市场经济体制中，生产什么、如何生产以及为谁生产等有关资源配置的问题，主要由市场供求双方决定。生产什么由消费者货币购买决策决定，如何生产由组织之间的竞争决定，为谁生产由生产要素的价格决定。在市场经济中，资源的配置主要是通过市场机制来进行的，市场机制在资源配置中发挥基础性作用。借助于市场机制对资源流向进行的调节叫作市场调节。市场调节根源于社会化大生产条件下商品经济的客观存在。任何商品经济，只有通过市场才能实现其经济运行。市场上的商品交换关系，由市场主体和市场客体组成。商品交换关系的实现过程，必然是买卖双方根据市场供求状况相互竞争，在认同价格水平的基础上达成交易的过程，因此，价值规律在其中起着根本性作用。

市场调节对任何社会的商品经济都有积极的调节作用，特别有利于资源的短期配置。市场调节的优点有以下几点：

第一，有利于推动科学技术和经营管理进步，提高劳动生产率。企业作为市场主体，在市场机制的调节下，从其自身的利益出发，会主动采用先进的科学技术，改善经营管理，提高劳动生产率，从而能够推动整个社会生产力的发展。

第二，有利于商品生产和流通的自动调节。企业是为市场而进行商品生产和经营的，因此，作为市场调节信号的接受者，企业必须根据市场价格的波动和供求关系的变化及时对生产要素自觉进行调整，以满足社会需求和实现供求平衡。

第三，有利于增进企业的生产经营能力。在市场机制的调节下，竞争作为商品生产经营的推动力，是源于竞争中面临优胜劣汰的风险和与本单位利益相关的经济强制力。竞争机制迫使企业不断增强市场竞争能力以求生存，提高经济效益以求进步，善于从市场中捕捉际遇，激励企业面向市场自主经营、自负盈亏、自我积累、自我发展。

市场调节如同计划调节一样，也有其不可避免的缺陷，其不足有以下几点：一是自发性。各个分散的市场主体都是从微观局部利益出发，根据市场信号来调整微观经济个体的资源配置的，它不可能也难以把握国民经济的全局。因此，从社会宏观层面进行考察，各个微观市场主体的资源配置，会使社会处于无政府状态，整个社会资源配置要通过自发途径，经过多次反复，才能实现社会供求总量和结构的平衡与协调。对于重大结构调整和重大建设，市场调节具有很大的局限性，要经过很长的时间，付出很大的代价才能实现。二是滞后性。各个市场主体接受市场的信号，都是在商品交换之后，并且反映市场供求状况的市场行情都是短期的和不确定的。因此各个商品的需求弹性和供给弹性存在较大差异，对市场调节的有效性也不相同。在生产供给上，对生产需要耗费稀缺资源较多、生产周期较长和技术装备规模较大的商品，市场机制的调节力度就比较微弱。在这些商品供不应求的情况下，即使提高价格，也很难在短期内增加供给和对价格变动做出灵敏的反应。三是难以实现社会分配收入的公正性。需求在市场调节信号反映的供求状况中是已经形成的有支付能力的需求，即社会各阶层实际拥有的购买力。但这种购买力的分配是否合理，市场信号并不能反映出来，市场调节也无能为力。即使出现严重的分配不公现象，甚至发生两极分化，只要有些货币收入形成购买力需求，同样可以购买，而不影响市场价格与商品供求之间的关系。四是难以解决生态平衡、环境保护等问题。如果听任市场调节自发地发生作用，就有可能对生态环境和外部经济带来灾难性的后果。五是对垄断性产品和行业的调节作用有很大的局限。

高等教育资源的市场配置模式是以市场为基础进行资源配置，提供供求、价格、竞争等市场机制，使高等教育资源流向那些资源利用效率高的高校。高等教育作为准公共产品，在一定的经济发展水平条件下，市场机制对高等教育物力资源和人才资源的配置，在高等学校的规模、层次、结构等方面具有一定程度的作用。这种作用表现为以下两个方面：首先，能够运用劳动力市场上的价格信号，对高等教育的层次和专业结构以及各层次和专业的招生规模进行调整。高等教育系统最主要的成果是人才，这些人才在毕业之后将要到劳动力市场就业。当劳动力市场完善、某一规格和专业的人才供不应求时，其价格会上升，反之则会下降，这种信号是高等教育决策部门进行决策的一个重要依据。同时，这一信号对受教育者的教育层次和专业选择也有一定的导向作用。当某种人才的市场价格上涨时，表明接受该层次教育的人才的教育收益增加，从而导致受教育者对该层次或专业的需求增加，反之则相反。其次，高等教育属于非义务教育，收取学费已经成为高等教育系统经费的重要来源之一，通过学费对某一层次和结构的高等学校进行调节，也是市场对高等教育系统供需调节的一个方面。

市场具有开放性和灵活性特点，通过灵敏的高等教育市场信号所反映的供求关系以及对未来供求趋势的预测，能够及时对高等教育资源的配置方向进行调整，以提高高等教育资源的利用效率。例如，当某一层次或专业的人才在劳动力市场上供不应求时，该信号经过劳动力市场的传递，会吸引更多的学生选择接受该层次或专业的教育，从而最终会增加这一层次或专业的人才在劳动力市场上的供给。相反，当某一层次或专业的人才供过于求时，该信号也会通过劳动力市场反馈到学生当中，他们会减少对该层次或专业教育的选择，从而会减少这一层次或专业人才的市场供给。通过高等教育市场所传递的信息，能够促使高等教育系统及时调整高等教育的层次、规模、专业、学科设置等内部结构，使高等教育资源流向使用效率最高的部门，从而能够避免或最大限度地减少传统计划体制下配置资源时，因对市场需求反应过慢而造成的高等教育资源浪费。

市场经济体制作为一种配置资源的方式能够对私人生产部门或非公共部门实现资源的优化配置。具体表现为三方面："一方面，市场机制在资源配置方面的作用范围仅限于消费上具有排他性，并且产生外在利益的公共产品或劳务；另一方面，对于消费上不具有排他性，并且产生外在利益的公共产品或劳务，市场机制则无能为力；第三，对于消费上具有排他性，同时又产生外在利益的准公共产品或劳务，市场机制只是在一定程度上发挥作用，即通过收取一定的费用补充供给的不足。"①根据著名经济学家萨缪尔森的观点，公共产品是指

---

① 柏植. 我国高等教育的经济学分析[J]. 江苏高教，1998(6)：36.

所有成员的集体消费品，全体社会成员可以同时享用该产品，同时，每个人对该产品的消费都不会减少其他社会成员对该产品消费。公共产品具有两个特征：一是消费的非排他性；二是消费的非竞争性。所谓非排他性，是指产品一旦被提供，就不可能排除任何人对它的不付代价的消费。所谓非竞争性，是指公共产品一旦被提供，增加一个人的消费不会减少其他消费者的受益，也不会增加社会成本，其新增消费者使用该产品的边际成本为零。

公共产品可分为纯公共产品和准公共产品。一般说来，纯公共产品是指那些为整个社会共同消费的产品。严格地讲，它是在消费过程中具有非竞争性和非排他性的产品，是任何一个人对该产品的消费都不减少别人对它进行同样消费的物品与劳务。

非竞争性有两方面含义：一是边际成本为零。这里所说的边际成本是指增加一个消费者对供给者带来的边际成本，例如增加一个电视观众并不会导致发射成本的增加。二是边际拥挤成本为零。每个消费者的消费都不影响其他消费者的消费数量和质量。如国防、外交、立法、司法和政府的公安、环保、工商行政管理以及从事行政管理的各部门所提供的公共产品都是属于这一类，不会因该时期增加或减少了一些人口享受而变化。此类产品增加消费者不会减少任何一个消费者的消费量，增加消费者不增加该产品的成本耗费。它在消费上没有竞争性，属于利益共享的产品。

非排他性是指某些产品投入消费领域，任何人都不能独占专用，而且要想将其他人排斥在该产品的消费之外，不允许他享受该产品的利益，是不可能的，所有者如果一定要这样办，则要付出高昂的费用，因而是不合算的，所以不能阻止任何人享受这类产品。例如：环境保护中，清除了空气、噪声等污染，为人们带来了享受新鲜空气和安静环境，如果要排斥这一区域的某人享受新鲜空气和安静的环境是不可能的，在技术上讲具有非排他性。

另外，纯公共产品还具有非分割性，它的消费是在保持其完整性的前提下，由众多的消费者共同享用的。如交通警察给人们带来的安全利益是不可分割的。可见，具有非竞争性、非排他性而且不能分割的纯公共产品具有公共消费的性质，即在消费这类产品时，消费者只能共享，消费者也可以不受影响的共享，而不能排斥任何人享用。管理以及从事行政管理的各部门所提供的公共产品都是属于这一类。纯公共产品不仅包括物质产品，同时还包括各种公共服务。所以有时把公共产品与劳务联在一起来看，除可供公共消费的物质产品外，政府为市场提供的服务包括政府的行政和事业方面的服务也是公共产品，这就是说，广义的公共产品既包括物质方面的公共产品，又包括精神方面的公共产品。

准公共产品亦称为“混合产品”。这类产品通常只具备上述两个特性的一个，而另一个则表现为不充分。第一类是具有非排他性和不充分的非竞争性的公共产品。例如，教育产品就属于这一类准公共产品。教育产品是具有非排他性的。因为，对于处于同一教室的学生来说，甲在接受教育的同时，并不会排斥乙听课。就是说，甲在消费教育产品时并不排斥乙的消费，也不排斥乙获得利益。但是，教育产品在非竞争性上表现不充分。因为，在一个班级内，随着学生人数的增加，校方需要的课桌椅也相应增加；随学生人数增加，老师批改作业和课外辅导的负担加重，成本增加，故增加边际人数的教育成本并不为零，若学校的在校生超过某一限度，学校还必须进一步增加班级数和教师编制，成本会进一步增加。因而具有一定程度的消费竞争性。由于这类产品具有一定程度的消费竞争性，因而称为准公共产品。

另一类是具有非竞争性特征，但非排他性不充分的准公共产品。例如，公共道路和公共桥梁就是属于这种类型。受特定的路面宽度限制，甲车在使用道路的特定路段时，就排斥其他车辆同时占有这一路段，否则会产生拥挤现象。因此，公路的非排他性是不充分的。但是，公共道路又具有非竞争性。它表现为，一是公共道路的车辆通过速度并不决定某人的出价，一旦发生堵塞，无论出价高低，都会被堵塞在那里；二是当道路未达到设计的车流量时，增加一定量的车的行驶的道路边际成本为零，但若达到或超过设计能力，变得非常拥挤时，需要成倍投入资金拓宽，它无法以单辆汽车来计算边际成本。正因为这类公共产品具有非竞争性的和不充分的非排他性，因此也称为准公共产品。

纯公共产品的范围是比较狭小的，但准公共产品的范围较宽。如教育、文化、广播、电视、医院、应用科学研究、体育、公路、农林技术推广等事业单位，其向社会提供的属于准公共产品。此外，实行企业核算的自来水、供电、邮政、市政建设、铁路、港口、码头、城市公共交通等，也属于准公共产品的范围。与上述公共产品相对应的是，私人产品也可以分成两类，即纯私人产品和俱乐部产品。纯私人产品是指那些同时具备排他性竞争性特征的产品，包括大多数私人产品。此外还有一类称为“俱乐部产品”。这是指在某一范围内由个人出资，并在此范围内的所有个人都可以获得利益的产品，如消费合作社等。

高等教育产品被界定为准公共产品，因为高等教育首先使个人收益，如使个人的能力提高，收入增加等，从这一意义上看它是私人产品。但高等教育在给个人带来利益的同时，也对社会带来了利益，即产生了很大的正外部效应，它将很大一部分利益通过受教育外溢给社会，使他人受益，使整个社会的生产力得到提高，从这一意义上看，高等教育产品又具有公共产品的非竞争性和非排他性。从直接消费来看，高等教育具有竞争性和排他性。增加一个学生，边际成本不为零，会降低原有学生得到的教育服务水平，如人均占有的教学面积、图书资料等，因此，高等教育的直接消费具有私人产品的属性。从间接消费来看，高等教育具有部分的非竞争性和非排他性。高等教育使受教育者个人获得更高的收入和社会地位，这是受教育者的个人利益，他人不能分享，这是其竞争性和排他性；高等教育为社会政治、经济、文化的发展和进步，这是其社会利益，全体社会成员都可以分享，也无法排除其他社会成员得到这种利益，因而不具有竞争性和排他性。

三、计划和市场两种配置方式下的高等教育文化资源

对于文化的定义及其内涵的阐释，仁者见仁、智者见智，莫衷一是。《辞海》对文化的解释是“从广义来说，指人类社会历史实践过程中所创造的物质财富和精神财富的总和。从狭义来说，文化是一种历史现象，每一社会都有与其相适应的文化，并随着社会物质生产的发展而发展”。西方对于“文化”的认识有一个历史过程，关于文化的定义则有上百种。1952 年，美国人类学家阿尔弗雷德·克洛依伯(A. Kroeber)和克莱德·克拉克洪(C. Kluckhohn)在其《文化：概念和定义批判分析》一书中对历史上的上百种关于文化的定义进行了归类，最后得出九种基本文化定义，它们分别是哲学的、艺术的、教育的、心理学的、历史学的、人类学的、社会学的、生态学的和生物学意义上的文化定义。其中哲学的、艺术的、教育的、心理学意义上的文化定义都是站在本学科的角度把文化局限于精神领域，而历史意义上的文化内涵则扩大到“人类创造的财富积累”。

人类学意义上的文化概念则被认为是第一个现代意义上的文化定义而具有划时代的意义，其中最权威的定义是英国人类学家爱德华·泰勒在 1871 出版的《文化的起源》中下的定义。他认为：“文化或者文明，从其广泛的民族学意义上言，它是一个错综复杂的总体，包括知识、信仰、艺术、道德、法律、习俗和人

作为社会成员所获得的任何其他能力和习惯。"①泰勒在此定义中把文化和文明等而视之,并提供了一个全方位的文化概念。1908年,德国学者穆勒·莱尔(T. Muller Lyer)提出"文化是包括智识、能力、习惯、生活以及物质上和精神上的种种的进步与成绩"②。这一观点认为文化包括物质和精神两个方面。1982年,在墨西哥举行的第二届世界文化政策大会上,联合国教科文组织成员国给文化下了这样一个定义:"文化在今天应被视为一个社会和社会集团的精神和物质、知识和情感的所有与众不同显著特色的集合总体,除了艺术和文学,它还包括生活方式、人权、价值体系、传统以及信仰。"③从前面对文化的各种诠释,可以把文化概括为如下几个方面:人类创造的物质财富,主要指物质生产成果;精神财富,包括哲学、科学、文学、艺术等;人的行为规范,指法律、政策、制度、道德、伦理、风俗习惯等;人的行为方式,指技术、语言、社交礼仪等。可以说,文化就像人类社会生活中的水和空气一样,不仅是人类社会发展不可或缺的要素,而且已经融入社会生活的各个方面,成为人类发展进步的一个重要组成部分。

无论在我国,还是在西方的历史上,文化和教育的关系都十分密切。人既是文化的创造者,也是文化的产物,因此,文化与人的发展始终紧密结合。人的创造性主体活动使文化日益丰富,日益丰富的文化反过来又使人本身获得更大的进步。教育作为一种培养人的活动也因此与文化密切相连,正如苏联一些学者指出的:"文化与人的发展,与'培植'人的精神和肉体,与对个人的道德教育、知识教育相联系的传统,可追溯到古代。"④卢梭在《爱弥尔》中写道:"我们栽培(culture)植物,使它长成一定的样子,我们教育人,使他具有一定的才能。"⑤卢梭在这里使用的文化一词显然与教育的含义非常接近。1871年,英国著名历史学家、人类学家、民族学家爱德华·泰勒(E. B. Tylor)在其名著《原始文化》中对文化进行界定之后,仍有不少学者把文化看作是教育同义词,利普特1878年编纂的《法语词典》中曾提到过"culture"作为"培养"和"教育同义词的用法"⑥。德语中使用 kultur 和 bildung 两个词表示文化,其中 bildung 的意思即为"教

① 陆扬,王毅.文化研究导论[M].上海:复旦大学出版社,2006:6.
② 陈序经.文化学概观[M].北京:中国人民大学出版社,2005:23.
③ 陆扬,王毅.文化研究导论[M].上海:复旦大学出版社,2006:12.
④ 转引自:冯利,覃光广.当代国外文化学研究[M].北京:中央民族学院出版社,1986:19.
⑤ [法]卢梭.爱弥尔:上卷[M].李平沤,译.北京:人民教育出版社,1985:2.
⑥ [法]埃尔.文化概念[M].康新文,译.上海:上海人民出版社,1988:4.

育"、"教化",这两个词翻译成法语都是文化(culture)的意思。在德语文化概念的生成过程中,bildung代表一个主要的阶段,它表明"人类全体性……是受广义的教育进程的制约。教育加快人的进化速度,最终把它培养成有意识的人,而不是孤独的人"[①]。在他们看来,bildung把人、社会、全人类联系了起来,其含义在于为使人实现完全的自由而对人自身进行培养。

18世纪德国哲学家赫德尔在其著作《关于人类历史哲学的思考》中也提到,"人类的教育,这既是遗传学的过程,也是器质性的过程;说是遗传学的过程是因为传授传统,说是器质性的过程是由于对所传授的东西的掌握和运用。我们可以在第二种意义上无论怎样来称呼人的这种遗传,都可以称之为文化"[②]。德语中把文化与教育直接联系起来的倾向更为明显,民主德国1971年出版的《迈尔百科词典》中对文化作如下解释:"文化最初指土地的开垦及植物的栽培,以后指对人的身体、精神特别是艺术和道德能力和天赋的培养。"[③]法语中与文化含义相近的概念主要有savoir(学问)、connaissances(知识)、erudition(博学)、instruction(教学、传授)、education(教育)、formation(培养、形成),这些词语与文化常常是互相对译的[④]。这六个词都与教育有着直接或间接、或多或少的联系。虽然这种译法未必完全正确,因为这些概念并非完全相同,都与文化存在一定的差异,但文化与教育的这种渊源关系却显而易见。上述介绍表明,无论在汉语中,还是英语、德语和法语中,文化和教育都有着密切的联系。

文化资源,顾名思义,指可以用作资源来创造财富的文化要素。高等教育文化资源主要是指高等教育所传承、创造的科技知识,规定高等教育发展方向的制度安排,社会和公众的高等教育价值观念,大学精神,校园氛围等。高等教育文化资源是高等教育资源中比较特殊的一类资源,其特殊性主要表现为三方面:一是文化资源的无形性和非物质性;二是文化资源的涵盖非常宽泛;三是文化资源变化的渐近性和非显著性。高等教育文化资源的这三种特性决定了高等教育的发展受政治制度和意识形态、经济制度及其发展水平以及社会文化潮流等方面的影响比较大。因此,这里把高等教育文化资源单独列出来进行分析和探讨,为后面高等教育文化资源的培植作铺垫。同时,因为制度安排是国家

---

① [法]埃尔.文化概念[M].康新文,译.上海:上海人民出版社,1988:69.

② [苏]凯勒.文化的本质与历程[M].陈文江,等译.杭州:浙江人民出版社,1989:19.

③ 中共中央党校科学社会主义教研室.文明与文化[M].北京:求是出版社,1982:39.

④ [法]路易·多洛.个体文化与大众文化[M].黄建华,译.上海:上海人民出版社,1987:53-55.

法规、政策的具体化，是高等教育发展的纲领，因此，这里主要从高等教育制度(或曰大学制度)的视角来分析高等教育文化资源的状况及其培植。

(一) 计划体制下的高等教育文化资源

从1949年新中国建立到1978年党的十一届三中全会召开，是我国实行计划经济体制的时期。党的丨一届三中全会确定的改革开放政策为我国经济的转轨和至今的繁荣起到了制度奠基作用。由于教育的发展具有滞后于经济社会发展的特点，因此，我国高等教育是在改革开放后，经济体制改革进行一段时间以后才迈出其变革步伐的。高等教育体制改革可以1985年的《中共中央关于教育体制改革的决定》算作起点。在此之前，我国高等教育体制和制度安排是典型的计划体制。计划体制对于建国初期高等教育的改组改造，对于当时全面模仿苏联体制、集中力量发展重工业都是有利的，高等教育也为当时国家的经济发展提供了有力的支撑。但高度集中统一的计划体制从本质上讲是不符合高等教育的内在发展逻辑的，因此，计划体制对高等教育的制约在高等教育事业后来的发展过程中逐渐暴露出来，并阻碍了高等教育根据其自身的内在发展逻辑向前演进，这也是20世纪90年代末我国高等教育急剧膨胀的深层原因之一。

大学作为高等教育的主体，它是一种以文化和知识为鹄的的组织机构，知识性是大学与生俱来的品性。高等教育系统作社会的一个子系统，是以其对知识和文化的批判、选择、传播、传承以及创新功能而获得存在合法性的，大学也正是凭其知识的权威地位而日益成为社会的“轴心机构”和先导力量的。失去文化和知识品性，大学将失去其存在的合法性基础。

然而，新中国成立几十年来，我国计划体制下的高等教育领域中，违背高等教育内在发展逻辑的现象比比皆是。

(1) 大学自治方面，由于传统文化观念和计划体制的影响根深蒂固，公立高等学校至今也没有真正意义上的大学自治。我国自秦朝建立统一的中央集权制国家以来，虽历经时代变迁、王朝更替，但封建集权的政体却一脉相承地沿袭了下来，直到鸦片战争，外国的坚船利炮才将这张坚厚的封建集权之网撕开一道口子，封建专制的人伦文化才逐步被打破。与这种封建集权体制相适应，我国古代的教育管理也一直实行集权式的政府管理体制。之后，无论是唐宋时期处于深山幽谷之地、远离世俗尘嚣的书院，还是清末模仿西方大学自治模式建立的京师大学堂，都没有逃脱政府的集权控制。辛亥革命后，从1912年到1948

年,虽然政府颁布了一系列有关大学的法令,但均未真正得到实施,法令中仅有的一点大学自治内容更是无法实现。1917 年,蔡元培先生就任北京大学校长之后,曾气度恢宏地革旧布新,把大学自治的理念引入北大,但由于中国特殊的历史和国情,大学自治这朵高等教育的自由理念之花终究没有在中国的土地上生根发芽。新中国建立之后,我国基本上照办了苏联中央集权的高等教育管理模式,将大学全部收归中央领导。

1950 年 8 月 2 日,教育部在《关于高等学校领导关系问题的决定》中宣布:“中央教育部对全国高等学校(军事院校除外)均负有领导责任。教育部得视条件,有计划有步骤地将各地区高等学校收归中央教育部直接领导”。到 1952 年底,国家对所有大学全部实行国营,使得大学在很大程度上成了国家行政体制的延伸和附属机构,并进而形成了政府管理大学的大一统管理体制。接下来的“文化大革命”更是把大学自治抛到九霄云外,大学严重背弃其根本理念。这一段高等教育发展历史发人深省,正是在这个意义上,我们应当更加珍惜现在已有的大学自治,并继续争取高等教育发展应有的、更大程度上的大学自治。

改革开放后,我国高等教育在大学自治方面取得了一些进展。1979 年 12 月 6 日,《人民日报》发表了复旦大学原校长苏步青、同济大学原校长李国豪、华东师范大学原校长刘佛年、上海交通大学原党委书记邓旭初联名呼吁给高等学校一点办学自主权的意见,并引发了全国性的大讨论。1985 年 5 月 27 日,中央颁布的《中共中央关于教育体制改革的决定》指出:“当前高等教育体制改革的关键,就是改革政府对高等学校统得过死的管理体制,在国家统一的教育方针和计划的指导下,扩大高等学校的办学自主权。”1986 年 3 月 12 日,国务院发布的《高等教育管理职责暂行规定》具体确定了大学办学自主权的权限范围。1993 年 2 月 13 日,中共中央、国务院颁布的《中国教育改革和发展纲要》指出:“在政府与学校的关系上,要按照政事分开的原则,通过立法,明确高等学校的权利和义务,使高等学校真正成为面向社会自主办学的法人实体。要在招生、专业调整、机构设置、干部任免、经费使用、职称评定、工资分配和国际合作和交流等方面,分别不同情况,进一步扩大高等学校的办学自主权。”

1998 年 8 月 29 日颁布的《中华人民共和国高等教育法》将大学的基本办学自主权以法律的形式正式确立下来。上述关于大学自治的各种努力,在一定程度上对我国的大学自治起到了促进作用,但时至今日的事实表明:“改革开放以来,大学和大学制度去政治化的改革已经使我国大学开始走上正常发展之路。

但是，由于制度的改革并不是一朝一夕就能完成的，加之社会政治、经济变革也不是一蹴而就的事情，所以，我国大学制度依然存在一系列问题。突出地表现为：第一，大学的主体地位还没有完全建立起来，大学依然从属于党和政府的直接领导和控制之下；第二，大学依然是一个官本位体系，官僚体制从根本上制约着大学的功能性活动；第三，大学的办学仍然按计划体制运行，教育教学、科学研究和社会服务并没有真正形成自身发展的逻辑与机制……”①

(2) 学术自由方面，我国古代就有学术自由的传统。早在春秋战国时期，诸子百家，学派林立，各派之间自由研究、相互争鸣，一派学术繁荣景象。但自公元前 221 年秦始皇统一中国，建立了中国历史上第一个统一的中央集权制国家之后，开始实行思想和文化教育上的严密控制，把春秋战国时期诸子百家依照学术自由原则设立的私学全部予以禁止，出现了既无官学也无私学，以官为师，以法为教，政教合一的局面。秦始皇接受了丞相李斯的建议于公元前 213 年“焚书”，公元前 212 年“坑儒”，这之后，学术自由和学术争鸣被窒息，文化教育黯然失色。汉代大儒董仲舒提出“罢黜百家、独尊儒术”的路线之后，百家争鸣成了一家独鸣，文化教育失去了曾经的活力和繁荣。唐代时期，政府对文化教育的控制一度较松，官学私学逐渐兴盛，文人学士自由争鸣的局面再度呈现。诗圣杜甫曾这样描述诗仙李白：“李白斗酒诗百篇，长安市上酒家。天子呼来不上船，自称臣是酒中仙。”从这首诗可以看出当时政权对学术文化的控制相对宽松。宋代时期，官学衰微，书院勃兴，各派学者名士在书院这一特殊的文化教育场所自由地探究和争鸣。当时的书院“其目的在自由研究学问，讲求身心修养，是理学家或学者的讲学之所。在书院讲习，尽管学生可能取得一种社会的承认而所得的不是身份。书院虽不反对科举，却不重视科举。在政治上则多少是代表‘清议’，批评朝政，事实上成为地主阶级内部反对派的学术基地”②。明代初期的书院仍保持了宋代学术自由的传统，在学术研究、培养人才、评议朝政方面起着重要作用。但后来明朝愈加专权，实行特务统治，加紧了对思想文化和教育的控制，编织了一张足以窒息和湮灭任何学术和思想火化的文化罗网。“文字狱”的设立使文人学者人人自危，默默埋首于故纸堆中，以求苟安。

整个清代对思想文化和教育的控制都比较严格，“文字狱”自清初就显示了

① 别敦荣.我国现代大学制度探析[J].江苏高教，2004(3)：2.

② 毛礼锐，瞿菊农，邵鹤亭.中国古代教育史[M].北京：人民教育出版社，1983：314.

其威力，仅清朝初年的“明史之狱”就处死70多人，被充军边疆者达几百人。清代的文字狱在康熙、雍正、乾隆三朝，愈演愈烈，前后100多年，有案可查的大小案件不下100起。在这些案件中，被判处死刑的200多人，受到株连而被判处各种刑罚的更不可胜数。文字狱的“罪犯”，既有政府的官员，也有各阶层知识分子和平民，上至朝廷大员（包括个别的满洲贵族），下至江湖术士、轿夫、船工等。在清朝前期，大体上说来，随着政治形势的演变，满汉之间的民族矛盾逐步下降，文字狱打击的对象也随着发生变化。在康熙、雍正年间，主要打击汉族上层分子和政府官员。目的是镇压反清力量，排除政府内部的异己势力。而到了乾隆年间，主要为了打击下层知识分子和平民百姓，同时也株连各级官员。乾隆帝为了进一步压制反动力量，强化中央专制统治，变本加厉大兴文字狱。正是在编纂《四库全书》，大肆宣扬文治之际，趁机各处搜集书籍，也焚烧、毁掉了许多稍有反动眉目的典籍、著作。文字狱因此达到了高潮。乾隆三十九年至四十八年的十年间，因文字狱而产生的案件就近50起。一时间，文网密布，冤狱频起，文人士子人人自危，唯恐一不小心，陷于罗网，或是受到株连，祸从天降，学术研究、学术自由简直成了异想天开。后来，清朝对思想文化和教育的控制日益加强，规定“生员一律不得上书陈言；如有一言建白，以违制论，黜革治罪”①。随之，大学成了政府的附属机构，学术研究从属于封建政治，学术思想的发展受到桎梏，文化思想备受压抑，出现了万马齐喑的萧条局面，遂有了龚自珍“九州生气恃风雷，万马齐喑究可哀。我劝天公重抖擞，不拘一格降人才”的呐喊；有了赵翼“李杜诗篇万口传，至今已觉不新鲜。江山代有才人出，各领风骚数百年”的渴盼。

近代著名学者王国维大胆提出了“学术独立”的主张，他认为：“学术之发达，存于其独立而已。……吾国今日之学术界，一面当破中外之见，而一面毋以为政论之手段，则庶可有发达之日欤。”1912年1月1日成立的中华民国，结束了中国几千年的封建专制制度，民主、自由的思想重又有了活的希望。梁启超在1925年9月的《清华周刊》上发表题为《学问独立与清华第二期事业》的文章，论述了学术独立的重要性与必要性。同期，冯友兰、陈寅恪、萧公权等大师也分别发表关于学术自由的见解。萧公权指出：“为了使得教育发生它固有的功用，我们必须把学术自身看作一个目的，而不把它看作一个工具。国家社会

---

① 熊贤君.中国教育行政史[M].武汉：华中理工大学出版社，1996：295.

应当有此认识，治学求学者的本人应当有此认识。所谓学术独立，其基本意义不过就是尊重学术，让学术具有自身的价值，不准滥用它以为达到其他目的之工具罢了。"[①]陈寅恪指出："没有自由思想，没有独立精神，即不能发扬真理，即不能研究学术……一切都是小事，唯此是大事。"[②]

历史上的"学术独立"、"思想自由"等思想和主张，无疑为现代中国高等教育的学术自由奠定了思想、理论和实践基础。历史和无数事实一再证明，没有学术自由和争鸣，没有自由和充满活力的学术氛围，大学就不会有旺盛的生命力和创造力，就不可能创造出推动人类思想和科技进步的原创性成果，高等教育就不可能持续和谐地发展。在中国近代高等教育史上，著名教育家蔡元培先生为学术自由在中国的推行作出了不可磨灭的贡献。1917 年他就任北京大学校长后，以其崇高的威望和魄力，仿效德国现代大学制度，倡行学术自由之风，从根本上改变了北大的封建官僚衙门遗风，促使北大步入了现代大学的轨道。著名学者顾颉刚说过：蔡先生"办校的最大一个愿望就是学术自由、百家争鸣"[③]。在蔡元培先生"兼容并包、学术自由"思想的指引下，许多个性突出、造诣深厚的大师荟萃北京大学，为北大后世尊崇的学术地位奠定了坚实的根基。蔡元培的后继者蒋梦麟也坚定地秉承蔡元培的学术自由之思想。他在晚年自评道："著者大半光阴，在北京大学度过，在职之年，但知谨守蔡校长余绪，把学术自由的风气，维持不堕。"[④]清华大学前校长梅贻琦先生也是学术自由思想的推崇者，他始终把学术自由作为引领清华的基本准则，他认为："学术自由和教授治校是现代大学的命脉。切断了这个命脉，大学的一切就会变形。"[⑤]然而众所周知的，从 1912 年中华民国成立到 1949 年中华人民共和国建立的 37 年间，中华民族先后经历了民国初期、北洋政府和国民党统治三个历史阶段，其间，政局动荡，军阀混战，民不聊生，大学也在风雨飘摇、惊涛骇浪中历尽了数不清的艰辛和磨难。虽然有一大批忠于国家、忠诚于学术的文人学者为了民族和学术信念而铁肩担道义、呕心沥血、奋不顾身，但总的来说，那个时期的学术自由是备

① 刘梦溪. 中国现代学术要略[N]. 中华读书报，1996-12-27(2).

② 陆键东. 陈寅恪的最后 20 年[M]. 北京：生活 · 读书 · 新知三联书店，1995：519.

③ 钟书河，朱纯. 过去的学校[M]. 长沙：湖南教育出版社，1982：11.

④ 蒋梦麟. 西潮[M]. 台北：台北大夏出版社，1994：9.

⑤ 刘明伟. "西南联大"与"西北联大"之办学比较[EB/OL]. http://hi.baidu.com/china_education/blog/item/3cd9bd34cb3b8bb7d1a2d333.html.

受摧残和扼杀的。

新中国成立后，1956 年 5 月 2 日毛泽东在最高国务会议第七次会议上正式提出了“百花齐放、百家争鸣”的“双百方针”。他指出：“在艺术方面的百花齐放的方针，学术方面的百家争鸣的方针，是有必要的。……一百种花都让他开放，不要只让几种花开放，还有几种花不让它开放，这就叫百花齐放。百家争鸣，是说春秋战国时代，两千年以前那个时候，有许多学派，诸子百家，大家自由讨论，现在我们也需要这个。”①1957 年 2 月 27 日，毛泽东在《关于正确处理人民内部矛盾的问题》中进一步明确指出：百花齐放、百家争鸣的方针，是促进艺术发展和科学进步的方针，是促进我国社会主义文化繁荣的方针。艺术上不同的形式和风格可以自由发展，科学上不同的学派可以自由讨论。利用行政力量强制推行一种风格、一种学派，禁止另一种风格、另一种学派，会有害于艺术和科学的发展。艺术和科学中的是非问题，应当通过艺术界和科学界的自由讨论去解决，通过艺术和科学的实践去解决，而不应当采取简单的方法去解决。毛泽东提出的“双百”方针指出了学术自由的本质，充分体现了学术发展的特点和规律，不仅对艺术，而且对高等教育的发展同样具有重要的指导意义。然而，在“文化大革命”中，体现学术自由思想的“双百”方针并没有得到实施，“百家争鸣”成了一家独鸣，学术问题成了政治问题。

总之，我国历史上有学术自由的传统，但也有更为强大的集权统治的传统。我国历史上的学术自由也是昙花一现式地出现于政治集权统治的夹缝之中，学术要么被严格限制、残酷压制，要么被作为统治者政治伎俩的下贱侍女和忠实奴仆，为统治者粉饰太平、压榨人民而违心地注解和附和。可以说，新中国建立以前几千年的历史上，在高等教育领域多数时间里存在的是“学术不自由”。新中国建立之后到改革开放之前这一段时间里，学术自由的曙光刚刚显露就被无休止的“运动”所摧残和湮没。“学术不自由”虽然是我国历史上由来已久的“传统”，却也是新中国建立到改革开放前我国高等教育领域的一个典型特征。

(3) 教授(学者)治校方面，我国并没有悠久传统。新中国建立以前几千年的中国，高等教育一直存在，但是作为统治者的附庸而存在的，“学在官府、以官为师、政教合一”的传统就是其典型特征。在这种体制之下，高等教育作为统治者的奴仆，唯唯诺诺地蜷缩在皇宫高墙深院的一隅，“教授”只是一群“知识仆

---

① 杨先材.共和国重大事件纪实：上卷[M].北京：中共中央党校出版社，1999：367.

人”，他们的生杀大权都掌握在统治者手中，根本谈不上“教授治校”。新中国成立后，高等教育在各种“运动”的漩涡中苦苦挣扎、不能自拔，“教授治校”曾被指责为“以反对外行领导内行为名，行摆脱党对高校的领导之实”，使得高等教育领域谈“教授治校”色变。后来教授治校逐渐演变成“依靠教师办学”这一提法。

新中国成立之前的革命战争年代，我们党的优良作风之一就是依靠群众、发扬民主，这种作风在当时党所办的革命大学中得到充分体现和发展，并形成了党的优良传统。新中国成立后的一段时间里，“民主管理”、“依靠教师办学”在高等教育领域还是很受欢迎并得到较好实行的。大学中普遍成立了教职工代表大会和以教师参与为主的各种学术或管理委员会，行政管理人员对教师也比较尊重，大学中的民主气氛也比较浓厚。1951～1952 年，在知识分子中开展的思想改造学习运动，使广大教师的积极性和创造性得到了充分的调动，这是新中国成立之初我国高等教育事业得以迅速恢复和快速发展的重要原因之一。1952～1953 年，我国高等学校进行了大规模的院系调整，虽然这次调整范围广、工作量和难度都非常大，但由于广大教职工的积极性、主动性得到很大的保护和发挥，所以调整工作井井有条地开展，没有影响正常的教育教学工作，这也是发挥教师作用、依靠教师办学的结果。1956 年 1 月，中共中央召开了知识分子工作会议，周恩来总理作了“关于知识分子问题的报告”，报告阐述了尊重知识、尊重人才，尽一切努力“最充分地动员和发挥知识分子的力量”的思想，宣布了一系列政治上、工作上、学术上充分信任、支持、关怀知识分子并尽力改善其工作条件和生活待遇的有关政策和措施。这次会议对在高校中依靠教师办学、实行民主管理起到了巨大促进和保障作用。后来，1957 年的“反右斗争”和 1958 年的“教育大革命”中，大批勤于学术、钻研业务的高校教师被指责为走“白专道路”，有的被作为“白旗”拔掉，高校中教师的主体地位被否定，教师不仅不再是依靠力量，反而成了被教育的对象。接下来的“文化大革命”中，广大高校教师受到了史无前例的摧残和迫害，成了无人问津的“臭老九”，高等学校一片荒芜，“依靠教师办学”、“教授治校”被抛到九霄云外。

(4) 教学与研究相结合方面，我国古代就有这方面的思想萌芽。春秋战国时期的孔子是教学与科研相结合的典范，他的教学并非只在课堂上进行，而是周游列国，适时而教。《论语》是孔子师生对话的记录，也是教学与科研相结合的缩影和明证。而兴起于唐朝、兴盛宋朝的书院更是教学与科研相结合的范例。书院在中国古代绵延千载，其最大的特点就是教学、研讨、交流、辩论同时进行，学术自由、百家争鸣。1917 年就任北京大学校长的蔡元培曾经留学德国，受到柏林大学创始人洪堡“教学与科研相统一”的影响和启示颇多。蔡元培就任北大校长后首先倡导“学术自由、教学与科研相统一”的思想，他认为，优秀的大学教师，必须既能搞好教学工作，又能潜心研究学术，因此，“延聘教师，不但是求有学问的，还要求于学问上很有研究的兴趣，并能引起学生的研究兴趣的”①。蔡元培还强调：“教授及讲师不仅仅是授课，还要不放过一切有利于自己研究的机会，使自己的知识不断更新，保持活力。”②胡适就任北京大学校长后，也十分重视教学与科研相结合的工作，他认为：“今后中国的大学教育应该朝着研究院的方向去发展，凡能训练研究工作的人才的，凡有教授与研究生做独立的科学研究的，才是真正的大学。”③清华大学前校长梅贻琦也非常重视“教学与科研相统一”，他指出：“凡一大学之使命有二：一是学生之训练，一是学术之研究。清华为完成此使命，故其发展之途径不徒于有效之教学，且致力于研究事业之提倡。”④

新中国成立后，高等教育界在教学与科研孰轻孰重、能否结合、如何结合上多次出现反复。新中国成立之初，我国照搬苏联做法，强调教学、不搞科研。1953 年进行院系调整之后，重教学、轻科研的格局依旧，但已有人开始提倡并实施“教学与科研相结合”。如厦门大学时任校长王亚南于 1952 年主持创办了《厦门大学学报》，并成立了厦门大学研究部。1953 年高等教育部召开的“全国综合大学会议”提出：“综合大学主要是高等教育机构，但同时也是一个研究机构。教学与研究是相互为用、相互提高的。……综合大学应特别重视研究工作。”1954 年，中共中央指出：“高等学校集中着大量的科研人员，为发挥这一部分力量，并提高高等学校的科学水平，必须在高等学校开展科学研究工作。”1956 年，周恩来总理在一次关于知识分子问题会议的报告中指出：原子能的利用，电子科学的发展，“正使人类面临着一个新的科学技术革命和工业革命的前夕，……已经把我们抛在科学发展的后面很远，我们必须急起直追”。1957 年，聂荣臻副总理在国务院科学规划委员会第四次扩大会议上指出：“高等学校的科学研究工作，必须积极提倡，大力加强。教学和科研同是高等学校的基本任

① 高平叔. 蔡元培教育文选[M]. 北京：人民教育出版社，1980：87.

② 高平叔. 蔡元培教育论著选[M]. 北京：人民教育出版社，1991：493.

③ 姜义华. 胡适学术文集 · 教育[M]. 北京：中华书局，1998：167.

④ 刘述礼，黄延复. 梅贻琦教育论著选[M]. 北京：人民教育出版社，1993：79.

务，两者必须结合”。在1958年开展的“教育大革命”中，“教学与科学研究、生产劳动三结合”得以广泛推行。1961年公布的《高教六十条》规定以教学为主。1962年国家科委制定的“1963～1972年科学技术发展规划”指出，高等学校在保证教学的前提下，应该充分发挥潜力，开展科学技术研究工作。1963年教育部召开的直属高校自然科学研究工作会议指出，高等学校应该在教学为主的前提下，积极开展科学研究工作。“文化大革命”期间，高等学校的科研工作中断，“教学与科研相结合”又一次成为一句空话。

新中国建立之后到改革开放之前这一段时间，是我们党领导全国人民进行社会主义建设的初步探索阶段。当时的政治经济体制必然带有浓厚的历史色彩，高等教育系统作为社会大系统的一个子系统，无法摆脱社会大环境尤其是政治体制的影响和限制。因此，这一时期我国高等教育无可避免地带有浓厚的计划体制色彩。至于高等教育的内在发展逻辑，在那一时期，似乎很少有人会认真考虑，即使有了解高等教育的有识之士认识到当时的状况严重背离了高等教育的内在发展逻辑，也无法做到“挽狂澜、扶大厦”，只有同高等教育一道经历命运的洗礼、岁月的沧桑，期盼着高等教育的春天早日到来。

总的说来，计划体制下的我国高等教育文化资源可以用“僵化和缺乏活力”来概括。无论是高等教育法规政策，还是高等教育制度以及价值观念，都处于高度集中统一的政治制度之下，受到计划体制的制约。整个高等教育系统的发展，无论是大学自治、学术自由，还是教授治校、教学与科研相统一，都很少获得自由的发展，都没有能够按照高等教育自身的内在发展逻辑向前演进。客观地讲，这些问题不能完全归咎于计划体制的弊端，因为高等教育的发展不可能不受历史文化传统等因素的影响。尤其是在中国，新中国成立以后的政治、经济环境和强大的历史文化传统的共同作用，使得高等教育绝不可能成为与世隔绝的“象牙塔”，但我国高等教育受到自身以外因素影响如此之大的状况，是西方中世纪大学诞生以来的高等教育史上少有的。幸运的是，改革开放的春风给我国高等教育事业带来了新的生机和活力，尤为重要的是，改革开放为高等教育系统创造了一个相对宽松的外部环境，使得高等教育无论是改革探索还是发展进步，都有了很大的自由空间。

(二) 市场体制下的高等教育文化资源

以1978年12月召开的中国共产党第十一届三中全会为标志，中国进入了改革开放的新的历史发展时期。这次会议之后，在邓小平理论的指导下，我国高等教育事业由恢复重建起步，逐步走上了深化改革、稳步发展、建设有中国特色社会主义高等教育体系的轨道。改革开放后，我国高等教育发展经历了这样的过程。

1. 拨乱反正，恢复发展

党的十一届三中全会是一次重大的思想解放，打破了“两个凡是”的束缚，为高等教育领域拨乱反正、正本清源打下了重要思想基础，高等教育事业从此实现了历史性的转变，进入了恢复发展阶段。1977 年 8 月 8 日，在科学和教育工作座谈会上，邓小平指出“对全国教育战线十七年的工作怎样估计？我看主导方面是红线”。“特别是教育工作者，他们的劳动更辛苦。现在差不多各条战线的骨干力量，大都是新中国成立以后我们自己培养的，特别是前十几年培养出来的。如果对十七年不作这样的估计，就无法解释我们所取得的一切成就了”。邓小平对十七年教育工作实事求是的评价，打开了教育工作者思想上的枷锁。1979 年 3 月，中共中央作出撤销“四人帮”炮制的《全国教育工作会议纪要》的决定，推翻了“两个估计”，为正确总结、评价我国社会主义教育事业的成就和问题，为进入教育发展的新时期奠定了思想基础和政策环境。

针对“文化大革命”期间高考被废除十年，国家出现了严重的人才断档情况，1977 年邓小平明确提出“今年就要下决心恢复从高中毕业生中直接招考学生，不要再搞群众推荐。从高中直接招生，我看可能是早出人才、早出成果的一个好办法”。根据邓小平的有关指示，教育部讨论和起草了《关于一九七七年高等学校招生工作的意见》，恢复了高等学校新生入学考试制度。1977 年共有 570 万青年报考高等学校，录取 27.3 万人。1978 年又制定《关于一九七八年高等学校和中等专业学校招生工作的意见》。当年有 610 万青年报考，录取 40.2 万人。恢复考试制度，重新确立了选拔人才的公平竞争原则，调动了亿万青年学习知识的积极性，广大教师精神振奋，不仅在教育界而且在全国人民中重新出现了学科学、学文化、积极向上的生机和活力。

1978 年，在邓小平的直接领导下召开的全国科学大会和全国教育工作会议，迎来了科学和教育的春天。在全国科学大会上，邓小平提出并阐述了一些重大的理论和实际问题，为科学和教育工作指明了方向。① 明确了科学与教育在社会主义现代化建设中的地位：“社会主义现代化，关键是科学技术现代化”，“科学技术人才的培养，基础在教育”。② 重申马克思主义关于“科学技术是生产力”的基本观点。③ 向科学技术现代化进军，必须建设宏大的又红又专的科学技术队伍。④ 肯定绝大多数知识分子是社会主义社会的劳动者，是工人阶级的一部分。1978 年 4 月，教育部召开全国教育工作会议。邓小平对新时期教育工作提出了明确要求，其中包括：① 提高教育质量，提高科学文化的教学水平，更好地为社会主义建设服务。培养人才的质量标准，就是使受教育者在德、智、体等方面都得到发展，成为有社会主义觉悟有文化的劳动者。学生要自觉刻苦地学习科学文化。② 学校要大力加强革命秩序和革命纪律，造就有社会主义觉悟的一代新人，促进整个社会风气革命化。③ 教育事业必须同国民经济发展的要求相适应。必须研究在新的条件下，如何贯彻教育与生产劳动相结合的方针。要使教育事业计划成为国民经济计划的一个重要组成部分。④ 尊重教师的劳动，提高教师的质量。要提高人民教师的政治地位和社会地位，等等。邓小平的指示，为教育领域的“拨乱反正”，恢复和发展指明了方向。

1978 年 11 月，中央组织部发出《关于落实党的知识分子政策的几点意见》，强调对知识分子要有正确估计，做好复查和平反冤案、假案和错案工作；要充分信任、放手使用知识分子；努力改善知识分子的工作条件和生活条件。根据这一精神，各高等学校首先开展了复查和平反冤假错案工作。

同时，针对“文化大革命”期间教师职称提升停顿，补充的新教师多数缺乏严格的教学科研工作训练等情况，一方面，对“文化大革命”前确定和提升的教授、副教授、讲师、助教恢复职务。根据“坚持标准，保证质量，全面考核，择优提升”的原则，分期分批地进行了提升教师职称工作。至 1981 年，全国高等学校有 13 万多名教师提升和确定了职称，其中提升教授 2400 多名，副教授 20700 多名，讲师 116100 多名。这一措施调动了教师从事教学和研究工作的积极性。另一方面，采取脱产进修、重点补课，在教学中实际锻炼等各种方式，提高新教师的学业水平，并对一部分无法任教的教师安排转岗。

1978 年全国教育工作会议之后，教育部印发了《关于作好高等学校专业设置与改造工作的意见》，提出了新时期专业设置与改革的原则。教育部成立了高等学校专业调整办公室，向全国 89 位著名科学家、教授发函征求对专业调整的意见。各地、各校也进行了大量的国内外高校专业设置情况的调查。教育部于 1978 年至 1979 年间分别召开了文科、理科、工科等专业调整会议。为使高校的专业设置适应国家经济建设和社会发展的需要，对一些学科比例进行了调整，其中财经政法学科比例有较大上升。针对高等学校的专业设置不规范且愈分愈细，愈分愈窄，1978 年发展到 810 种，1980 年突破 1000 种的状况。1982 年开始，教育部首先从工程技术学科开始调整专业划分。1984 年修订了《高等学校本科专业目录》，将 1982 年高等工业学校设置的 664 种专业减少到 255 种，适当放宽了一些专业的业务范围，统一了专业名称。

教育部先后恢复理科、工科各学科的教材编审委员会的组织和工作，并逐步改为各学科教学指导委员会。这些委员会是在 60 年代初期由教育部部长聘任的几百名全国知名教授、科学家组成的教学咨询组织。这些委员会恢复工作，对于高校教学工作的恢复和整顿具有重大影响。它们从 1979 年开始，在审定高校的专业目录、教学计划、教学大纲、教材建设计划以及教材的编审、出版中发挥了重大作用。与此同时，与文、理、工、农、医、财经、政法、外语等有关的各业务部委以及高等学校先后召开了各科类、各种形式的教学工作、教材工作会议，逐步审定并经教育部批准印发了各科类的教学计划、教学大纲，编审出版了大量教材。到 1984 年底，编审出版教材达 6000 余种，学校图书馆和实验室也得到了恢复和加强，高校的教学工作逐步走向正轨。

1980 年经第五届全国人民代表大会常务委员会第十三次会议通过，《中华人民共和国学位条例》颁布实施，这是新中国颁布第一部教育法规。

根据《中华人民共和国学位条例》成立的国务院学位委员会，于 1981 年和 1983 年两次召开学科评议组会议，审定了博士和硕士学位授予单位和专业点。1982～1984 年，全国共招收攻读博士学位研究生 2939 人，授予博士学位 121 个；招收攻读硕士学位研究生 11268 人，授予硕士学位 25685 个。从此之后，我国高级专门人才的培养，逐步走上基本上立足于国内的道路。

2. 加速发展，探索改革

1982 年，党的十二大确定了我国至 20 世纪末经济建设“翻两番”的总目标，并明确要把教育和科学作为经济发展的战略重点之一。为贯彻十二大精神，1983 年，国务院批准教育部、国家计委《关于加速发展高等教育的报告》。1983 年 5 月，教育部召开了新中国成立以来第二次全国高等教育会议。会议认为，高等教育工作的根本指导思想是从我国实际出发，走自己的道路，努力为社会主义建设服务，逐步形成具有中国特色的社会主义高等教育体系。会议讨论了今后三五年高等教育工作方针，确定继续贯彻“调整、改革、整顿、提高”的方针，加快调整改革的步伐，继续进行整顿，加速发展数量，努力提高教育质量。会议用较多的时间讨论了加速发展的措施问题。

1984～1985 年，全国在加速发展高等教育事业上取得了一定的成绩。普通高等学校在校生人数，由1983年的120.7万人增至1985年的170.3万人；成人高等学校在校生人数，由1983年的92.6万人增至1985年的170.3万人。但也存在急于求成问题，仅1985年普通高等学校的数量猛增114所，其中不少学校办学条件比较差，质量难以保证。

1985年，中央颁布了《中共中央关于教育体制改革的决定》（以下简称《决定》），从而拉开了探索高等教育改革的序幕。根据邓小平"教育要面向现代化，面向世界，面向未来"的指示，《决定》提出，社会主义现代化建设的宏伟任务，要求我们必须极大地提高全党对教育工作的认识，面向现代化、面向世界、面向未来，为20世纪90年代至21世纪初叶我国经济和社会的发展，大规模地准备新的、能够坚持社会主义方向的各级各类合格人才。《决定》确定了高等教育的改革和发展战略，提出"到本世纪末，建成科类齐全，层次合理的体系，总规模达到与我国经济实力相当水平；高级专门人才的培养基本上立足于国内；能为自主地进行科学技术开展和解决社会主义现代化建设中重大理论问题和实际问题作出较大贡献"。在体制改革方面，提出改变政府对高等学校统得过多的管理体制，扩大高等学校的自主权。《决定》还提出要改革高等学校招生的计划制度和毕业生分配制度。在高等教育的结构调整方面，提出改变科类比例及专科、本科比例不合理状况。

《决定》是整个教育工作的纲领性文件，与经济体制和科技体制改革的决定相配套，对于促进高等教育的体制改革，使我国教育事业主动适应经济社会发展的需要，产生了积极影响。邓小平指出，"教育体制改革的决定草案，我看是个好文件。现在纲领有了，蓝图有了，关键是要真正重视，扎扎实实抓，组织好实施"。

党的十三大以后，国家教委于1988年初召开了新中国成立以来第三次全国高等教育工作会议，会议对十一届三中全会以来高等教育所取得的成绩进行了总结。会议认为，九年来高等教育事业有了很大发展，规模逐步扩大；高等教育结构有所调整，科类层次比例失调状况有所改善；科学研究工作取得可喜成绩；办学条件有了一定改善；教师队伍建设有所加强，师资队伍老化问题有所缓解。会议提出今后一段时期内的改革任务和目标：① 要把培养符合社会主义建设需要的人才作为高等学校的主要任务，高等学校要努力向社会输送大批素质优良的人才；② 要把竞争机制引入高等学校；③ 高等学校要根据社会的需要，在不同层次上办出特色和水平；④ 要进一步发挥高等学校的潜力，提高办学效益；⑤ 积极开展各种形式的社会服务；等等。

以《中共中央关于教育体制改革的决定》和第三次全国高等教育工作会议为标志，我国高等教育进入了积极探索改革的阶段，在许多方面迈出了一定步子。① 政府对高等学校的宏观管理职能有所加强，高等学校的办学自主权有所扩大。国务院发布的《高等教育管理职责暂行规定》，进一步明确了中央部门和地方政府对学校的管理职能；国家教委发布的《高等学校设置暂行条例》规定了各类高等学校的基本标准和条件。高等学校在国家的方针、政策和计划指导下，开始自主开展联合办学、接受委托培养、自主分配部分毕业生；自行调整专业服务方向，制订教学计划和教学大纲，编写和选用教材等。② 教学改革逐步展开。为加强对高等学校的质量控制，国家教委开始研究教育质量评估，并组织了课程、专业和学校水平的评估试点。1988 年，国家教委出台了《关于加强普通高等学校本科教育工作的意见》，提出深化本科教育教学改革的十条措施。1990 年 7 月，高等理科教育工作座谈会在兰州召开。会议提出要有计划、有步骤地组织制定理科各专业的人才培养基本规格和教学基本要求，并提出经过试点，制定政策，逐步建设一批理科基础科学研究和人才培养基地。这次会议形成了《关于深化改革高等理科教育的意见》等文件，对后来的高等理科教育的调整和深化改革起到积极的促进作用。1990 年 11 月，国家教委召开新中国成立以来第一次全国普通高等专科教育工作座谈会。会议制定了《关于加强普通高等专科教育工作的意见》，明确提出了普通高等专科教育的办学指导思想，今后一段时期内的政策措施，有力地推动了普通高等专科教育的改革与发展。③ 修订本科专业目录。为适应社会经济发展的需要，深化教学改革，1987 年国家教委对本科专业目录进行全面修订。这次修订涉及文、理、工、农、医、财经、政法、外语等各科类的专业，目录修订后的专业数由原来的 1400 余种减少至 800 余种。这次专业目录修订，使本科专业初步得到规范，一部分专业设置过窄的状况有所改善。④ 招生、毕业生分配制度改革。根据《决定》精神将招生计划改为国家指令性计划、用人单位委托培养和自费生三种方式。1987 年，这三种分别占招生总数的 89.8%、8.48%、1.72%；毕业生分配制度逐步改为国家计划指导下，上下结合、供需见面的办法。

3. 解放思想，深化改革

1992 年春天，邓小平发表了视察南方的重要谈话。1992 年 10 月，党的十四大召开，确立了建立社会主义市场经济体制的改革目标，我国的改革开放和社会主义现代化建设事业进入一个新的发展阶段。1992 年 11 月，第四次全国普通高等教育工作会议在北京召开。特殊的历史背景赋予了这次高等教育工作会议特殊的使命和意义。1993 年初，党中央、国务院颁发了《中国教育改革和发展纲要》，进一步明确了新时期高等教育改革和发展的目标、战略、方针和思路。如何使我国高等教育的改革和发展适应建立社会主义市场经济体制的需要，成为人们普遍关注和共同思考的问题。原有计划经济体制下形成的高等教育体制，是由国家集中计划、中央部门和地方政府分别办学并管理的体制，存在着与市场经济体制不相适应的方面，主要是：政府对高等学校包得过多，统、管得过死，中央部门和地方政府分别办学造成"条块分割"的局面，单科性、行业性学校过多，结构布局不尽合理，办学效益不高等；在教学方面，仍不同程度地存在着专业口径过窄、人文教育薄弱、培养模式单一、教学内容陈旧、教学方法过死等弊端；存在着教学工作投入不足和教学质量局部"滑坡"的现象。

针对上述问题，工作会议上提出了改革和发展的基本思路：在高等教育的发展上，必须坚持规模、结构、质量、效益统一协调发展的方针，坚持走以内涵发展为主的道路；在高等教育的改革中，教育思想和教育观念的改革是先导，体制改革是关键，教学改革是核心，适应社会主义市场经济体制和社会发展的需要，提高教育质量和办学效益是根本目的。这一基本思路鲜明地概括了高等教育改革和发展的重要主题，深刻地揭示出高等教育改革与发展、体制改革与教学改革之间的关系。1992 年以来的一段时期内，高等教育改革和发展的实践中得到印证和检验。高教战线的广大干部和教师普遍反映，1992 年以后的几年，高等教育改革和发展的思路更加明确、系统，比较符合我国的国情和高等学校的实际，调动了各方面的积极性，我国高等教育的改革和发展进入了历史最好的时期。

4. 体制改革继续推进

1992 年以后，高等教育体制改革包括办学体制、管理体制、投资体制、招生毕业生就业制度和学校内部管理体制等五方面的改革都迈出了重要步伐。

管理体制改革是重点和难点。1994 年底，召开了高等教育管理体制改革座谈会，确定了以共建共管、合并学校、合作办学、协作办学、转由地方管理等五种形式为主的改革探索。之后的几年中，有 100 所高校实行中央部门和地方政府共建共管；有 190 所高校合并为 74 所；有 5000 多个大中企业和科研单位与 217 所高校实行协作办学；有 8 所中央部委所属高校划转地方政府管理。1997 年，李岚清在总结高等教育管理体制改革经验的基础上，明确提出了“共建、联合、调整、合并”的管理体制改革八字方针。在接下来的实践中，高等教育管理体制改革根据五种途径和八字方针，不断深入，正在向形成中央和省级政府两级管理、分工负责，以省级政府统筹为主，条块有机结合的体制框架迈进。管理体制改革促进了结构布局的调整，资源配置的优化，也促进了办学水平和办学效益的提高。

在体制改革方面，另一项引起社会强烈反响和普遍关注的改革是招生“并轨”。从1994年在40多所高等学校进行招生“并轨”改革试点取得成功经验之后，连续三年加大改革力度，到1997年，已经顺利完成了所有普通高等学校的招生“并轨”工作，实现了普通高等学校缴费上学，并逐步建立和完善各种奖、贷、助学金及特殊困难补助制度。

5. 教学改革深化

1992年召开的第四次全国高等教育工作会议提出：“深化教学改革，提高教育质量，是高等教育改革的核心。”当时的国家教委一手抓改革，一手抓管理，教学改革在全面深入展开。

(1) 面向21世纪改革教学内容和课程体系。教学内容和课程体系的改革是教学改革的重点和难点。为推动高等学校的教学改革，国家教委于1994年起制定《高等教育面向21世纪教学内容和课程体系改革计划》。有专家认为这是一个“起点高、立意新”的改革计划。高校广大教师积极参与这项教学改革计划。在不到一年的时间里，全国高等学校的2万多名教师申请项目3000多项。国家教委组织有关专家对申报项目进行论证后正式批准立项221个大项目，近千个子项目，参加教师上万人。为进一步推动这一改革，国家教委制定了《国家教委关于积极推进“高等教育面向21世纪教学内容和课程体系改革计划”实施工作的若干意见》，并成立了由国内各学科著名专家组成的教学内容和课程体系改革顾问组，以指导这一改革计划的顺利实施。国家教委连续几年对这一计划增加经费投入，共投入经费超过2000万元。1997年6月，国家教委召开了面向21世纪教学内容和课程体系改革经验交流会，标志着这一改革已进入实质阶段。

面向21世纪教学内容和课程体系改革计划，几乎覆盖文、理、工、农、医所有学科和专业。其内容包括：研究21世纪对人才知识、能力和素质结构的要求，转变思想观念，改革人才培养模式；研究和改革各专业或专业群的人才培养目标和规格;研究和改革主要专业的教学计划和课程结构;研究改革基础课程、主干课程的教学内容和体系。最终成果是:制订新的教学计划和人才培养方案,实现主要专业或专业群教学内容和课程体系的整体优化;编写出版一批高水平、高质量的"面向21世纪课程教材"。

教学内容和课程体系改革对于推动整个教学改革具有"牵牛鼻子"的作用,带动了各方面的教学改革向纵深发展。

(2) 修订专业目录,调整专业结构。1987年、1993年两次对本科专业目录进行修订、调整,目录内专业由原来的800余种调整至504种,调整后的目录较原目录虽然有很大变化,但仍存在着专业划分过细过窄,专业宏观结构不尽合理,部分专业设置不够科学规范等弊端。鉴于此,国家教委于1997年开始了新一轮的本科专业目录修订工作。

国家教委提出的修订工作思路是:遵循科学性、适应性、规范性原则,从社会对高等学校人才培养需要出发,遵循教育规律,结合我国国情和高等教育改革与发展的实际,大胆吸收和借鉴国外有益的经验,进一步拓宽专业口径,增强专业的适应性,并在不影响增设一些新兴学科、边缘学科和交叉学科专业的同时,大幅度调减专业种数。专业修订的根本目的就是要改变过去过分强调专业"对口"的教育观念,确立知识、能力、素质全面发展共同提高的人才观,使高等教育更加重视基础扎实、知识面宽、能力强、素质高的人才培养,更加适应社会发展和时代进步的需要。经过一年多深入细致的调查研究和反复论证,本科专业目录修订工作于1998年上半年顺利完成,修订后的专业种数由原来的504种调减至249种。在这之后,国家教委出台了《关于普通高等学校修订本科专业教学计划的原则意见》,作为配套措施,规范和指导新专业目录下教学计划的调整和修订工作。

这次专业目录修订,对于推动面向21世纪高等教育人才培养模式改革,促进教育质量的提高,必将产生深远的影响,也为我国普通高等教育迎接时代挑战、适应发展需要打下一个好的基础。

(3) 建设基础学科人才培养和基础课程教学基地。基础学科的发展,是新技术、新发明、新产业的先导和源泉,是社会主义物质文明和精神文明建设的后盾。高等学校从本科开始加强对基础人才的培养,对国家基础科学的发展具有重要意义。在社会主义市场经济条件下,如何保护和加强基础人才的培养,是科学界、教育界、理论界普遍关注的问题。在这样的背景下,国家教委提出了建立基础学科人才培养和基础课程教学基地。经过几年的努力，到1996年，先后建立了84个国家理科基础科学研究和人才培养基地，51个文科基础学科人才培养和科学研究基地，以及45个工科基础课程教学基地。基地的建立，吸引了一大批优秀的中学毕业生报考，生源质量有了很大提高，同时也调动了广大教师的积极性，对教学改革起到了带头作用；增加了经费投入，改善了办学条件，国家每年拿出7000多万元用于“基地”的建设和改革。“基地”建设和改革得到高等教育界的普遍认同和赞许，许多著名专家、学者认为，加强基础学科人才培养和基础课程“基地”的建设，是具有战略眼光的、跨世纪的重大举措，对于我国社会主义物质文明和精神文明建设，对于高等教育的改革和发展都具有深刻的现实意义和深远的历史意义。

（4）加强大学生文化素质教育。在人才培养中坚持知识、能力、素质的辩证统一和共同发展，并注重加强素质教育，特别是文化素质教育，反映了时代的要求和特征，是培养德、智、体全面发展的，知识面宽、基础扎实、能力强、素质高的适应21世纪需要人才的重要方向。1995年国家教委提出了加强大学生文化素质教育的设想，力求通过课内外各种形式的活动，加强对大学生进行人文社会科学和自然科学有关理论和知识的教育，提高大学生的文化品位、人文素养和科学素质。并在全国52所高等学校进行试点，成立了试点院校主要领导参加的试点工作协作组。各有关高校采取确定大学生必读书目，加强课堂教学，举办文化讲座，以及组织学生开展各种有益的文化活动等形式，积极开展工作；有的学校还明确了加强大学生文化素质教育的培养目标、基本要求和评价方法；有的高等学校已经从新的要求出发着手调整人才培养方案和教学计划。在三年试点工作经验的基础上，教育部起草了《关于加强大学生文化素质教育的若干意见》，成立文化素质教育指导委员会，并着手建立加强大学生文化素质教育基地，以推动全国高等学校的文化素质教育工作。这项工作的开展，对我国高等教育特别是教育思想和教育观念的转变，人才培养模式的改革产生了积极的影响。

（5）开展本科教学工作评价。教学评价是高等教育质量监控的重要形式。本科教学评价工作是国家教委于1994年正式开始启动的。共分为三种类型：一是对新办学校进行教学工作合格评价；二是对办学时间较长和基础较好的学校进行教学工作优秀学校评价；三是对介于二者之间的学校进行随机评价。到目前，全国大部分本科高校都参加了教学工作合格评价和教学工作优秀学校的评价。几年来的实践证明,这项工作对高校教学改革的促进效果是显著的。经过合格评价的院校办学思想得到进一步明确,教学改革的步子进一步加大,教学基本建设得到加强,办学条件有所改善。特别是参加评价的新建院校,通过评价从不同渠道争取到10亿元教学基本建设经费,每校平均1000万元。随后开展的教学工作优秀学校评价工作,更是促进那些具有一定教学经验和传统的老校,在更高的层次上不断加强教学管理、提高教育质量。

改革开放以来我国高等教育的改革和发展道路清楚地昭示:高等教育的改革和发展必须适应社会主义市场经济体制的建立和经济增长方式的转变,必须坚持为社会主义现代化建设服务的方针,唯有如此,高等教育才能真正确立自身在社会和经济发展中的地位,才能真正发挥积极作用;高等教育的改革和发展必须遵循高等教育自身的内在发展逻辑,实践证明,如果违背了高等教育自身的内在发展逻辑,高等教育的改革和发展就会走弯路,就会出现大的失误;高等教育改革的顺利进行和健康和谐的发展,必须要有符合我国国情和高等教育实际的明确思路。

在1978年召开的党的十一届三中全会上,邓小平发出了"解放思想,实事求是,团结一致向前看"的号召,吹响了改革开放的战斗号角,开创了改革开放的伟大征程。在那个时候,首先要实现的是人们思想的转变,把经济建设作为中心任务,按照经济规律办事。但是对于如何搞好改革开放还需要一个认识过程,解决的办法是"摸着石头过河"。在整个80年代,我们在政治、经济、社会各个方面都经历了急风暴雨的考验,对于改革开放的认识逐步深化,终于在1992年党的十四大上明确提出,要建立社会主义市场经济体制。这一提法标志着我们对改革开放事业在认识方面的一个质的飞跃,标志着我们的经济体制改革进入了一个新的阶段。由邓小平同志在南方讲话中论述社会主义和市场经济的关系为突破,我们终于亮出了社会主义市场经济的大旗。

1993年,党的十四届三中全会做出的《中共中央关于建立社会主义市场经济体制若干问题的决定》,具体制定了建立社会主义市场经济体制的基本框架,提出了需要改革的各个领域的任务。我国自1993年下半年,出现了改革开放以来第三次经济过热。正是由于十四届三中全会通过的建立社会主义市场经济体制若干问题的决定的指引,我们在深化改革的同时加强宏观调控,在1996年取得了宏观经济"软着陆"的重大胜利。在十四届三中全会之后的10年中,我们在建立社会主义市场经济体制的过程中取得了多方面的重要成果,对一些重大问题的认识进一步深化，取得了许多宝贵的经验。2002 年党的十六大实现了新老领导集体的交接，同时提出了“全面建设小康社会”的战略目标，更需要根据新的形势、新的任务，明确在初步建立了社会主义市场经济体制以后，应该如何深化改革，进一步完善社会主义市场经济体制的任务和方向。十六届三中全会做出的完善社会主义市场经济体制若干问题的决定正是总结了过去 10 年的经验，与时俱进地勾画出今后如何完善社会主义市场经济体制的蓝图。

与十四届三中全会的决定相比，十六届三中全会的决定不仅总结了过去的经验，而且针对新情况、新问题、新形势，制定了新的方案措施。例如，在十四届三中全会提出的“以公有制为主体的现代企业制度是社会主义市场经济体制的基础”的基础上，十六届三中全会提出了“进一步巩固和发展公有制经济，鼓励、支持和引导非公有制经济发展”的方向；又例如，在十四届三中全会提出“发展金融市场、劳动力市场、房地产市场、技术市场和信息市场”的基础上，十六届三中全会更明确地提出了“大力发展资本市场和其他要素市场”的方针；再例如，在十四届三中全会提出“以按劳分配为主体、多种分配方式并存”的基础上，十六届三中全会进一步明确增加了“各种生产要素按贡献参与分配”的政策等。

十六届三中全会决定对十四届三中全会决定的继承、创新和发展是非常丰富的，对我国改革开放以来深化改革、发展经济的经验总结是非常深刻的，对我们进一步巩固改革开放的各项成果、进一步完善社会主义市场经济体制的指导意义是非常重大的。我们应该认真学习会议精神，切实落实到科研工作中，使科研工作更好地为改革开放的宏伟事业服务，为社会主义市场经济体制的进一步建立和完善做出贡献。

改革开放以来，我国的经济体制和运行机制已发生了深刻的变化，高度集中的、以行政手段为主的计划经济体制已基本“瓦解”，市场在国家宏观调控下对资源配置的基础性作用已大大加强，新体制的基本构架已大体确立。改革开放使我国经济运行机制发生了历史性变化，行政指令性、计划纵向分配资源的方式已基本上向多家竞争、市场横向配置资源的方式转变；实现了由封闭半封闭的经济向多层次、全方位开放的经济转变；经济运行由以“短缺”为基本特征的供给约束型向以市场需求约束为主并与资源约束相结合的类型转变；经济增长方式正由粗放经营向集约经营转变；国民经济由大起大落转向持续、快速、健康发展。改革开放有力地推动了经济和社会各项事业的发展，使我国发生了翻天覆地的变化。

改革开放至今，我国经济体制发生了巨大变化，已经走出单纯的计划经济体制，建立起社会主义市场经济体制。高等教育在改革开放 30 多年后的今天，也发生了翻天覆地的变化。在建设社会主义市场经济的过程中，高等教育文化资源也与计划经济体制下的高等教育文化资源有了巨大的变化。

6. 政府与高校关系的变化

改革开放以来，政府与高等学校的关系已经发生了很大变化，由计划经济体制下政府对高等教育的“全部包揽”，转变为现在的“高等学校依法自主办学”。改革开放后，我国政治体制、经济体制进行了一系列改革，在此过程中，高等教育体制经历了一个改革的过程。1985 年 5 月中央颁布《中共中央关于教育体制改革的决定》，指出：“当前高等教育体制改革的关键，就是改革政府对高等学校统得过死的管理体制，在国家统一的教育方针和计划的指导下，扩大高等学校的办学自主权”，此后，我国高等教育与政府的关系就开始了一个博弈的过程。如今，我国高等教育管理体制还处于理顺关系的过程之中。

近年来，我国高等教育适应市场经济体制的改革和向大众化的推进，使原有的高校与市场之间的关系状态发生了深刻变化，市场逐渐成为影响我国高等教育系统运行的一个基本力量，与高等学校发生着日益密切的关系，这种关系在给高等学校带来活力的同时，也给高等学校带来了一些消极的影响，值得进行探讨。

在高度集中的计划体制下，我国高校与市场不发生直接的关系，市场对高校培养人才的需求是以政府为中介而发生作用的，精英高等教育也未对这种运行机制提出严峻的挑战。随着市场经济体制建设的发展和与之相适应的高等教育管理体制改革的推进，尤其是高等教育大众化的发展，我国高校逐步走向市场，且已与市场的关系越来越紧密。在物力资源方面，我国的经济发展水平较低，但面对知识经济的挑战又不得不推进高等教育的大众化，在政府无力单独提供巨额办学经费的情况下，从市场获取资金成为一种必然的选择。也就是说，“当大学的各项建设需要越来越多的资金而政府又无能为力的时候，市场的力量总是以各种触角的形式伸入到大学中来”①。独立学院的兴起，公立高职高专的运行，市场的力量已昭然若揭。伴随着高等教育提供者数量的增多，高等教育的买方市场开始形成，高等教育逐步被看成是一种服务，高等教育收费成

① 周光礼.学术自由与大学办学自主权[J].科技导报，2002(6)：28-32.

为普遍的选择。2002 年，我国普通高校学生上交的学杂费已占到高校所有经费来源的 27%[①]，其中高职高专的比例更高，而民办高校则主要依靠学费维持。在高校的科研经费中，来自企业的资金约占一半左右，且在总量上呈稳定的快速增长趋势。高校只有树立竞争和效率观念，才能在市场竞争中获取更多的办学经费，才能创造出更多成果，培养出更多、更优秀的人才，也才能在竞争中生存和发展。至于高校是否适合在市场中营利的问题，著名高等教育学家潘懋元教授指出："公益性与营利性，是教育在一定时代背景下相辅相成、相得益彰的两种属性。具备营利性才能生存、才能发展，才能更好地彰显教育的公益性。……营利是进入市场经济阶段后必然存在的。"[②]

长期以来，我国的公立高校由于受传统高等教育思想的影响，缺乏竞争和效益观念，资源浪费现象严重，办学效益低下，以及基于其保守性而产生的与社会需求不相适应等问题，也需要借助市场的力量进行改革。而市场的调节不仅可以提高高校的办学效益，还"可以不断地刺激学院和大学，使其适应不断变化的经济和社会状况"[③]。如果说精英阶段高等学校办学效益低下没有成为一个严重的问题是因为高等教育还未被提到国家战略的高度来看待，以致国家的投入不是太多的话，那么到了大众化阶段后，高等教育对于一个国家的作用已使政府对高等教育的投入成为一笔很大的开支，高等学校的办学效益理应成为社会和政府日益关注的问题。而能提高又能长期保持办学效益的一种行之有效的办法，便是无形的市场机制。因此，为了达到优化资源配置，提高办学效益的目的，将市场机制引入高等教育便是一种可行的选择。目前，我国许多高校都在积极探索与市场经济体制相适应的办学模式，市场机制随之得以在高校广泛采用。在宏观管理上，即使是政府的拨款特别是科研拨款，各高校之间为其展开竞争已是日益普遍的现象，这可以说是借用了人为的市场力量。因此，在高等教育日益重要的年代，我国高等教育大众化的推进带来了高校所需经费的剧烈增长，在政府财政能力有限的情况下，高校在同市场发生关系的过程中形成了对市场的依赖关系，高校依赖的对象由政府逐步转变为政府加上市场。

---

① 教育部财政司，国家统计局人口和社会科技统计司. 2003 年中国教育经费统计年鉴[M]. 北京：中国统计出版社，2004：32.

② 潘懋元. 对接资本市场——在民办高等教育与资本市场高级论坛上的发言[J]. 教育发展研究，2004(3)：15-16.

③ [美]伯顿·克拉克. 高等教育新论[M]. 王承绪，等译. 杭州：浙江教育出版社，2001：92-93.

与市场经济的发展相适应，高等教育行政管理体制改革的总趋势是强调不断分权。就高校内部管理体制而言，理顺党政关系是多年来一直致力于解决的一个核心问题，它在我国不同历史时期表现出不同的形式，最后定位于党委领导下的校长负责制。而我国高等教育管理体制改革所经历的管理权力下放，主要是在中央和地方之间进行，基本没有涉及中央、地方向高校放权，也未涉及学校内部的权力分配问题。

7. 社会主义市场经济体制条件下，我国高等教育管理体制的改革

(1) 教育行政管理体制层面。高等教育行政管理层次主要是指中央、地方和学校之间的管理关系。我国高等教育行政管理体制是“实行中央和省、自治区、直辖市两级管理，以省级政府为主的体制”。中央简政放权，扩大省级政府的教育决策权和对中央部门所属院校的统筹权，给地方以更大的灵活性和自主权，有利于省级政府统筹规划、因地制宜地发展本地高等教育。但这种管理体制在运行中存在以下两方面问题：

第一，政府对高校的管理方面。管理理念陈旧，政府对高校的管理职能强，服务职能弱，服务理念缺乏；管理模式上，传统的政府控制模式并没有从根本上消除，在某些方面还相当严重，主要因为：一方面，至今政府管理高校的行政权力没有相关的法律约束，使政府能够“合法地”拥有和使用强制力的权力，政府行政权力无限扩展，客观上很难使政府主动消除传统行政遗风。另一方面，我国高校的管理方式脱胎于中央集权管理体制，旧有集权管理方式的痕迹明显，主要表现在政府对高校的管理主要还是采取行政指令、计划等方式，最典型的管理手段就是行政性审批。

第二，办学主体单一，办学自主权缺乏。“高等学校的办学自主权问题，是高等教育体制改革所要解决的首要问题”①，就我国高校扩大办学自主权来看，早在1985年中共中央作出的《关于教育体制改革的决定》中就已经提出；1993年中共中央、国务院颁布的《中国教育改革和发展纲要》把学校自主办学作为我国高等教育体制改革的重要方向；1996年国务院颁发的《高等教育管理职责暂行规定》对高等学校办学自主权作了明确、具体的规定；1999年实施的《高等教育法》明确了大学组织的基本性质为独立法人，明确了学校组织的法律地位，标志着大学内外部资源配置的主体及产权关系大部分得到了法律界定。但至今，

① 蔡克勇.我国高等教育体制改革及其综合效益分析[M].北京：人民教育出版社，1997：43.

高校办学自主权没有完全真正落实，这主要是因为高校的所有权归属未明确，导致政府作为当然的管理者，仍然以所有者的身份对学校行使经营权、使用权、分配权和处置权等。办学主体上，国家办学的单一格局并未得到根本性转变，转制后的“联合办学”实质上只是转换了行政领导，并未真正脱离国家办学、计划统筹的办学模式，而中心城市办学实际上仍然是政府举办，而私立学校则发展落后。

(2) 高校内部管理体制层面。从学校层面看，《高等教育法》规定：“国家举办的高等学校实行中国共产党高等学校基层委员会领导下的校长负责制。”这是根据我国国情构建的具有中国特色的大学管理模式，是有中国特色社会主义高等教育制度的最显著特点。但是，党委领导下的校长负责制在实际运行中存在的问题也不容忽视。

第一，学校领导自主权的“外控”。尽管高等教育的权责不断下移，高校办学自主权不断扩大，但就整体而言，政府职能部门对高校的科层化和集权化管理并没有得到根本改变，党委领导下的校长负责制只是被动接受有关职能部门的指挥，不能依法自主办学。正如一位研究者所言：“大学内部管理制度变革总是在政府的直接导演下进行，政府变成大学内部管理制度的‘制造者’，大学制度的变革往往也是通过中央和地方政府教育主管部门下达文件来逐级推动。”①

第二，党政权力的扩张和难以监督。党委领导下的校长负责制，突出了党委和校长在高校中的领导地位，但由于我国长期奉行“一元化”领导模式，又十分重视加强党委对高校的领导，把许多期望都放在党委身上，容易引起党委领导过宽过泛，甚至演变为党委书记一人说了算；同时，受传统“官本位”、等级制的影响，导致我国大学行政管理呈现科层重叠，等级繁杂，长官意志明显。而且，在实际上，“以校长为首的行政管理系统往往与以党委为代表的政治领导系统一起决定、包揽了学校一切事务”②，这就使高校民主监督机制难以健康开展。

第三，党、政、学关系未能得到有效理顺。理顺党政关系，实现党委领导与校长负责的和谐统一，一直是我国高校管理中致力解决的问题。但从实际操作过程看，部分高校党政关系处理得并不尽如人意，党政不分，以党代政，甚至党

① 施晓光.我国大学内部管理制度之检讨与改造[J].沈阳师范大学学报(社会科学版)，2004(1)：92.

② 李金奇.从失衡到调适：我国高等学校内部管理体制改革的基本途径[J].湖北社会科学，2002(12)：90-92.

政之间矛盾重重。另一方面，在高校决策与管理中，党政权力过泛过强，使体现高校运行特点与规律的学术权力发挥有限，多数情况下，学者们的权力基本上属于形式主义，学术人员参与决策与管理的机会并不多，党政权力凌驾于学术权力之上的现象仍然普遍存在。此外，以学术权力谋取行政权力，以行政权力实现学术权力，党、政、学三权不分的现象普遍存在。

第四，人事管理体制落后。我国大学人事管理体制仍然处于一种封闭或半封闭状态。主要表现在：教师人员自然流动频率较低；教师来源主要依靠大学自己培养的学术力量，学术“近亲繁殖”现象严重；教师的聘任和晋升以内部提升为主，缺乏外部竞争压力；大学人事管理自主权缺乏，受国家直接规定和规范的制约和约束等。

关于市场经济环境下高等教育文化资源逆向增长和蔓延，眭依凡教授曾在《北京大学教育评论》上发表题为《大学庸俗化批判》①的论文进行总结和批判。他把大学趋向非规范、非道德、非健康、非自律，甚而偏离大学组织本质属性的不良现象、不良行为且有“蔚然成风”之势的状态，称为大学庸俗化。他在高度概括种种大学庸俗化现象的基础上，分析了大学庸俗化的危害性。这里作部分摘引。

眭依凡教授根据庸俗化行为主体的价值取向，对大学内部的诸多庸俗化现象作如下讨论及归类。

大学庸俗化辨析：

其一，官本位倾向。所谓“官本位”，即以官为本，以官的利益需要、官的价值诉求为行为取向，唯官是重，唯官是奉，唯官是从，唯官是大。大学究竟是官府机构还是学术组织，这本来是不言自明的问题。遗憾的是，曾几何时，大学官本位现象却有愈演愈烈之势。主要有以下表现：

推崇等阶，唯官是重。姑且不论外国的大学是否有行政级别，我国重视之既有历史也有国情的原因，故无可厚非。然而问题在于，我国大学过于追求其内部的行政等级，并将之演化为一种大学内部的价值取向“拜官主义”了。于是，就有了太多的因人设事，因事设位的现象。为了让更多的人加官晋爵，不仅行政部门越设越多，就连教学、科研单位也按行政等级设置，仿佛无等级不足以显示其地位、其重要。

---

① 眭依凡．大学庸俗化批判[J]．北京大学教育评论，2003(3)：32-35．

趋炎附势,唯官是奉。这种现象突出表现为“权学交易”。近些年来官员读研究生拿学位现象极为普遍,官员求学深造本非坏事还应提倡才是,否则就难以要求领导干部与时俱进提高素质;但他们若利用手中持有的公共权力和资源,非程序地注册入学并能轻取高学位则不能接受。一段时期来,大学对制造假文凭者深恶痛绝,然而却少有大学包括一些有良好声誉的名校对自己在乐此不疲的权学交易中制造出的“真的假文凭”予以反省。权学交易还有一种典型现象是,一些大学把象征个人学术水平和学术责任的学术职衔如客座教授、兼职教授、研究生导师等,像厚礼一样赠送给既不能也无精力从事教学科研及学术管理的官员。

俯首听命,唯官是从。关于大学没有办学自主权的怨声载道,在《高等教育法》出台后即可休矣。在《高等教育法》赋予的权力范围内,大学领导人完全可以按十六大“坚持教育创新,深化教育改革”的要求大显身手。然而,情况并非如此,君不见仍有不少大学在改革发展中畏首畏尾,一些大学领导人则依旧热衷于或习惯于围着上级领导及其部门转,不无自觉地把大学这样具有相对办学自主权的学术组织纳入官僚体制中,凡事无论大小无不请示汇报,可谓唯命是从有余,改革创新不足。大学应当有自己的风范,大学校长应当有自己的风骨。大学及其校长若甘愿媚俗,我们岂能期望该大学培养出一身正气、有进取精神和创新能力的人才来?

行政至上,唯官是大。尊重大学内部天成的学术权力并充分发挥其作用,是尊重知识、尊重人才、尊重大学办学规律的必要体现。遗憾的是,在一些大学领导人眼里,缺乏学术权力的概念,由于过于强调行政权力尤其是行政干部的作用,导致一些职能部门角色错位,将服务职能置换成指挥的权力,教授及其群体的学术权力得不到充分重视,他们的办学治校之智慧之积极性也未充分调动和发挥,科学民主管理在大学没有很好落实。

其二,市侩作风。市侩作风指唯利是图的商人意识、态度和行为方式,为一种拜金主义现象。当前大学最典型的市侩作风就是“学商不分”,庸俗功利主义盛行,自觉不自觉地忽视和削弱自己以人力资源开发为目的的学术性征,而对急功近利的以利润最大化为目的的商业行为特别热衷。主要表现为:

钱学交易。“钱学交易”是大学市侩作风中最突出的表现,类似于“权学交易”,有钱者可以轻而易举地从大学获得文凭学位,授赠教授、研究生导师等学术头衔,也可以让大学及其学者为自己的公司及其产品作言过其实甚至虚假的鉴定和宣传。有甚者，为了钱有些大学可以不顾学校正常教学及科研秩序，唯出资者的要求是从。钱学交易的另一表现是“以钱买分”。不少大学出于收取更多钱财的目的，设计了名目繁多的理由实行所谓合理的双轨制，如“三独立”的二级学院、网络学院、定向生、在职生、扩招生等。

盲目扩招。扩大招生规模本是国民经济发展后为实现教育民主、人力资源开发、增强国家竞争力的一项重大国策，但问题是不少大学的扩招积极性并非出于对这一国策的呼应，而是受多收学费这一利益的驱动，导致一些大学无视自己的办学条件，一味地迎合所谓教育市场的需要，盲目新上热门专业，盲目扩大招生规模，至于教学条件、教学质量和学生的学习、生活要求，他们毕业后的就业问题等则很少关心。不少民办大学及办学层次较低的高校，目前已经“落难”到靠聘请在读硕士研究生甚至本科生维持开课的处境，但仍对盲目扩招“痴心不改”，还美其名曰：抓住机遇，做大做强。

钟情于办公司及各种以营利为目的的教学班。利用大学的智力资源、技术资源等开办一些技术开发型公司以发展知识经济不仅无可非议还应支持，因为这种产学研一体化的办学模式确实有利促进知识向生产力的转化。但是，如果一所大学的所有院系及机构都热衷围墙经济，就有悖于大学的宗旨了。更有甚者，一些有一定实力和声誉的大学包括“211 工程”大学不去致力于在提高办学层次、人才培养质量及科研水平等方面下功夫，而是对那些有利可图的各种各类的低层次办学及其生源竞争乐在其中。

乱收费问题严重。通常学生根据所学专业已缴纳数量不等的学费后，发生在教学过程中的其他成本，如使用各种教学、实验仪器设备、发放各种证件证书等按理就不应另行收取费用，然而不少大学或其院系尽管知其不合理，但还是强行为之，从而增加了学生的经济负担。总之，由于市侩作风在大学内部已有相当的市场，致使大学的行为多少存在将其责任本末倒置的问题。昔日庄重的学府渐呈浮躁的“学店”之像，已是不能不引起我们高度警惕的事实。

其三，学术行为不良。当前对学术腐败的批评，主要针对的就是学术中的不良行为。这些行为在大学内部的大量发生极大地损害了大学知识殿堂的声誉及其庄重性。大学的学术诚信已经出现危机。主要表现为：

学术上的造假、抄袭、剽窃、粗制滥造。坦率地说，学术上的造假、抄袭、剽窃、粗制滥造在大学已不是什么个别的现象。令人忧虑的是，这种情况不仅发生在青年学生群体中，同样在“学为楷模，身为示范”的教师包括研究生导师以及学术领导群中亦时有披露。近几年揭露出来的丑闻可谓触目惊心，一些已是名牌大学的名教授、名博士生导师的东窗事发，让学者们感受到斯文扫地。必须指出的是，研究生导师、学术权威、大学领导在纯粹由学生、青年教师等人完成的或经由自己稍加指导或授意由学生等人完成的文章上强行冠名或默许冠名，也是一种不值提倡的且与他们身份不符、有几近学术剽窃、学术掠夺之嫌的学术不良行为。

学术评审的非客观性。由于职称的评聘、课题的评审、成果的评奖、导师的评定等无不关涉一个学者的未来前途、社会影响、名利地位，于是每每在这种时刻泛滥于社会的跑关系甚至权钱交易，也就成为大学园里见怪不怪的现象。为争取研究生培养单位资格及获批更多的学位点，为了争取更多更大的科研课题项目等，不少大学及其领导也时常充当这种庸俗化过程中的行为主体，其手段实在大失以追求和捍卫科学和真理为己任的学术组织、学术领导的儒雅大风。令人不解的是，有些从不潜心研究又无研究能力及研究成果的大学行政领导，他们竟能经常以专家学者的身份不仅充任各种评委，甚至国家级及部省级科研课题他们也能频频得手。

学术的近亲繁殖。一些大学对教师队伍的充实比较厚爱自己的毕业生，尤其在职称评聘、研究生导师评聘、研究生招收等方面偏袒本校毕业者。其实，只要稍加注意就不难发现，不少大学的博士点其导师大多都有师承关系，因此自然比较容易形成多少有些学术排外的学术利益小圈子。一些优秀的中青年学者无论他们学术上如何富有建树，若与名大学、名导师没有血缘关系，则很难获得本应与他们的学术成就相对应的学术承认、学术机会和学术权力。

其四，犬儒现象。“犬儒”，原指古希腊抱有玩世不恭思想的一派哲学家，后来泛指玩世不恭的人。大学本是“研究和传授科学的殿堂，是教育新人成长的世界，是个体之间富有生命的交往，是学术勃发的世界”①。因此，大学是讲究庄重、尊严、神圣、自律并且以此教人的地方，学者期待在这里潜心治学以实现自己的学术抱负，学生期待在这里找到良师益友孜孜求学以实现自己的学术理想。如果大学失去这些，还是让人憧憬、崇敬、向往的大学吗？曾几何时，社会庸俗之风已经全面侵入大学的机体，侵蚀着大学原有的高尚和儒雅，对大学的行为主体无论是其领导、其师生、其员工或多或少都在发生蚀化的作用。诸如吃

① ［德］雅斯贝尔斯．什么是教育［M］．邹进，译．北京：生活·读书·新知三联书店，1991：150．

喝风、送礼风、裙带风、麻将扑克风、关系风、小团体等比比皆是，大学渐已成为社会世俗现象的大观园。相当数量的大学干部及教师其思维方式、行为习惯严肃不足、随意甚至轻佻有余，已与文人雅士相去渐远且几近世俗。长此下去，他们对学生如何能起到为人师表的道德楷模的作用？大学玩世不恭之犬儒现象不戒，大学的堕落将不可避免。

大学庸俗化的危害分析：

如果无视大学已出现的鄙俗行为，其科学的、理性的、自律的组织形象就会受到伤害，其对经济权力、政治权力的行使方向和行使质量起影响作用的知识权力系统的地位就会受到挑战和动摇，其最终的异变也许就不再是危言耸听。归纳了大学庸俗化的种种现象后，有必要对大学庸俗化的危害性加以分析，这是大学激浊扬清、摒弃庸俗化的认识基础。

首次，偏离了大学的组织属性和办学宗旨。大学是社会发展到一定阶段的产物，当社会达致一定文明后，就需要“建立一个机构来传递深奥的知识，分析批判现存的知识，并探索新的学问领域”①，这个机构当属大学。关于大学教育逻辑起点的研究指出，大学是研究高深学问以获取知识和真理的学术机构。大学既非政府机关亦非商业组织而是学术机构，此为大学的组织属性；探索和追求高深学问、获取和传播真理与知识，即为大学的办学宗旨。由于高深学问要求绝对忠实于客观事实，大学必须按自身规律发展，以保证其学术探索过程的独立性及所获知识的客观性。

不受外界各种价值观的影响和干扰，尤其不能为政治和商业的目的和需要去生产文凭和知识，是大学坚持客观性标准的基本条件。阿什比指出大学的内在逻辑是：大学是探索和传播真理的堡垒。洪堡认为，大学是高等知识的机构，其特征之一是把科学和学术当作解决无穷无尽的任务的工具，他们从事永不停止的探索过程。而赫钦斯则把金钱，即大学愿意承担外部社会机构付钱的任何任务看作是学术界弊端的根源。他警告说：“如果我们认为政府和企业为大学提供经济补助，是毫无私利地追求永恒的而不是一时的真理，那纯粹是自欺欺人。”②虽然大学的发展日益不能脱离社会的需要，但大学毕竟有属于自己不同于其他组织的性质和宗旨，这也就决定了大学应当有自己独立的价值观及与之

---

① [美]约翰·布鲁贝克.高等教育哲学[M].郑继伟，等译.杭州：浙江教育出版社，1987：12-18.

② [美]约翰·布鲁贝克.高等教育哲学[M].郑继伟，等译.杭州：浙江教育出版社，1987：12-18.

相适应的运行模式。大学庸俗化的危害性之一，就是大学过于在乎来自政治和市场的社会力量并受其左右产生拜官主义和拜金主义，从而难以坚持学术自治和学术自由必需的独立性和客观性，偏离了大学的组织属性和办学宗旨。

其次，破坏了教育公平的基本原则。是选择一定的效率为代价而获得更多的公平，还是以放弃一定的公平为前提而获得更高的效率，似乎是一个两难选择的问题。对一般社会组织而言，美国经济学家阿瑟·奥肯(Arthur Okun)提出的解决公平和效率平衡问题的法则是可接受的，他说："如果平等与效率受到同等对待，分不出孰高孰低，在两者发生冲突时，就必须寻求调和。在有些时候，为了效率就要放弃一些平等；另一些时候，为了平等必须牺牲一些效率。但无论哪一方面做出牺牲，必须以另一方面的增益为条件，或者是为了获得别的有价值的社会目的。"①然而就大学论，这一法则就不一定是处理公平和效率这一悖论的最好办法。不同的社会组织有不同的存在目的和社会职能，而大学的组织属性和办学宗旨，决定了其必须以教育公平为首要原则。教育民主和学术民主不但是一个国家的最高教育目标和学术理想，也是其最高政治追求之一，而教育公平体现了这样一种政治的理想和目标。任何以牺牲大学的教育公平为代价去获取所谓高效率的行为，不仅是国家政治理想的背离，而且即便表面看来讲求了近期的效率，但从长远说由于公平的严重破坏，其效率最终也不会好。因为公平强调的是通过公开机会、公平竞争、公正评价的方法择才择优，此即公平的高教活动是保证其效率也是促进其效率提高的有效途径。

大学庸俗化现象中的不少行为短期看是很有效率和效益的，比如钱学交易、权学交易等，然而它们有多少公平所言？庸俗化不仅抢占了大学有限的教育资源及学术机会，使得一些本应获得这些资源者，由于劣币驱良币而失去公平竞争的机会。在人力资源已成为社会发展的第一资源的知识经济时代，由此导致的高教效率从大而远的角度考察是高还是低岂不一目了然？又如，学术的近亲繁殖说穿了也是一种对教育公平和学术公正的破坏，不仅不利于优秀人才的脱颖而出，而且容易窒息学术空气。建立并遵循教育公平的原则，可以说是大学发展成熟的一个重要标志。遗憾的是，大学的庸俗化以牺牲公平的方式急功近利，不仅破坏了自己制定的基本原则，而且严重损害了大学的长远利益及效率，此为大学庸俗的危害性之二。

① [美]阿瑟·奥肯.平等与效率[M].王惠民，等译.成都：四川人民出版社，1988：6.

再次，损害了大学道德楷模的形象、败坏了学风。大学产生至今，培养新人始终都是大学的主体职能，由此决定了道德影响和专业教育是大学同样重要的使命。为此，早期清华大学的教务长潘光旦先生强调道：大学的宗旨不只是教人做人、做专家，而且要做"士"，即承当社会教化和转移风气之责任的知识分子。"除了有纯理性的思考外，还要有对社会状况更直接地关心，对社会和现实人生有一种道德的承担，有政治和文化批判的职责。"①

大学之所以伟大而恒久并且越来越受到社会的关注，一个很重要的原因就是，社会始终都期望并相信大学及其师生能够严格遵循人类社会的最高道德准则并且严格履行道德义务和责任。因此，即便在物欲横流的时代，大学仍以其追求和传播科学真理、树立和严守道德规范的社会形象，被人们视为社会道德楷模。然而庸俗化对大学的侵蚀，迫使我们不得不问一问，在知识上我们有资格教育学生和影响社会，我们是否在道德上有权力教育学生和影响社会？钱学交易、权学交易、犬儒主义、学术伪劣等庸俗化现象，不仅反映当前大学及其人们趋炎附势的价值观、玩世不恭的生活观和放弃责任的道德观，更严重的是它会传播一种不良文化观并形成一种与大学组织极不相符的不良学风，对学生以及社会带来不良的道德导向。章开沅教授认为：学风是世风的先导，学风败坏，则世风必然败坏。大学文明是社会文明的标识，大学道德是社会道德的旗帜。如果大学都放弃道德良知，并把学术当成早年蔡元培先生在北大严厉斥责的加官晋爵谋名取利发财的手段，大学和学术又有何希望？倘若如此，那么大学凭什么去影响社会，凭什么承担起发展学术和科教兴国的责任？大学庸俗化本质上就是学风的衰微和败坏，其在改变人们对大学社会之道德楷模的形象过程中，继而影响并引导世风的败坏，此为庸俗化危害性之三。

最后，扭曲了科学至上知识至上的学术标准。大学的庸俗化使人们提出这样的质疑：大学究竟是以学术、真理为标准，还是以金钱、权力、人情为准绳？大学庸俗化的可恶，还在于它扭曲了大学应有的科学至上知识至上的唯一的价值判断标准亦即学术标准，混淆了学术的是非真伪。大量的泡沫学术以及学位贬值、职称泛滥等，无不与我们不能坚持应有的学术标准而以权、以钱、以情代"法"有涉。据媒体，广东某著名高校一次就审批通过 48 位博士生导师，其中还

① 张隆溪.现代社会与知识分子的职责[C]//黄俊杰.大学理念和大学校长遴选.台湾通识教育学会，1997：17.

有既无研究生学位也从未独立指导过硕士研究生的处级干部。如此学术评审，学术质量岂能得到保证。

难怪香港学者郭绍棠教授在考察内地多所大学后，忍不住对提高大学教师的质量提出如下恳切意见：非教师的行政人员不应评定学术职称，以维护学术职称的尊严①。如果大学不能严格按公平公正的学术标准来选择科学探索和传播的人，那么哈佛大学前校长陆登庭（N. L. Rudenstine）教授所担心的，发展与传播人类文化科学的使命，真的就会“落到那些对于严谨的、不带偏见的探索性研究没有兴趣的人身上”。而这是不能让人接受的，因为我们不能把探索科学、传播知识的重要责任，推给那些并非倾心于最严肃学术事业的人。扭曲科学至上知识至上的学术标准，其结果就是蔑视科学、蔑视科学知识至上的学术标准，其结果就是蔑视科学、蔑视学术、蔑视文化。此亦为大学庸俗化之危害性。

① 郭立场．我们的大学还是学术场所吗？[EB/OL]．http://www.bzgqt.cn/News_view.asp?ID=2012．

第四章　当前我国高等教育资源配置现状

自改革开放以来，尤其是教育体制改革以来，高等教育资源配置原有的天然垄断已被打破，已形成多元化的投资格局，即政府—社会—个人三位一体的投资格局。尽管高等教育资源市场配置条件尚未完全成熟，但是无论如何，市场因素已在很大程度上影响了高等教育事业的发展。那么，我国现阶段高等教育的资源配置现状如何？有哪些特点？本章将主要对这些问题进行阐释。

一、高等教育资源总量上的短缺与浪费

资源短缺是由于资源在部门间或地区间非均衡配置引起的经济现象。资源的短缺不同于一般性稀缺。稀缺是任何社会中经济资源的一般内在性质，是引起经济资源价值运动的基本特征。短缺则是资源的一种个别性状，是相对于其他资源而言的一种相对供不应求的现象。

教育资源短缺是教育资源在各级各类教育之间或各区域教育之间非均衡配置引起的现象。首先，教育资源短缺与资源浪费是相互激励的。一方面，由于短缺引起的定量供应或排队等待，引导人们找关系走后门取得教育资源消费的优先权，而这种取得资源的优先次序，通常并不是以资源的利用效率为依据的。这样，在短缺的情况下，资源的浪费就是不可避免的。另一方面，浪费使有限的资源所获得的产出减少，从而为了实现一定的消费水平和消费结构，不得不投入更大数量的教育资源，这就加剧了教育资源的短缺。其次，一种教育资源短缺必定伴随着其他教育资源的浪费。如在教育投入中，人、财、物配置不均衡，任何一方面资源投入过少，都会影响其他资源效益的发挥，造成其他资源的闲置和浪费。

1. 高等教育经费投入不足

虽然近年来国家对教育经费的投入持续上升，但总体来看，与发达国家相比仍有很大差别，教育经费总量不足。2010 年我国财政性教育经费为 14670.07 亿元，占财政支出的比重为 16.32%，占 GDP 的比重为 3.66%，与《国家中长期教育改革和发展规划纲要（2010～2020 年）》提出的 2012 年国家财政性教育经费支出占 GDP 比重达到 4%的目标仍有一定的距离，远远落后于 26 个发达国家的 6%，明显低于大部分发达国家的 5%，不及东亚、太平洋地区的 4.7%，与世界 4.4%的总平均水平也有较大差距。虽然教育经费逐年增加，但据有关资料显示，仅有 20%左右的教育经费用于高等教育领域。随着高校招生规模的不断扩大，高等教育在校生规模迅速增加，教育经费总量的不足必然导致高等教育经费投入不足。2009 年我国高等教育财政性教育经费为 2062.45 亿元，占 GDP 的比重为 0.61%，这不仅低于世界发达国家高等教育财政性教育经费占 GDP 的平均比重 0.99%，也低于世界上发展中国家的平均比重0.74%，与世界平均水平 0.82%也存在不小差距。高等教育经费是高等教育事业发展的必要条件，高等教育经费投入不足，不利于高等教育质量的提高，阻碍了高等教育事业的进一步发展。

2. 高校教师资源短缺

我国高等教育事业蓬勃发展，截至 2010 年已有普通高校 2358 所，比 2003 年的 1552 所增加了 51.93%，普通高校在校生 2231.79 万人，比 2003 年的 1108.56 万人增加了 101.32%，高等教育规模不断扩大。为满足日益发展的高等教育需要，高校师资队伍的数量和质量也得到了很大提高，2010 年普通高校教职工总人数达到 215.66 万人，比 2003 年的 145.26 万人增加了 48.47%，其中专任教师为 134.31 万人，比 2003 年的 72.47 万人增加了 85.33%。

虽然我国高校师资队伍不断发展壮大，但呈现出职工比重过大，教师资源短缺的问题。根据全国教育事业发展统计公报，我国普通高校教职工与专任教师之间的比值不断加大，已经从 2003 年的 1∶0.5 扩大为 2010 年的1∶0.62，而世界各国高等学校平均教职工与专任教师的比值为 1∶1，专任教师数量和世界平均水平相比有不小的差距。此外，2003～2010 年，高等学校生师比始终在 16.22∶1 至 19.00∶1 之间徘徊，2010 年高等学校生师比更是达到 17.33∶1，一个教师要负担将近 18 个学生，与国际高校教学质量评估体系中惯用的理想比例 14.00∶1 相比还有较大距离。由于教师数量不足，并且有一部分教师实际上从事教学之外的行政、科研、办班、创收等活动，以至于有些高校生师比达到30.00∶1以上，百人以上大班授课、一个导师带20名甚至更多学生的现象屡见不鲜。教师资源短缺使教师的工作量过大，加重了教师的教学负担，使他们很难有时间和精力去更新知识，提高教学科研能力和素质，给教育教学质量的提高带来了很大影响。2003～2010年普通高校师资力量变化情况如表4-1所示。

表4-1 2003～2010年普通高校师资力量变化情况

年份	生师比	职工与专任教师比
2003	17.00∶1	1∶0.50
2004	16.22∶1	1∶0.53
2005	16.85∶1	1∶0.55
2006	17.93∶1	1∶0.57
2007	17.28∶1	1∶0.59
2008	17.23∶1	1∶0.60
2009	17.27∶1	1∶0.61
2010	17.33∶1	1∶0.62

数据来源：《中国教育统计年鉴》(2003～2010)。

3. 基础设施不足

基础设施是维持高校日常教学科研、学习生活顺利进行的必备条件，是反映学校办学规模和办学条件的重要因素，一般包括校舍、建筑物、图书资料、教学科研仪器设备、实验室及实习基地、固定资产等以实物存在的资源。随着高等教育招生规模的不断扩大，接受高等教育的学生人数大幅增加，高校之间的竞争也越来越激烈，为满足日益增加的全日制在校生规模的需要，改善办学条件，优化学习环境，吸引优秀生源，各高校把大量的人力、物力用于基础设施建设与维护，基础设施水平有了很大提高。2003年以来，高等院校的基础设施快速发展，教学条件不断改善，校园面积、教学科研仪器设备、图书资料及固定资产总值等都有了飞速发展。如表4-2所示，与2004年相比，2008年高等学校校舍面积、图书资料、科研仪器设备总值、年末固定资产总值分别增长了15.37%、126.19%、78.16%、93.75%。截至2010年底，高等学校校舍面积已达到74604万平方米，教学科研仪器设备总值达到2279亿元，各项基础设施与以往相比均有大幅度提升。飞速发展的高等教育基础设施建设，创造了良好的教学科研环境，为高等教育质量的提高和办学规模的扩大奠定了坚实的物质基础。

表4-2　　2004～2008年普通高校基础设施情况

年份	校舍面积/平方米	图书资料/万册	教学科研仪器设备总值/万元	年末固定资产总值/万元
2004	1224484366	102223.37	10179372.62	46614015.00
2005	1316815318	156417.36	12168359.06	57830276.06
2006	1416946513	176255.82	14240757.55	69522606.94
2007	1412521696	205958.22	16073750.61	81466057.21
2008	1412747076	231196.99	18135877.46	90314821.86

资料来源：《中国教育统计年鉴》(2004～2008)。

虽然近年来高校投入大量人力、物力加快基础设施建设，基础设施总体水平有了很大程度的提高，但与日益扩大的高等教育招生规模相比，仍存在高等教育基础设施紧张的情况。普通高校全日制在校生平均规模由2003年的7143人增加到2010年的9298人，增长了30.17%，但同时期高等学校的校舍面积、教学科研仪器设备、图书资料的增长速度却明显低于在校生平均规模的增长速度，人均基础设施占有量比原来减少，基础设施短缺现象较为严重。据调查，在一些知名院校甚至出现因仪器设备、实验室、实习基地不足而降低实践课在开设课程中的比重，减少实践教学环节，不提供或很少提供实际操作机会的情况。几乎国内所有高校图书馆、自习室都不能满足学生自主学习的需要，疯狂抢占座位的现象更是屡见不鲜。此外，高等学校宿舍、餐厅、校医院、浴室、运动场馆和器材等后勤服务设施普遍投入不足，规模较小，管理方式落后，远不能满足学生的基本生活、娱乐休闲需要，不利于为学生创造一个良好的学习生活环境。目前高校基础设施特别是人均基础设施占有量不足的情况仍然较为严重，相关部门和高校一定要重视基础设施建设，加大投入、合理规划、强化管理，为创造良好的学习环境和生活条件不断努力。

4. 高校资源使用效率低下，浪费现象严重

目前我国高等教育经费存在使用不合理及浪费严重的现象。随着高校专任教师和行政人员数量的不断增加，越来越多的高等教育经费被用于人员经费，直接用于教学科研活动的经费不断减少，甚至出现高等教育事业费被占用的现象。一些科研人员责任意识不强，为满足个人经济利益申请科研课题，一旦申请成功就把科研经费当作自己的私有财产随意处置，不顾经费使用的合理性和效益性，造成科研经费使用效率低下。部分教职工和学生对高校公用产品和公用经费节约意识不强，甚至存在一些“搭便车”行为，个人随意领取办公用品，教学楼、行政楼等公共场所电灯长明，浪费现象司空见惯，给高校自身发展带来了沉重负担。高等教育经费使用不合理及严重浪费的现象不利于最大限地发挥有限的高等教育经费的作用，影响了高等教育经费的使用效率，不利于高等教育事业的进一步发展。

我国高等教育人力资源利用效率较低，浪费现象严重。高校教师的工作任务和课程安排由教务处等行政管理部门决定，同一高校不同时期的培养目标、教学计划会有很大的差别，对教师的需求也各不相同，由于教师聘用体制的限制，不能对师资队伍的数量和结构进行灵活调整，容易造成不同学科、专业之间教师忙闲不均的现象。一些教授和学科带头人受经济利益的驱使，把大部分时间和精力用于申请课题、进行科研，对所带研究生的指导较少，更不愿意给本科生上课，高校课堂上缺少教学经验丰富的老教师，影响研究生的培养质量和本科生的教学质量。中青年教师每天奔走于课堂，没有时间和精力去进修学习，教育观念和教学方法得不到及时更新，更无法保证科学研究，在教学中不能把学术前沿知识传授给学生，造成教师资源的隐性浪费。

目前，我国高校教室、实验室、仪器设备、图书资料等基础设施由于结构不合理、管理方式落后，普遍存在利用效率低下、浪费严重的现象。据世界银行统计，我国高校教学设备和实验室利用率在60％以下，另据统计，全国高校仪器设备有20％以上处于闲置状态，价格昂贵的大型科研装备利用率最高不超过15％。教室、实验室、图书馆等管理僵化，对使用时间、程序、人员资格等都有严

格规定，只在有需要时才对外开放，其他时间大门紧闭，教职工和学生不能根据自己的需要灵活使用，浪费严重。为满足多媒体教学需要，部分高校购买了大量电脑、数码相机、投影仪等设施设备，但并未物尽其用，将其变成了闲置资产，使用频率极低，浪费了原本可以发挥效用的教育资源。此外，几乎所有院系都有自己的实验室、图书资料室、计算机机房，重复购买仪器设备和图书资料的现象十分常见，并且仅供内部人员使用，不面向社会公众和其他院系师生开放，造成了基础设施重复购置、浪费严重的现象。

二、高等教育资源空间配置上的“短板现象”

高等教育发展与地区经济社会发展有密切的联系。我国地域辽阔，各地自然经济和社会发展条件差异很大，人口分布极不均衡。这种不平衡的区域经济社会发展特征，使我国高等教育在区域发展上也表现出明显的不均衡特点。在全国范围内，不管是扩招前还是扩招后，也无论是从学生规模还是质量水平，我国经济社会发展呈现出由东部到中部再到西部梯度发展的特征，东部经济发达地区高等教育也比较发达，西部经济欠发达地区高等教育也欠发达，中部则处于中游水平，东部与西部地区在高等教育发展上有明显的差距；从局部上看，只有少部分地方的高等教育的发展超前于区域经济发展水平，如中部地区的湖北、西部地区的陕西等。

在我国，高等教育资源空间的配置在不同地区差异很大，在各地区分布很不均匀。我国沿海地区和内陆地区之间，东中西部之间以及城市和农村之间都存在着高等教育资源分布很不均匀的情况，这种情况一方面加剧了我国城乡二元结构的进一步发展，另一方面也不利于我国高等教育事业的长久均衡化发展，难以实现我国高等教育机会均等目标。

1. 高校数量分布不均

从图 4-1 中可以看出，我国高校数量空间配置严重不均衡，总体上呈现出高等教育资源集中分布在部分经济发达地区，如江苏、广东、山东、浙江、上海、北京，而部分经济不发达地区高校数量明显偏少。这在一定程度上表明，各地高等教育发展水平参差不齐。

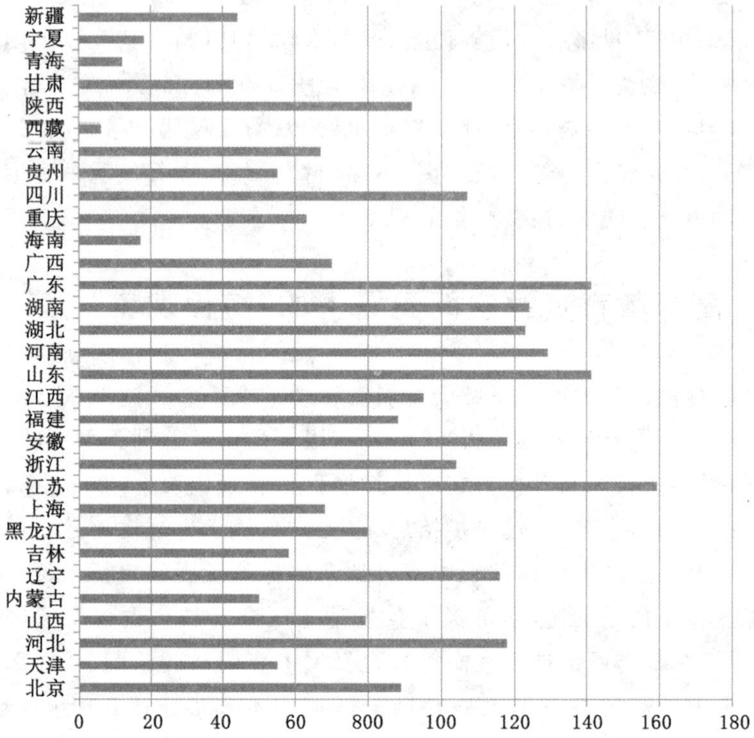

图 4-1 2014 年全国各地区高校数量

数据来源:《中国教育统计年鉴》(2015),

未含港澳台地区(下同)。

2. 各地高等教育规模差距很大

从图 4-2 可以看出,全国各省区的高等教育规模大小不一,差距很大。在 160 万人规模之上的省份依次是山东、广东、江苏、河南,而广大中部、西部省份比如云南、贵州、海南、青海等,高等教育规模总体偏小。

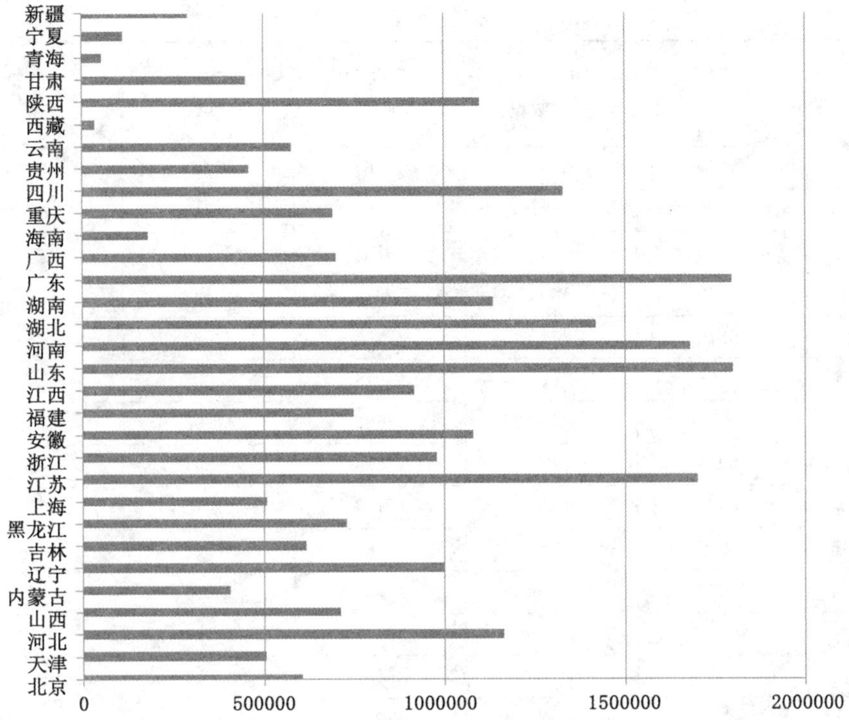

图 4-2　2014 年全国各地区高校在校生人数

数据来源:《中国教育统计年鉴》(2015)。

3. 优质教师资源区域差异大

优质教师资源是高等教育资源中的重要人力资源,关系着高等教育人才培养质量的高低,也是判断一个地区高等教育发展的重要指标。在高校优质教师资源主要是具有高级职称的教师,即拥有正高、副高职称的教师。2014 年全国各地高级职称教师情况如表 4-3 所示。

表 4-3　　2014 年全国各地区高级职称教师数量及所占比重情况

地区	专任教师数	正高级职称教师数量	副高级职称教师数量	高级职称教师数量	高级职称教师占专任教师数量的比重/%
北京	68380	17433	24182	41615	61
天津	31008	4599	10020	14619	47
河北	68578	9617	20342	29959	44

续表 4-3

地区	专任教师数	正高级职称教师数量	副高级职称教师数量	高级职称教师数量	高级职称教师占专任教师数量的比重/%
山西	40317	2966	10661	13627	34
内蒙古	25000	2571	7641	10212	41
辽宁	64246	8987	19736	28723	45
吉林	38549	5808	12035	17843	46
黑龙江	46870	7347	15173	22520	48
上海	40558	7317	13018	20335	50
江苏	104549	13386	34522	47908	46
浙江	58076	7999	17895	25894	45
安徽	56525	4525	15147	19672	35
福建	43902	4938	12287	17225	39
江西	54429	5465	14633	20098	37
山东	101380	10379	28745	39124	39
河南	95134	8020	25258	33278	35
湖北	82821	10622	25927	36549	44
湖南	64919	7037	18828	25865	40
广东	95193	11473	24548	36021	38
广西	37680	3993	10262	14255	38
海南	8894	949	2196	3145	35
重庆	38944	4298	10752	15050	39
四川	81404	8604	21394	29998	37
贵州	28144	2670	8681	11351	40
云南	35396	3776	9615	13391	38
西藏	2601	221	851	1072	41
陕西	64970	7965	17679	25644	39
甘肃	25283	2949	7661	10610	42
青海	3920	732	1314	2046	52
宁夏	7759	1213	2176	3389	44
新疆	19081	1277	5446	6723	35

数据来源:《中国教育统计年鉴》(2015)。

为了更加直观地展现我国各地优质教师的数量，了解高级职称教师所占专任教师的比重情况，专门绘制了图 4-3。

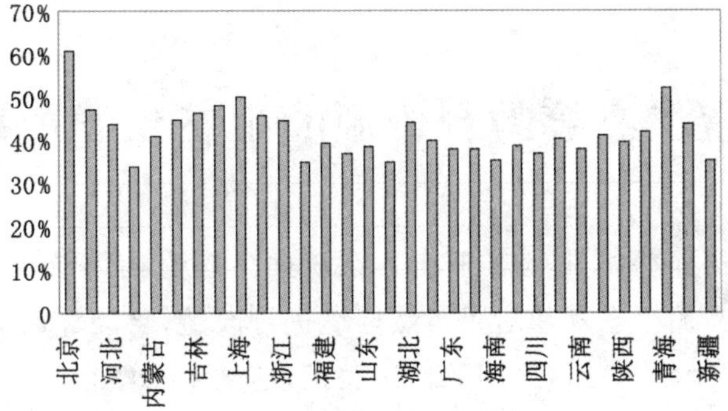

图 4-3　2014 年各地高级职称教师所占专任教师比重

数据来源：《中国教育统计年鉴》(2015)。

显然全国各地区优质教师资源差异较大，在专任教师中，高级职称教师所占比重最高的是北京，超过六成的专任教师拥有正高、副高职称，而山西、安徽、河南、海南、四川、江西等中西部省份，高级职称所占比重低于 40%。青海省的高级职称教师所占比重虽然高达 51%，但这与其数量很少的教师总数和职称评审较为容易有很大的关系。

第五章 高等教育资源的生态化配置与培植

生态化是指那些由非生态平衡的系统向生态平衡系统不断转变的过程。生态化是人类遵循生态规律对于自然环境进行改造，将破坏后的自然环境通过恢复生物之间、生物与环境之间的作用关系，达到生态整合、生态互动与生态平衡的活动。将其扩展到社会领域的系统就应当遵循生态学与系统论的基本法则，对系统内部的诸要素以及系统与环境诸要素之间的联系进行周密的制度安排与程序设计，使系统成为各要素生态平衡的有机体，并且使系统与环境保持动态平衡的共生关系。生态化是事物或现象通过内部要素的调适与外部环境的变迁，使得事物、现象以及系统之间，系统与要素之间、要素之间的相互作用方式发生改变，即实现其生态调适的过程，从而使得该事物或现象的系统之间、系统与要素之间、要素之间、系统与环境之间具备动态平衡、协调共振以及互动关联的特性，即生成系统的生态性，从而实现了系统的有机整合与生态协调。从一定意义上讲，生态是从实然角度来考察系统样态，生态性则是从价值判断或评判角度来分析系统品质，生态化则是具体描述系统由非平衡态向平衡态方向运动的演化进程及其特点，用三个生态学概念来对社会系统进行分析具有重要的理论意义与实践价值。

教育生态化是苏联学者创用的概念，其内涵是“将生态学原则渗透到人类的全部活动范围中，用人和自然协调发展的观点去思考和认识问题，并根据社会和自然的具体可能性，最优地处理人和自然的关系”①。我国学者认为，“教育生态化是指伴随着社会各领域的生态危机，现代教育必须及时调整自己的发展方向和指导方针，逐步走向生态化，建立起符合生态规律的新型教育系统”②。

---

① 欧阳志远.生态化——第三次产业革命的实质与方向[M].北京：中国人民大学出版社，1994：1-3.

② 马歆静.生态化与可持续发展——现代教育发展的必然[J].教育理论与实践，1998(5)：1-6.

可见，教育生态化是人类为了实现可持续发展和创建生态文明社会的需要，而将生态学思想、原理、原则与方法融入现代全民性教育的生态学过程。

教育发展的客观实际要求我们以教育生态观引导教育生态化。历史是发展的，教育是变化的，思想是流动的，一成不变的教育和不思变革的教育理念是缺乏生命力的。根据时代特点，不断调整我们的思想，不断丰富和发展我们的教育新理念，我们才能成为教育变革的主动者。而教育发展的本质就在于教育理念的变革，教育理念是教育发展中的前提性、根本性部分。美国教育学家克罗韦尔指出："教育面临的最大挑战，不是技术，不是资源，不是责任感，而是……去发现新的思维方式。"①而教育生态观是以生态学的世界观、价值观、认识论和方法论为基础来关照、思考、理解、解释教育问题，并以生态的方式来开展教育理论研究与实践的，因而它成为推动教育发展的新理念，促进了教育生态化发展。

《新华字典》对"化"的解释是："放在名词或形容词后，表示转变成某种性质或状态"。高等教育资源的生态化配置和培植，就是要扭转不符合或者不完全符合高等教育的本质和内在发展逻辑的配置方式，在配置高等教育人才资源和物力资源以及培植高等教育文化资源时，自觉遵循高等教育生态系统演化的规律和高等教育的本质与内在发展逻辑。在人才资源和物力资源配置过程中，既不低于高等教育生态系统的承载力，也不超越高等教育生态系统的承载力，从而使高等教育生态系统在一种相对最优状态中运行；在培植文化资源方面，以高等教育的内在发展逻辑——学术自由、大学自治、学者（教授）为最高旨归，积极培植符合这一逻辑的文化资源，最终使得高等教育三类资源处于最优化状态，从而臻达高等教育系统的生态平衡和资源的最佳产出，维护和实现高等教育的持续、和谐发展。

一、高等教育资源生态化配置与培植的依据与特点

（一）高等教育资源生态化配置与培植的依据

1. 高等教育的本质

黑格尔认为，"本质"有三个含义。首先，本质是"实存"的根据，"根据是内

---

① 刘根东.后现代主义与当代高等教育改革[J].江苏高教，2003(2)：114.

在存在着的本质，而本质实质上即是根据"；其次，本质通过关系得到揭示，"凡一切实存的事物都存在于关系中，而这种关系乃是每一实存的真正性质"，"关系是自身联系与他物联系的统一"；最后，本质与规律是同等的概念，"规律是本质的关系"。① 列宁在《哲学笔记》中对黑格尔这种探索"本质"的思路给予认同并认为黑格尔的探索方法是十分辨证的。因此，我们可以说教育本质是教育"实存"的依据，教育本质通过教育关系得到揭示，教育本质与教育规律是同等的概念。

教育的本质问题一直被认为是一个复杂的问题。20世纪70年代末80年代初，在全国范围内爆发了一场声势浩大的关于教育本质的大讨论，众多学者积极参与、热烈讨论。今天看来，那场讨论只是关于教育的社会属性的讨论，而且至今人们仍未就教育的本质问题达成广泛的共识。

对于那次教育本质大讨论所涉及的有关教育本质的观点，可以大致归纳为如下几种：第一种观点认为教育的本质是上层建筑或生产力，或是二者的复合体；第二种观点认为教育的本质是"培养人"或者"促使个体社会化"；第三种观点认为教育的本质是"对人的身心发展的有意识的影响"；第四种观点认为教育的本质是"促使受教育者从原有发展水平向发展目标转化的活动"；第五种观点认为教育的本质是"社会遗传机制"。② 上述五种观点，要么只关注到教育与外部的关系，因而把教育作为一种客观现象或者活动来考察，从教育与政治、经济的关系中来认识教育的本质，要么只注意到教育内部各要素的联系，因而把教育作为一种教育者与受教育者之间双边的、具体的活动来考察，从教育中的教育者和受教育者及教育资料的关系中来认识教育的本质。他们很少将二者联系起来考察，使得教育的内外部关系缺少沟通的桥梁，未能关注事物发展变化中内因和外因的关系，因此，这些观点在结论上难免以偏概全，都未能准确揭示教育的本质。

除此之外，尽管多数观点认为探讨教育本质是从"矛盾关系"（外部矛盾关系或内部矛盾关系）切入的，但实质上大多是从教育的价值与作用出发，即根据社会或人的需要来对教育作一定的价值选择或评论。在强调政治的年代里，认为教育是上层建筑，在发展经济的年代里，认为教育是生产力，在强调人的主体

---

① ［德］黑格尔．小逻辑［M］．北京：商务印书馆，1980：247-326.

② 文辅相．关于教育与高等教育本质的讨论［J］．高等工程教育研究，1995(1)：11.

性年代里，突出教育对人的作用。尽管教育的本质与教育表现出来的对人或社会的价值与作用密切相关，但教育的价值本身毕竟不是教育的本质。因为价值涉及价值判断标准，不同的社会、不同的时期以及不同的人有着不同的价值判断标准，如此一来就会出现教育有多个本质或教育没有本质，而这显然是不正确的。

正如张应强教授所指出的[①]，从教育—文化—人的分析框架来提出新的教育本质观，能够较好地注意到教育的内外部关系的联系或沟通。首先，既从教育的外部关系又从教育的内部关系来把握教育的本质，其中文化起到了沟通内外关系的桥梁作用。其次，从文化发展和人的发展以及文化与人的矛盾这一客观现实出发来揭示教育的本质，保证了教育本质的客观性和稳定性。最后，这种新的教育本质观，对传统的教育本质观有较大的包容性。如教育的生产力属性，实际上是教育通过文化化人的过程，使人的创造力得到发展而表现出来的；教育的上层建筑属性，是教育通过文化体现统治阶级的意志、观念而表现出来的；教育作为社会遗传机制，主要是教育通过人这一中介，把人类的文化成果内化到人的文化心理结构中去而表现出来的；教育作为培养人的活动，实质上是使文化作用于人，使人得到发展。

从这一分析框架深入下去，我们可以看到，作为一个生物意义上的人，他出生以后所面对的世界是一个由自然世界和文化世界有机构成的整体世界。人在这个世界中依据其特有的实践本性和实践能力不断生成和发展而永无止境。文化世界是人的实践本性外投于自然世界的产物，它一经产生便成为一种独立于人的“第二自然”。在教育的视野中，人所面对的主要是这种作为人的“第二自然”的文化世界。人的教育实践活动，主要表现为各种类型的文化活动。如此，文化、教育和人便形成了一种特定的分析教育本质的框架。

(1) 人与文化的矛盾及教育在其中的作用。人的生长和发展是一种文化的发展，即是人的文化化的过程，是解决人与文化的矛盾的过程。人类的实践活动创造了文化，人是一种文化的存在，是文化的占有者和享用者，人与文化是统一的，二者的关系是一种肯定的关系。但人与文化的这种统一关系只是一种表象和暂时的统一。文化与人之间最本质和恒久的关系却是一种否定性关系，甚至可以说人与文化的肯定性关系是为了达成一种否定性关系。人是在对文化

① 本部分关于“教育的本质”的内容借鉴了张应强教授的观点。

的否定中占有文化而成为一种超越性的存在的，文化也是在对人的否定中获得发展和进步的。人的实践本性总是力图超越既有的文化而追求更高层次的文化境界。文化总是像灯塔一样召唤着人类的实践和创造激情。因为文化在最本质和终极的意义上就是人本身，是不断生成和发展中的人本身，是人自己的追求和理想的化身。人所追求超越的文化实际上就是人自己的理想和人的“类本质”。人与文化的矛盾就是人的实然与应然之间的矛盾。人类之所以能够不断进步，就是因为他从不满足于自己的实然状态，而总是在追求那个理想中的应然的自己。人总是存在于对实然的不满和对应然的追求过程中，这就是尼采所说的“成为一个人，即是处于成为一个人的过程中”的深刻含义。海德格尔也说：“此之在生存论上就是在其能在中尚不是的东西。只因为此之在通过领会及其筹划性质获得它的建构，只因为此之在就是它所成为的或不能成为的东西，所以它才能够领会地对自己说‘成为你所是的！’。”①

只有人才能把自己对象化，人的对象化就是文化的创造，其结果是文化世界的生成。人把自己作为对象，意味着人分化了自己，从而追求理想的自我，并在理想的自我中反观现实中的自我，从而激发其自身创造的冲动和激情。弗洛伊德所说的“超我”，尼采描述的“超人”和马克思所说的“自由自觉的类特性”，尽管对人性各有不同的把握，但实际上都承认人有分化自己的特性、为自己设定理想的特性。人都是由实践生成的存在，都具有实践性特性，因此人能把实然的自己和理想的自己分化开来。这种分化就造成了人与文化的永恒矛盾。人在他所改变的环境和人的活动中“直观自身”，一方面“是对人自身的本质力量的自我确证”，另一方面是追求“自由自觉的活动”。因此，人与文化的矛盾，实际上是一种“实践的矛盾”。“实践的矛盾表面上是人与自然的矛盾，实际上是人与自身的活动对象之间的自我矛盾，实践本身就是一个制造矛盾的过程，没有人在实践中的分裂，人就没有自我，也就不是主体，这些矛盾不是暂时的、表面的，而是永恒的、本质的。只要人在实践，就在不断地制造并解决自我和对象、自由和束缚、自主和依托种种矛盾。”②

教育是人的一种特殊的实践活动方式，它所直接面对的是文化与人的矛盾。文化与人的矛盾是一种人在发展过程中遇到的矛盾。教育实践活动在文

① [德]海德格尔.存在与时间[M].北京：生活·读书·新知三联书店，1987：178.
② 邴正.当代人与文化——人类自我意识与文化批判[M].长春：吉林教育出版社，1998：166.

化与人的这一矛盾中有着特殊的作用。

首先,教育通过传承文化来“制造”文化与人之间的矛盾。文化是人创造的,但并不是每一代人都从头开始创造文化,果真那样的话,人类文化也就不可能获得发展。在文化发展过程中,教育作为一种文化的“社会遗传”机制,担负着文化的传承者的角色。如英国动物遗传学家沃丁顿指出:“人已经发展了一种社会遗传的或心理社会化的机构,这样一种机构依靠教与学的方法而对知识进行社会遗传的传递。”[①]哲学人类学家兰德曼指出:“在人已经创造出文化之后,他必须通过教育保证使文化不会再次丢失,这无论如何不只是有助于会发展的文化过程。这就是教育的人类学基础。”[②]教育把前人的创造保存和传承下来,对于新生个体而言,文化是一种外在于自己的独立的异己的力量。新生个体时刻感受到一种“文化的压力”,受到这种力量的挤压,他会有紧张、焦虑、痛苦和不安等精神反应,同时,他也会产生一种应激去适应和超越这种“文化的压力”。在学校教育中,学生会时刻面临着同辈群体、师生关系、校园环境、规章制度及科学知识与自我的矛盾。尤其是以知识的形态出现的文化,会伴随着每一个学生的一生,只要他处于求知的过程之中,他就会在知识的理解、接受的过程中感受到自身与文化的矛盾。这种文化压力和文化矛盾正是通过教育的文化传承作用而形成的。

其次,教育通过创造文化而形成文化与人的矛盾。教育通过传承文化而形成的文化与人的矛盾,对于人来说是一种外在的矛盾,而教育通过创造文化而形成的文化与人的矛盾则是一种内在的矛盾,是更为本质的矛盾。人的内在的矛盾是人内化于自身的文化矛盾,是现实自我与理想自我的矛盾。人通过教育实践活动,增进了知识,发展了德性,陶冶了情操,提高了能力,获得了发展和进步,成为一个不同于以前的新的自我,也就是说,教育活动创造了新的自我。但若仅仅停留在这一层面,人只是一种有限发展了的自我,这不符合人的实践本性。一个知识、品德、能力发展了的人,注定是要实践的,是一定要在自己的创造物中确证自己的。因此,发展了的人的本质力量的对象化,又开辟了一个全新的“第二自然”,创造了不同于以前的人和发展了、进步了的文化世界。人所再创造的这个文化世界又成为一种独立于人自身的文化存在,与人形成新的矛

① 人道主义、人性论研究资料:第5辑[M].北京:商务印书馆,1964:23.

② [德]兰德曼.哲学人类学[M].贵阳:贵州人民出版社,1988:258.

盾关系。这种新的矛盾又会强制或激发起人去追求新的更高境界的理想和理想中的新自我。这种内化于自我的文化，激励着人不断地进行新的文化创造。教育实践就是这样一次又一次地把人置于它所创造的文化与人的矛盾之中而永无止境。

(2) 从教育与人的关系看文化在其中的作用。人在生物学意义上与其他动物并无区别，然而，"天地之间人为贵"。那么，在这个世界上，人因何而贵？以何为贵？从文化和教育及其相互关系中我们能够找到答案。18 世纪法国唯物主义哲学家、思想家拉美特利说："自然曾经创造了我们，使我们屈居于动物之下，以更加颂扬教育的一切奇迹，唯有教育才把我们提高到这个水平，并最终把我们置于动物之上。"①马克思主义经典作家认为，人类的一般实践活动把人从动物界提升出来，形成了人同动物的分野。但人类若想获得再次提升，则需要一种从一般实践方式中分化出来的特殊实践活动——教育实践活动。人类的再次提升或不断提升，是一种改造主观精神世界的过程。在此过程中起主导作用的是人的教育实践活动。人作为一种不断生成中的存在与教育结下了不解之缘，离开教育，人便不可能获得作为人的特性。

在现代社会里，很多人认为教育之所以重要，是因为它能给人带来物质上的、有形的"好处"，这种观点是在用一种功利主义的物质动机把教育与人加以联系，这既是现代人在人与教育及其关系上的短视和偏狭，也是现代人、现代教育异化的典型写照。真正意义上的人，是不会为这种物质上的实利所束缚的，他是不断追求精神高尚、道德完善、达臻自由的人，真正的教育也不是这种实利的教育，而是一种精神和德性的发展教育，是促进人全面地、完整地占有人之为人的本质的教育。因此，教育与人的关系主要不在物质领域，而是在文化领域，不是体现一种生存关系，而是体现为一种发展关系。

在教育和人的关系中，文化具有重要的作用。教育不但要选择文化、传承文化，还要创造文化并且赋予人以文化，要对人进行文化塑造，使人成为一种文化存在。离开文化，教育便失去了其存在的基础和意义。文化在本质上不是一种物质化的结果或精神对象化的结果，不是一种已经完成的状态，而是一个实践活动的过程，是一个永无止境的无限发展的过程。如果文化有一个终极的结果的话，它只能是人的自由自觉的类特性的达臻。德国伟大的哲学家康德说：

① 转引自：[德]兰德曼．哲学人类学[M]．贵阳：贵州人民出版社，1988：196．

“在一个理性存在者里面，他能具有的达到任何他自己抉择的目的之能力的创造过程，就成为文化。因此，唯有那能够作为最终目的的东西才是文化。我们还要说，人的个体的世俗幸福，以及人作为主要的手段在无理性的外部自然界中建立秩序与和谐这一单纯的事实，都不称为文化。”①康德因此而提出了“技术文化”和“教育文化”两种文化类型，并对文明与文化进行了区分。他把外部的、技术上的文化类型称为文明，把无条件的道德自由、理性的自由选择和人的完善称为文化——教育文化。并且认为只有文化（教育文化）才决定文明人的生命价值，保障人的道德进步，使人成为真正的人，并使人具有人格、尊严和自由。在康德看来，文化的本质是人类本身精神和道德的完善及不断提高的过程。从本质意义上理解，文化在教育和人的关系中不只是一种静态的和被动的存在，只是由教育来选择、传承，赋予人，使人成为一种现实文化所规定的静态的人。它要反作用于教育、反作用于人，要“客体主体化”，要规范和提升教育的理想和境界，使教育真正成为一种主体自我建构、自我提升而到达完美人格和自由个性的实践活动方式，使人在实践中不断自我分化、自我实现、自我超越，最后达到与文化的融合统一——全面地占有人的文化本质的“类存在”，自由全面发展的“类主体”。正是在这种意义上我们才赋予教育以诸多美好的希冀，使教育成为一种神圣的事业。“教育就是美德”，“教育就是最高的善”，“教育是创造价值的价值源”，“教育就是人心灵的敞亮”等美誉，都是把教育与文化结合起来的表达。

现代教育之所以陷入物质主义无法自拔，现代人之所以陷入困境而倍感焦虑，都与现代人偏狭的文化观密切相连。人们总是为科技文化所牵引，追求与科技文化相适应的生活方式，教育因此而放弃了长远责任和对永恒价值的追求，丢失了其文化生命。教育也就只能在“适应论”中成为社会的工具，因而被目光短浅者和贪婪者作为获取物质利益的手段。教育和文化的分离，使它失去了批判精神和超越品性，成为复制产品、复制人的机器，成为现代社会压抑人的自由和个性的帮凶，从而酿成现代教育和现代人的“病象”。这不能不说是现代人、现代文化和现代教育的悲哀。这种状况也从另一个侧面说明了文化之于教育与人的关系的重要性。

（3）人对于教育与文化关系的作用。文化作为人的实践的创造物，一旦被

① 转引自：范进．康德文化哲学[M]．北京：社会科学文献出版社，1996：47．

创造出来，它不但成为一种独立于人的客观存在，而且还要以其特有的规律向前发展。人类文化的发展是以一种"社会遗传"的方式一代一代地进行的，这种发展表现出社会历史性、"超有机体性"和增殖性。① 文化的传承正是以这些特征同动物的生理遗传相区别的。教育作为文化传承的机制是文化传承表现上述特点的主要原因。教育通过对文化的选择和创造，实现了文化的社会性传承。教育作为一种有目的的实践活动，就要按照其目的和一定的文化价值标准对现有的文化进行选择，一方面使文化中的一部分内容得以保存和传递，另一方面又要扬弃文化中不符合一定价值观的内容。教育的这种选择，是教育对文化的主动作用，是文化发展中不可或缺的一部分。如果不加选择地把先前的所有文化都传承下来，不仅对于教育来说是不可能的，对文化来说也是不利的。因为从文化自身的内部运动来说，多种文化因素之间的矛盾和斗争，对文化进行甄别和选择，是文化发展的必要条件和必然结果，缺乏文化选择便会导致文化停滞。

美国现代人类学家玛格丽特·米德对南太平洋土著居民的文化进行考察后认为，文化停滞的主要原因是子代对父代的文化缺乏选择而全盘复制，子代完全继承着父代所提供的全部生活的答案。② 教育对文化的选择也是对文化的一种主动批判。文化批判的高级形式就是创造新文化，用新文化取代旧有文化。教育之所以要对现有文化进行主动选择和批判，并非为选择而选择，为批判而批判。文化选择和批判并非目的，其目的是为了进行新的文化创造。纵观人类文化发展史和教育发展史，可以看出，人类的一切文化创造成果，都直接或间接地与教育的文化创造有关，教育也一直在发挥着创造文化的作用。教育所创造的文化一般是人类的精神文化，表现为思想观念、学术理论、文学艺术、价值标准等。这些精神文化的对象化或物化，就是人类的物质文化成果。正是教育的文化选择和文化创造，使得人类文化不断地吐故纳新，呈现加速发展的特性，使人类一切优秀的文化得以传承下来，成为人类再次进行新的文化创造的基础。

虽然教育是文化的一种重要传承机制或方式，但并非唯一的机制或方式。像历史文化典籍、文化遗址、博物馆等形式也都起着保存和传承历史文化的作

① 张应强. 文化视野中的高等教育[M]. 南京：南京师范大学出版社，1999：50-52.

② [美]玛格丽特·米德. 代沟[M]. 北京：光明日报出版社，1998：24.

用。不过这种文化传承是依托一种固定的中介而传承的，它所传承的也是一种“死”的文化，这种文化若不被激活，便无法发挥相应的作用。同时，这种固定的传承中介一旦被破坏，如典籍的遗失、文物的损毁等，都将导致文化的缺失和文化传承的中断。而教育对文化的传承主要依托于灵活的传承中介——人，而且人是以类聚的方式结合起来的统一整体，某一个体生命的终结对文化的传承几乎不构成影响。只要作为整体的人类不同时消失，文化的传承便永远不会终止。因此，教育对文化的传承表现出“超生命性”或“超有机体性”。教育以人作为载体来传承文化，是以人的文化心理结构为基础的，依据特定的功能系统而进行的。该功能系统是一个以人的大脑神经系统为生理—心理基础，对语言、文字等文化载体理解、掌握和创造的能力系统。具体的教育活动，就是把凝结在文化载体之上的文化内化到人的文化心理结构中去。一方面，人的生理—心理结构通过教育实践活动不断地与外在的文化相互作用，促使人的生理—心理系统协同进化，以发展人的功能系统。另一方面，外在的文化经过人的认识系统、情感系统、意志系统和价值系统的综合评价和再创造而被人所理解和接受，进而保存在人的文化心理结构中。在具体的历史背景和一定的情境下，它可以通过语言、符号和实物等文化载体表现出来，形成人所创造的纷繁复杂的文化世界。因此，教育对文化的传承过程，是文化的“内化—外化”过程。文化的“内化”过程，就是人通过教育实践活动把外在于人的客体文化转化为主体文化的过程，即把寓于物质载体、语言文字等客观精神载体所蕴含的文化内化到以人的大脑细胞为代表的生命体上来，这样一方面激活了文化，另一方面形成了人创造新文化的能力。文化的“外化”过程，就是主体文化不断地外化为客体文化的过程，即文化心理得到发展的主体，通过实践活动把所保存的文化再现出来。正是这种不断的“内化—外化”过程，形成了文化的“呼吸”运动，社会文化也正是在这种“文化呼吸”运动中得以世代传承的。

通过上述对文化、教育、人之间多维关系的考察可以看出，教育作为一种特殊的社会实践方式，是主体自我以改造精神世界为目的的自我建构活动，是主体自我不断地为自己确定文化理想，追求自我实现和自我超越的过程。这一过程具体表现为文化与人的双向建构，即教育活动一方面以文化作为素材和基础，不断地为人确定文化理想，赋予人以超越自我、超越文化的能力，促进人的自我实现；另一方面又以人的实践活动为机制，在主体自我建构、自我发展的过程中，不断地传承文化、创新文化，促进了文化的进步与发展。文化与人的矛盾是一种永久性的发展性矛盾，因此，文化与人的双向建构就是文化的不断创新和人的不断生成的有机统一而永无终结的无限过程。文化与人的双向建构这一属性就是教育的本质属性，就是教育的本质。

1962 年，联合国教科文组织在非洲召开由 44 个国家参加的高等教育会议，对高等教育作如下定义："高等教育是指大学、文学院、理工学院和师范学院等机构所提供的各种类型的教育而言，其基本入学条件为完成中等教育，一般入学年龄为 18 岁，学完课程后授予学位、文凭或证书，作为完成高等学业的证明。"①因各个国家教育体制各不相同，教育机构命名不一，这一解释显然不够全面和完整。《实用教育大词典》这样解释高等教育："高等教育是建立在中等教育基础上的各种专业教育。程度上一般分为专修科、本科和研究生。教学组织的形式有全日制的和业余的，面授的和非面授的，学校形式的和非学校形式的，等等。高等教育一般担负着培养各种专门人才和开展科学研究的双重任务。实施高等教育的机构通常是大学、学院和专科学校。"②潘懋元教授认为："高等教育是建立在普通教育基础上的专业教育，以培养专门人才为目标，一般全日制本科生是年龄 20 岁左右的青年，他们的身心发展已趋成熟。"③杨德广教授认为："高等教育是在受完中等教育的基础上，在国家认可的高等教育机关接受一年以上的专业教育的教育，一般入学年龄在 18 岁以上。"④

上述几种高等教育的概念都指出了高等教育的部分特征，但还不够全面。我们认为，高等教育是建立在中等教育基础上的专业教育，是学术性、职业性和社会服务性有机结合的教育。这一概念具有以下几个基本特征：第一，高等教育是在完全中等教育之后进行的专业教育。高等教育是我国目前三级教育体系（初等教育、中等教育和高等教育）中最高层次的教育，是以培养德、智、体、美全面发展的、具有创新精神和实践能力的专门人才为宗旨的。高等教育所传授的知识具有高度的概括性、抽象性和前瞻性，具有深、广、专、难的特点，课程体系系统完整。与之相比，被称为基础教育的初等教育和中等教育是以培养具有基本文化素质的公民为目标，教学内容和水平具有明显的基础性和通识性。第二，高等教育的接受者一般是 20 岁左右的青年。高等教育的接受者有别于基

---

① 杨德广.高等教育学概论[M].上海：上海交通大学出版社，1991：26.

② 王焕勋.实用教育大词典[M].北京：北京师范大学出版社，1995：110.

③ 潘懋元.新编高等教育学[M].北京：北京师范大学出版社，1996：5-6.

④ 杨德广.高等教育学概论[M].上海：上海交通大学出版社，1991：28.

础教育的接受者，这一阶段的学生的身心发展已趋于成熟。他们的身体形态和机能已发育到准成熟阶段，运动能力达到高峰，身体发展由进展期进入稳定期。心理发展水平也达到相当高度，表现为科学观察能力的增强，理性思维和辩证思维的初步形成，学习动机更为明确，道德感、理智感和美感初步确立，独立意识和自我意识较为强烈，个性形成趋于稳定。高等教育接受者的这些特点，要求高等教育遵循不同于基础教育规律。第三，高等教育具有学术性，要开展科学研究。高等学校将科学研究引入教育教学过程是高等教育区别于其他教育的特点之一。高等教育进行高深专门知识的教与学，不能仅停留在知识的传授上，而要不断地探索真理、创造知识、更新方法、创新技术、引领文化，也必然要开展科学研究，高等教育活动不拘囿于“教师中心、课堂中心、教材中心”的“三中心”层次，教学更多通过学生自学、教师传授、师生讨论、参与实验研究等方式，促进学生主动地掌握知识和提高能力。第四，高等教育具有服务性，要开展社会服务。高等教育是人类实践的产物，也是社会发展到一定阶段才出现的人类社会活动。它的存在和发展无法脱离社会提供的物质基础以及教学和科研赖以进行的“原料”，可以说，离开社会高等教育将是海市蜃楼、空中楼阁。社会对高等教育进行“输血”，同时也期望高等教育能为社会做出回报，为社会的发展出力尽心。也只有在这种高等教育和社会的良性互动中，高等教育才能实现自己的价值并且获得持续发展的生机和活力，这一点在知识经济的当今时代表现尤为突出。因此，高等教育负有为社会服务的责任和义务，服务性是高等教育的题中应有之义。

高等教育是培养接受过完全中等教育的人，使他们成为具有高深知识的专门化人才的社会活动。这是高等教育与其他教育的根本区别。人出生以后，要在社会中生存，逐步成为一个合格的社会成员，就必须学会劳动，掌握一定的生产知识和技能，以适应和促进社会的要求。同时，他还要学会在现存的生产关系中生存，要具备与他未来的地位相适应的思想意识、道德品质，这些都是要在教育中获得的。对于社会来说，教育也起着重要的作用。社会要存在下去，就要源源不断地培养新的合格的社会成员。人的社会化程度有高低之分，当人接受了中等教育以后，他只是获得了生存的最基本、最普通的知识和能力，具有了一定程度的社会化。

然而，人的社会化过程是一个漫长的过程，这一过程会伴随人的终生，完成了中等教育并不等于完成了社会化的过程。接受了中等教育之后，仍有许多人希望继续获得高深的知识，获得更高的社会地位，而社会的发展，也需要有尽可能多的人获得并且创造更多、更加高深的知识，以使人的社会化程度不断向更高的层次发展，并推动社会的进一步发展。高等教育担负着中等教育之后人的进一步社会化的重任，这种社会化不仅使人更好地适应现存的生产力和生产关系，更为重要的是还必须促进生产力的发展和生产关系的演进。初等教育主要解决的是基本适应社会的问题，只是使人实现初步的社会化。高等教育则是适应与促进的结合，它培养出来的人具有高深的专门知识，对于推动社会的发展具有根本性作用。独立的科学研究机构，主要任务是科学研究，他们通过认识世界、揭示自然规律来为社会服务。

高等教育具有其特殊的矛盾，正是这种特有的矛盾贯穿于高等教育的始终，并推动高等教育不断向前发展。高等教育的特殊矛盾是高级专门人才的培养要求与完成完全中等后教育的人的实际状况之间的矛盾。高等教育的重要任务之一就是培养高级专门人才，这表明高等教育对学生提出的社会化的要求比较高，然而学生入大学之初时的社会化程度相对于高等教育的要求仍有很大的差距，高等教育要想使这些完成完全中等教育的学生实现更高程度的社会化，使他们的思想品德由成熟发展为比较成熟，由知之不多到知之甚多，由身体单薄到身体强健，就必须在高等教育活动中付出艰苦的努力。可以说，高等教育活动过程中所采取的一切措施和行动都是为了缩小乃至最终消除“要求”与“现实”之间的矛盾，这一矛盾不消除，个体的高等教育过程就不能算作完成。然而，由于社会发展会不断向高等教育提出新的要求，而且不同时代、不同背景的学生又不断进入高等教育系统接受高等教育，因此，在整个高等教育领域，“要求”与“现实”的矛盾将会永远存在，贯穿高等教育过程的始终，并且决定和支配高等教育过程中的其他矛盾。可见，高等教育的这一特殊矛盾使高等教育永远具有“培养完全中等教育后的人的社会活动”的属性。要解决好高等教育的特殊矛盾，必须从“要求”与“现实”两方面着手，一方面与社会的发展相适应，处理好高等教育与社会政治、经济、文化等方面的关系，另一方面高等教育自身也必须适应学生的身心发展规律，培养全面发展的人。

高等教育是教育的一个层次，具有教育最一般的、普遍的本质属性。虽然高等教育与其他教育之间在形式、内容、科类、程度等方面都有不同，但对于教育的本质来说是从属性的，是同类事物之间的差异。教育的本质是文化和人的双向建构。尽管高等教育是教育系统中最高层次的教育，尽管它不仅仅是适应和传承文化，还反思文化、批判文化、创新文化、引领文化，不仅仅是“制器”，还“成人”。但高等教育首先是教育，因此高等教育的本质与教育的本质是同一的，高等教育的本质仍然是文化和人的双向建构，只是这种“文化”和“人”都处于文化和人的较高级层次和阶段。

2. 高等教育的内在发展逻辑

(1) 高等教育的源头。在人类古代文明史中，无论东方还是西方都曾经产生过类似于今天大学的组织或机构，并进行着传播和研究高深学问的活动。但今天的教育史学家一般把欧洲中世纪大学看作高等教育或大学的源头，并把大致19世纪之前的大学统称为传统大学或高等教育，以区别于19世纪之后的现代高等教育。在欧洲历史上，“中世纪”被人们称为“千年黑暗时代”。但就是在这一千年黑暗时代中却产生了被誉为人类中古史上最为璀璨耀眼的人类智慧文明之花——中世纪大学。中世纪大学的社会地位、办学理念、组织结构等方面与它所处时代的统制文化如此迥然相殊，以至于它成了后人孜孜追问和探索的主题。

英国著名学者哈罗德·珀金指出，“中世纪大学是一个既分裂又分权的社会的偶然产物”①。这指出了中世纪大学兴起的社会原因。中世纪的欧洲除了查理时期有过短暂的统一和神圣罗马帝国的形式上统一之外，从未有过真正的统一。在众多小国领主不断发生冲突和征战中，国家与教会之间也矛盾重重，这导致中世纪的欧洲从没有一个至高无上的权力中心。在这种分裂、分权的、既相互冲突又相互平衡的权力夹缝中产生了源头上的高等教育。

行会是中世纪最为普遍的一种社会组织形式，是城市生活的基本单位。它是商人或手工业者为保护自己的利益而自发聚集起来形成的。他们通过行会可以相互学习技能，也可以团结起来维护本行会成员的利益和安全。这种商人或手工业者带头组织的行会活动很快成为其他阶层人士模仿的对象，学者行会(universitas)就是这种模仿的产物，它是中世纪大学的原型。当时有两个最著名的行会，一个是意大利的博洛尼亚从事法律研究的学生组成的“学生行会”，该行会的学生多数来自欧洲各地，没有公民权利，因而他们组成行会以保护他们在城市生活的各种利益。另一个是巴黎由研究神学的学者组成的“教师行会”，教师们组织行会的目的在于增进知识以及保护他们管理大学生活的权利。

① [美]伯顿·克拉克．高等教育新论——多学科的研究[M]．杭州：浙江教育出版社，1988：24.

学者行会的产生使得知识的增长和高深学问的研究可以以集体的方式进行，使人们在学习和探索的过程中更加高效，不断地提高学术水平。在这种行会发展过程中，自治、平等、独立等观念渐渐萌芽生长，成为后来大学传统的源头。

中世纪大学的产生和发展也受到了教会的深刻影响，尽管学者行会对学者的安全和利益以及传授和研究高深学问的自由具有一定的保护作用，但这种行会性质的保护是相对脆弱的，它需要更为强有力的保护。教会作为中世纪最大的权力拥有者，当然成为学者行会希望寻求的保护依托。许多学者行会就是通过获得教会或主教颁发的特许状而获得保护和其他诸多自治权利的。除此之外，教会还给予学者行会以经济上的支持，例如通过设置奖学金和教产补助来支持学者进行学术研究，资助经济困难的学生。除了对学者行会的保护和支持外，教会的价值观、知识观对学者行会传播知识和研究学问也有很大影响。中世纪教会坚持认为各种知识具有内在联系，致力于对各种知识兼容并包，把它们转化为对生活的完整认识。学者行会受到教会的影响，一方面产生了诸如法律、神学、医学等专门化的知识，另一方面也坚持把所有学科相结合，促进知识的综合化。

中世纪欧洲的另一个重要的机构是修道院，它是由志在献身研究工作、对社会生活进行深入思索和祈祷的人组成的，它最大的特点是脱离直接的社会生活，与社会保持相当的距离。受修道院的影响，中世纪的大学也力图使自己成为一个远离尘世纷争、远离社会、专心于高深学问的传播和研究的组织。虽然如此，中世纪的大学还是为教会和世俗政府培养了不少人才，尤其是教会和世俗政府所办的大学更是如此。但培养人才并没有阻碍学者们研究高深学问和传播知识，培养人才实际上是大学的额外成果。并且，在教会或国家机关中任职的大学毕业生必须正式脱离大学团体，放弃对大学事务的表决权。可见，中世纪的大学在努力追求一种不受外界干扰、不屈服于世俗功利的自由研究学问和传播知识的“象牙塔”境界。中世纪大学虽然与社会保持距离，但并未完全与社会隔绝，它也对社会进行批判和抨击，只是它用学术辩论的方式，在知识的层面进行批判，而不直接介入政治和社会活动。因此，中世纪大学在当时教会和世俗政府的统治之下能够生存下来。中世纪大学通过与社会保持距离，保护了自己传播知识和研究学问的权利，对后来的高等教育理论研究产生了重要的影响。

(2) 中世纪大学的特征。中世纪大学是从学者行会发展而来的，它更像一个学术研究组织而不像一个严格意义上的教育机构。因为它的主要目的是传播知识和研究学问，而培养人才只是它的"副产品"，而且从 universitas（学者行会）的意义来看，它只是一个由学者组成的"知识共同体"。但是从现代教育的视角来看，中世纪大学在传播知识的过程中也确实存在着教学活动，并实际上也进行着人才培养，只是当时的教学方式方法与今天的高等教育教学大为不同而已。总体来看，中世纪大学具有以下几个特征：

第一，自治与自由。自治是学者行会的主要特征，也是行会追求的目标。中世纪大学排斥自身之外的世俗社会和教会对大学事务的干涉，大学内部事务由学者自己协商解决，知识传播和学术研究活动也由自己解决。一旦大学受到世俗力量或教会的干涉，学者行会就会采取诸如迁移、罢教、罢课等方式进行抗议和抵制。牛津大学迁离巴黎就是因为学者对当局的不满，剑桥大学从牛津出走也是出于类似原因。由于大学的存在有利于当地经济的利益，学者们常以迁徙为武器维护自身的权利。而教会和世俗当局也认为大学的存在有益于培养人才、传播知识和发现真理，一般也会赋予大学以自治权力，他们颁发给大学特许状以明确规定大学的自治权和其他特权。中世纪大学的学生来自欧洲各地，他们常与当地人发生冲突，为了保护学者的权利，大学享有设立特别法庭的权利，学者与大学之外的人发生冲突或诉讼，都由大学审理，如此一来，自治便成为大学维护学者权利和保护知识传播及学术研究的有力武器。

学术研究的自由是中世纪大学所遵循和追求的又一准则和目标。由古希腊诸多哲学家和学者倡导和践行的自由研究和自由探讨的学术自由思想由来已久，中世纪大学通过获得自治权力而为后世奠定了学术自由的基础。古希腊时代流传下来的学术自由是指学者可以不受限制地讨论任何学术问题而不受追究。中世纪的教会和世俗当局认为，学术自由是获得真理的必要前提和方法，真理会在自由讨论中越辩越明，因此他们给予大学学术自由以支持。在学者们看来，学术自由是传播知识、探究学问和真理的最基本保证，失去学术自由不仅会阻碍知识的传播和探究学问，而且会扼杀学术生命，还会使学者的研究失去基础和意义。不过，这种学术研究的自由只限于学术范围之内，而不能越出学术范围介入社会和世俗政治活动。

第二，以传播知识和探究知识为鹄的。中世纪大学里学生和教师的身份界限是模糊的，他们以围绕某一方面的问题或知识辩论或讨论的方式进行学习和研究，在这一过程中，师生双方是平等的。这种辩论或讨论既是一种研究过程又是一种教学过程，师生都在这一过程中加深了对知识的理解，取得了进步。中世纪大学的目的不是直接为世俗社会或教会培养人才，而是为了传播知识和生产知识，是“为知识而知识”。中世纪大学就是储存历代所积累的知识的地方，它培养学者的目的纯粹是为了传播学问。学者到世俗社会政府或教会中任职完全是他个人的事，与大学无关，而且如果学者要这么做，大学就会中断与他的联系。学者在大学或行会内部不追求知识的实际应用，只是追求知识在理论和逻辑上的推论和演绎。学者的主要活动是针对某一主题进行辩论，知识的运用是为了进一步获得知识，而不是为了在生产生活中的具体运用。培养人才是为了传播知识，学术研究是为了增进知识，这是中世纪大学的又一特征。

第三，大学批判社会文化。中世纪处于“千年黑暗”时期，宗教文化气息十分浓重。中世纪大学既以传播知识、探究学问为主旨，就难免会涉及真理的谬误问题，类似信仰与理性、上帝与俗民等常常成为大学学术研究和辩论的主题。尽管当时的学术自由只限于学术范围之内，但学术逻辑及辩论往往使研究越出学术而触及世俗社会的思想和文化。中世纪最大胆的神学家、著名的法国学者阿伯拉说：“继续不断的、经常的质问，乃是获得智慧的第一把钥匙……，为了怀疑，我们才能探讨；为了探讨，才能发现真理。”①阿伯拉提出的讨论主题多是诸如信仰与理性、是与否等关于宗教和精神方面的问题。探讨和辩论这类问题不可避免地要触及世俗社会的文化和统治制度，并且要对之进行批判，这就会引起政府当局和教会的不满，进而遭到压制甚至镇压。但中世纪的学者并未因此而放弃其学术理性和探索，反而以更为激烈的方式批判社会文化。阿伯拉本人在当时就被称为“不屈不挠的犀牛”，被奉为反权威的偶像和英雄，最大胆的神学家。中世纪大学以与社会保持一定距离的理念来处理大学与世俗社会以及政府的关系，但并非表明大学完全放弃了对社会的批判。在当时宗教和世俗社会两种统治权力夹缝中，大学以自己独特的地位和作用获得了生存空间，使其有可能对社会文化进行批判。同时，大学与社会保持一定的距离，避免了与社会同流合污，从而使大学能够头脑清醒地对社会现实与文化进行审慎地思考和批判。尽管并非所有的大学都能充分发挥对社会及其文化的批判作用，甚至有的大学还沦为“统治阶级的知识之翼”，但大学在其永无止境的传播知识和追求

① 转引自：潘后杰，李锐．欧洲中世纪大学兴起的原因、特点及其意义[J]．四川师范大学学报(社会科学版)，1993(3)：28.

真理的过程中，必然会对现实社会进行批判，这是大学作为“知识共同体”的题中应有之义。

第四，大学内部管理的民主化。中世纪大学是一种学者行会组织，这种学者行会的性质要求其内部管理采取民主的方式。因为该行会是学者自愿组织起来的，学者之间虽有师生关系，但他们之间是平等的，并无等级之分。学者之间的平等关系反映到内部管理上就是民主管理模式。如在意大利的博洛尼亚大学这所“学生大学”，学生自己制定规章制度来管理自己的生活，调节内部关系，每个学生都有选举教师和院长的权力，并有权对大学的重大事务进行表决。“大学像城市公社一样，是以共同誓约的道德关系与法律关系为基础的学生公社。”[①]在巴黎大学这所“教师大学”，每个教师在确定学术水平、教学大纲、选择学生、考核学生等方面都有相同的权利。大学的每个正式成员都有选举权和表决权，都可以参加校长选举，决定学校事务。中世纪大学的这种民主管理模式，能在欧洲中世纪世俗政府和教会的专制环境中诞生、发展起来着实是一个奇迹，这也是中世纪大学被誉为“千年黑暗时代”的“绚丽之花”的原因之一。这种民主管理模式也成为后世大学自治理念的源头，并为后来历代大学的学者所追求和向往。

(3) 文艺复兴之后高等教育的转向。中世纪大学由学者组成的行会而来，它是现代高等教育的肇始，但是现代高等教育并非由中世纪大学直接突变而来。作为学者行会，中世纪大学以传播知识和探究学问为鹄的，但由于中世纪时期宗教文化处于主流和统治地位，因此中世纪大学所传播的知识和研究的学问不可避免地留下了宗教的烙印。中世纪大学向现代大学演变的过程中经历了一个世俗化的阶段。高等教育的世俗化是传统高等教育向现代高等教育转变的一个承前启后的阶段。欧洲历史上的文艺复兴运动和宗教改革以及民族国家的兴起，对于中世纪大学的世俗化及其向现代高等教育的发展产生了重要而深远的影响。正如德国学者弗·鲍尔生所指出的：“没有文艺复兴运动就不会有宗教改革运动的产生，更不会有后来思想与学术的发展。因为哲学与自然科学，以及史学和人文科学，无一不是在文艺复兴运动的雨露滋润下成长起来的。从以封建为基础的中世纪国家，过渡到以民族文化和民族教育的利益为基础的现代国家，如果没有文艺复兴运动，也同样是不可想象的事，从中世纪末到

① [英]克里斯托弗·道森．宗教与西方文化的兴起[M]．成都：四川人民出版社，1989：214．

现代历史性时期的开始，这一百五十年间，文化与科学在广度方面的迅速发展，学术与教育在推行的范围方面不断扩大，都应毫无疑义地归功于宗教改革运动。”①

文艺复兴时期是西欧历史上一个重要的历史时期，它不仅仅是欧洲古典文学和艺术的复兴，而且也是西方社会的历史由中世纪向现代社会转型的全面变革时期。这一转型是以文化为先导，并以文化价值观念的变革为推动力量的。文艺复兴的最直接的成果和表现形式就是人文主义文化的勃兴，进而导致了西欧文化从中世纪基督教文化中解放出来，进入一个新的文化时代，并初步展现了科学文化的曙光。

文艺复兴实际上是古希腊、古罗马文化的再生和繁荣，它的产生与中世纪后期西欧经济和文化的现实状况密切相关。马克思主义认为，任何一种文化的出现都有其深刻的社会历史原因，经济的发展在其中起着主导作用。文艺复兴运动和人文主义文化之所以首先在意大利出现而后波及西欧各国，主要是因为意大利首先出现了资本主义萌芽。据编年史家乔凡尼·维兰尼的编年史记载，资本主义生产关系于 14 世纪最早发生在佛罗伦萨的毛纺业工场中。② 资本主义的发展促进了社会财富的增加和人们生活方式的改变，进而引起人们价值观念的深刻变化，自由、民主、财富不再被视为罪恶之源，反而成为人们追求现世幸福和价值的指向。新生的资产阶级价值观和世界观使得人文主义文化获得了广泛而深厚的社会基础。

在整个中世纪，基督教文化都是欧洲的统制性文化，其宗旨是鄙视财富、主张禁欲和修行，以求灵魂得到拯救，能够进入天堂极乐世界。随着商品经济的发展和城市的兴起与发展，基督教文化赖以生存的社会经济基础逐渐衰弱，遇到了严重的挑战。在这种挑战面前，无论基督教组织还是基督教教士，都没能抵制世俗社会的种种利益和享乐，没能恪守基督教文化的基本宗旨，使基督教由信仰危机走向衰落，最终失去了基督教文化的主导性地位。基督教信仰的普遍衰落使基督教文化失去了精神支柱以及整合各种社会价值观念和社会力量的凝聚力。在这种情况下，人文主义文化应运而生。人文主义文化是一种世俗文化，它与中世纪基督教文化枯燥的教条主义和冷酷的禁欲主义迥然相异。它

① [德]弗·鲍尔生. 德国教育史[M]. 北京：人民教育出版社，1986：61.
② 张椿年. 从信仰到理性——意大利人文主义研究[M]. 杭州：浙江人民出版社，1993：16.

张扬人性，主张追求尘世幸福和人的个性的圆满发展，这与资本主义萌芽时期出现的资产阶级价值观相契合，成为人们反对封建神学的思想武器。

文艺复兴是欧洲历史上具有空前意义的思想文化运动，它对整个欧洲的政治、经济、文化都产生了十分重要的影响，对高等教育也同样影响深远。文艺复兴对高等教育的影响主要表现在以下几个方面。

首先，文艺复兴促进了大学由远离社会到逐渐走向世俗社会。中世纪早期的大学是一种具有浓厚宗教色彩的教育机构，这一点可以从中世纪大学的培养目标和教学内容上看出来。文艺复兴以后，大学的宗教色彩逐渐淡化，世俗化倾向越来越明显，渐渐成为主导性的特征。但这种世俗化不是一蹴而就的，而一个渐进的过程。如道森所说："在14～15世纪，当学者们继续实现学术复兴而政治家们也正在把基督教世界的秩序改变成一种新的国家体系的时候，平民百姓的头脑仍然沉浸在中世纪历史的宗教氛围之中。"[①]此时，高等教育的世俗化还只是一种倾向，是高等教育向世俗化发展的一种渐强的趋势。高等教育的世俗化首先表现为培养目标的世俗化。中世纪大学主要是培养神职人员，大学毕业生大多进入教会工作。

文艺复兴之后，为社会培养统治人才和各种精英成为大学的主要培养目标。与此同时，欧洲各国都对传统的中世纪大学进行了世俗化改造。如英国在神学教育之外，提出了旨在培养学者和绅士的自由教育，德国通过建立新的世俗性大学或对传统大学进行改造，而使大学转向为贵族和精英阶层服务。在整个欧洲基本上形成了神学教育与世俗教育并驾齐驱的两种教育体系。世俗性知识成为大学课程的内容，大学内部的课程结构发生了变化。中世纪早期，基督教文化占统治地位，大学教学的知识也是神学性的，神学知识是人们的精神和信仰追求。文艺复兴运动的兴起使人文主义文化和知识得到彰显，基督教文化逐渐式微，神学知识失去了其统治性知识的地位，关于自然、社会的知识以及古希腊和古罗马的人文知识占据了主导地位，成为大学教学的内容。"当时牛津大学的《学生指导》中明确指出，大学是为牧师和绅士提供自由教育的场所，大学的课程设置必须以古典人文主义教育作为核心内容。剑桥大学的《学生向导》也指出：首先学习逻辑学，其次学习亚里士多德的《论器官》以及其他哲学家

① [英]克里斯托弗·道森.宗教与西方文化的兴起[M].成都：四川人民出版社，1989：253.

对其的注释和评注，此外，物理学和形而上学也是课程中规定的内容。”①教学内容世俗化的同时，大学的学科和课程结构也走向世俗化，统领各学科的神学为哲学所取代。

大学教育对象的世俗化。随着基督教文化的式微和资本主义的进一步发展，越来越多的世俗阶级人士及其子弟获得了进入大学学习的机会，尤其是富裕的绅士贵族子弟、商人和自由民的子弟大量进入大学学习，以获得一种文雅教育，或通过大学教育来提高和巩固他们的社会地位以及谋取经济利益。休·尼克指出：“1530～1570年期间的某段时间里，绅士阶级子弟开始大量进入牛津、剑桥。大学不再仅仅是教会的教育机关。它们开始至少是部分地适应世俗统治阶级对教育的需要，……1500～1600年期间大学经历了一次社会职能的变化，它们从从事特定的专业训练的机构转变为起社会统治的工具作用的机构。”②

其次，高等教育的民族化趋势。在中世纪的欧洲，各个民族国家尚未形成，整个欧洲以共同的宗教——基督教和共同的语言——拉丁语作为纽带联结为一体，处于“统一”的状态。因此，中世纪大学不受国界的限制，可以在欧洲任何适合它生长的地方发展起来，从而具有“国际性”。当时的学者也没有固定的国籍，哪里有著名的学者讲学，众多学者和学生就云集哪里，大学可以不受地域限制地自由迁徙。这些条件为中世纪大学的“国际性”提供了条件和基础。文艺复兴之后的宗教改革导致了原来统一的基督教世界的瓦解，不同教义和信仰的宗教组织和教会纷纷成立，民族国家也不断出现，中世纪大学的“国际性”渐渐消失，继而是大学教育的民族化特征的出现。各独立的民族国家争相举办自己的高等教育机构，众多宗教团体也纷纷设立自己的大学。学者也无法像以前那样自由地云游各地求学和研究了。

文艺复兴之后高等教育的世俗化和民族化过程是同步进行的，二者相互促进、共同发展。世俗化的主要特征是各世俗政权日益强大，其势力渐渐超越宗教神权，从而能够独立地举办高等教育机构，进而加快了高等教育的民族化进程。民族化趋势不仅形成各民族独特的宗教教义和信仰，建立其自己的教会组

① 黄福涛. 欧洲高等教育近代化——近代法、英、德高等教育制度的形成[M]. 厦门：厦门大学出版社，1998：43-44.

② 转引自：[美]伯顿·克拉克. 高等教育新论——多学科的研究[M]. 杭州：浙江教育出版社，1988：30.

织，也促进了高等教育世俗化的发展。两者相互作用，共同带来了高等教育的繁荣局面。高等教育的民族化趋势，对于后来的高等教育发展尤其是现代高等教育体系的建立具有重要意义。因为各民族国家具有各不相同的教育理念和追求，建立了不同的高等教育机构，从而大为丰富了高等教育的形式和内涵，改变了中世纪大学的单一性，促进了高等教育的多样化，为现代高等教育体系的建立奠定了基础。各个民族国家在后来的发展中相互竞争和模仿，加速了新型高等教育机构的出现和传播，培育了后世高等教育现代化的种子。

再次，高等教育职能的扩展。中世纪大学是一种学者行会，它以传播知识和研究高深学问为宗旨。尽管它们也有教学活动，客观上也为社会培养了人才，但在根本上它还不是教学机构和人才培机构，教学和人才培养只是它的一种“副产品”。这种机构更加类似于今天大学系统之外的科研机构，例如科学院或研究院。显然，中世纪大学的主要职能不是培养人才。而文艺复兴以后，培养人才成为大学本身追求的目的，在大学中占据了主导地位，这表明大学的职能有了根本变化。虽然这一时期众多学者痴迷于对古希腊、古罗马文化的收集、整理、发掘、考证、解释、研究等工作，但为世俗社会培养人才、造就具有充满人性和文化修养的绅士和统治者已经成为大学最重要的目标。这时，大学对古希腊、古罗马文化的研究已经不像早期中世纪大学那样仅仅为了传播和发现更多的知识，而是为了培养更多的“新人”。同时，这一时期也出现了大学与专门性研究机构的分离，在大学系统之外还产生了专门的研究机构，如15世纪意大利的每一个重要城市都建立了学园以研究古典文献，促进学术的传播和发展，威尼斯、佛罗伦萨、罗马和那不勒斯等地的学园是当时最著名的专门的学术研究组织。学术研究组织的大量出现使得大学有可能把主要力量用来培养人才，从而加速了大学职能的转变。文艺复兴运动引发的大学以培养人才作为主要目标这一事实，超越了早期中世纪大学仅仅把传播知识和研究高深学问作为首要目标的限制，实现了高等教育历史上首次职能的重要转变。

(4) 高等教育的内在发展逻辑。《现代汉语词典》对“逻辑”的解释是：① 思维的规律；② 客观的规律性。事物发展的逻辑，也就是事物发展的客观规律性。高等教育发展的逻辑也即高等教育发展的客观规律性，这种规律性是经历史长期检验和证明了的，其存在是不以人的意志为转移的。中世纪大学作为高等教育的源头，在经历了几个世纪的发展之后，伴随着社会政治、经济、文化等社会环境的变化，也在形式和职能方面发生着变化，高等教育的发展逻辑也在悄然变化。从17世纪资产阶级革命爆发，欧洲高等教育在发展中日渐壮大，到20世纪美国高等教育在学习、吸收了欧洲高等教育的精华并结合自己的实际之后的异军突起，建立了世界上最为发达和强大的高等教育系统；世界高等教育的中心从最初的意大利经由法国再到英国，又由德国再到美国。在不到一千年的时间里，高等教育这朵全人类最为璀璨夺目的智慧文明之花历经无数的考验和艰辛之后一路走来，直到今天成为社会发展的“动力站”和“轴心机构”，成为任何一个国家和民族发展强大必不可少的重要机构之一。从中世纪的学者行会，到今天异彩纷呈的高等教育系统，全人类在长期经营高等教育的过程中已经积累了丰富的经验，高等教育也在长期的演进过程中积淀起了自身经得起检验的不可违背的内在发展逻辑，这种发展逻辑将在高等教育未来的发展过程中继续起到规律性的作用。高等教育的内在发展逻辑归结起来有如下几个方面。

第一，大学自治。自中世纪学者行会建立之时，就以自治作为自己的精神追求。在有关大学与政府和社会关系的论述中，最核心的问题就是大学自治问题。大学自治是高等教育诞生近千年以来被西方高等教育界奉为圭臬的学术传统和根本理念，也是高等教育发展、演进的内在逻辑。大学自治的意涵在于，大学应免受政府的干预，依照法律独立自主地办学，以维护大学传播知识、探索真理并客观公正地批判和引导社会的神圣使命。大学的自治能够保证大学免受外界的干涉和限制，从而专注于自己的学术目标。大学自治是从高等教育源头流传下来的发展逻辑，同时该逻辑也是与时俱进的。传统意义上的大学自治是指中世纪以来西方大学所信奉的大学免受教会和世俗政府的干预和控制，确保大学充分的学术自由，以使大学能够专注于自己的研究目标，自由、自主地决策和处理大学内部所有事务的权利。现代意义上的大学自治，是指大学妥善处理与政府、社会的关系，以避免受到外界对大学内部事务侵犯和干涉，保证大学在教学、科研、组织管理、技术开发和社会服务等方面的自主和自由，依法自主办学。

《中华人民共和国高等教育法》第十一条规定：“高等学校应当面向社会，依法自主办学，实行民主管理。”《中国教育改革和发展纲要》也指出，要“使高等学校真正成为面向社会自主办学的法人实体”。大学自治作为大学的一种权力和理念，是大学的内在规律，是大学必须坚持的，大学必须最大限度地在可能的范围和条件下争取这一权力。如果大学缺乏必要的基本的自主权，势必会失去动力和活力，使大学的教育目标落空，也会降低作为教育成果的大学毕业生的质量，从而有可能窒息大学的生机，阻碍大学的可持续发展。世界高等教育发展史上已有这样的前车之鉴，1650～1800 年这一世界高等教育史上的“冰河期”就是一个深刻的教训。如恩格斯指出的，这一时期“科学只是教会的恭顺的婢女，不得超越宗教信仰所规定的界限，因此根本就不是科学”①。

美国著名高等教育家、哈佛大学第 25 任校长德里克·博克列举了大学自治给美国高等教育发展带来的积极因素：① 自治形成了校际之间的竞争，并成为调动和发挥大学积极性、主动性和创造性的巨大动力；② 自治和竞争增强了学校的适应能力、应变能力和强烈的责任心、使命感与进取精神；③ 自治制度鼓励并易于形成大学内部的改革与革新；④ 自治能够促进高等教育的多样化，有利于满足社会各种层次与各类人员的不同需求；⑤ 自治制度具有内在固有的保护性质，可以防治大学只受某一集团控制的危险；⑥ 自治制度具有防止严重错误判断的内在机制；⑦ 自治制度能够防止政治骚乱的扩散，易于妥善处理校内甚至由校内波及校外的偶发事件。②

大学自治在不同的社会、不同的时代有不同的内容，但其基本内容是相通的。美国卡内基高等教育委员会界定，大学自治的范围包括学术领域和非学术领域两方面，主要有以下几点：① 指定资金使用之特殊目的；② 支出费用仅受审计上的监督；③ 决定大学雇员的分配、工作负担、薪资及升迁；④ 选择教师、行政人员及学生；⑤ 建立有关等级、学位授予、开设课程及发展计划上的学术政策；⑥ 研修有关学术自由以及研究和服务活动的行政政策等。③ 1957 年，美国联邦最高法院大法官费利克斯·弗兰克福和约翰·哈兰在斯韦泽诉新罕布什尔州一案的协同判决书中阐述了大学自治的深层含义：“在一个大学中，知识就是它自身的目的，而不只是达到目的的手段。……大学的任务即在于提供一个最有益于思维、实验和创造的环境，那是一个可以达成大学的四项基本自由——自己决定‘谁来教？（Who may teach?）’‘教什么？（What may be taught?）’‘如何教？（How it shall be taught?）’以及‘谁来学？（Who may be admitted to study?）’——的环境。”④德里克·博克认为：“美国大学最突出的特点之一是享有显著的不受政府控制的自由。已经受到社会承认的学院或大学，

---

① 马克思恩格斯选集：第 3 卷[M]. 北京：人民出版社，1995：706.
② [美]德里克·博克. 美国高等教育[M]. 乔佳义，译. 北京：北京师范学院出版社，1991：11-21.
③ 周志宏. 学术自由与大学法[M]. 台北：蔚理法律出版社，1989：121.
④ 周志宏. 学术自由与大学法[M]. 台北：蔚理法律出版社，1989：78-79.

无论公立或私立，都有权不经政府审查而自行任命教授和决定所开设的课程，私立院校有权自由挑选学生和自行分配经费。”①

显然，当今时代，大学自治已经成为为各国所接受和遵循的一条基本规律。无论发达国家还是发展中国家，都在努力通过立法的形式来扩大和保障大学的自治权。政府对大学的控制正在逐步由国家控制模式(state control model)转向国家监督模式(state supervising model)，通过下放一些权力(deregulation)来进一步调动大学的办学积极性、主动性和创造性，以求进一步提高教育质量和办学效益，更好地推动社会发展和国家的进步。联合国教科文组织也通过各种形式积极推动逐步扩大和巩固大学自主权。联合国教科文组织在1997年11月通过的《世界高等教育宣言》中强烈呼吁各国政府积极维护大学的自主自治权力和法人地位。国际大学协会在世界高等教育大会召开前夕发表了《学术自由、大学自主和社会责任》的声明，并受教科文组织委托起草了维护大学自主权力的国际公约。由此可见，政府逐步减少对大学的干预和控制，赋予大学以更多的自主权和更大的办学自由，已经成为世界高等教育发展的大趋势。

关于大学自治的具体内容，众多学者都从不同的角度作过论述。哈佛大学前校长德里克・博克的观点是，美国大学受政府的控制较少，享有的自治权力较多，主要为以下三方面：一是任何团体和组织都可以依据自身或地区的需要而组织建立私立大学，公立大学由州或社区自由举办，无须审批。这就使得创办大学的门槛大为降低，大学的发展也有相当大的自由。二是大学办学经费的来源多样化，使得大学免于较多地受某一方面的控制。三是大学都实行高度分权的学院制。他同时认为，在大学同政府的关系方面，大学也应当积极努力争取政府的认可、支持与合作。政府也应采取多种灵活方式，尽量维护大学的自治权。他建议采取以下四种方案管理大学的自治权：立法禁止；设立限制程序；提供替代形式；利用市场规律和竞争法则自然筛选。② 我国台湾学者胡庆山教授认为：一般而言，大学自治在内容上有以下几项：① 研究与教育的自治；② 人事的自治；③ 教授会的自治；④ 设施管理的自治；⑤ 财政预算的自治；⑥ 学生自治；等等。

别敦荣教授从学术的视角指出，现代大学应拥有以下六项自治权：一是制

① ［美］德里克・博克．美国高等教育［M］．乔佳义，译．北京：北京师范学院出版社，1991：3-4．

② 赵一凡．美国文化批评集：哈佛读书札记(一)［M］．北京：生活・读书・新知三联书店，1994：34．

定组织条例和章程的权利，可由学校董事会制定有关大学的组织法规，决定大学的学术和行政机构的设置和调整；二是分配和使用大学经费的权利，大学有权根据学校学术发展规划编制学校收支预算计划，决定学校的财政政策，确定学校的筹资策略；三是招生自主权；四是任用教师的自主权，学校有权独立自主地处理教师任用问题，包括教师的聘任、使用、晋级和解聘等，政府不予干涉；五是设置课程的自主权，大学有权自主决定开设、取消或削减什么课程，以及获得学位所必须达到的课程标准；六是授予学位的自主权，大学有权规定学校的学位要求、考核的方式方法以及授予学位的程序等。①

上述学者从不同角度论述了大学自治的内容，虽言人人殊，但从理顺大学与政府的关系、确立大学的法人地位、转换大学管理机制、提高高等教育教育质量、增强办学活力的角度以及从大学主动适应国家经济建设和社会发展的需要、明确大学的权利、责任、义务的要求概括和总结，大学自治权应主要包括以下几个方面：① 决策权。大学应有权根据自身情况和特点制定战略发展规划，决定学校重大事项，包括制定各项政策和改革方案、培养目标、招生计划、专业设置、科学研究、社会服务、对外交流等。② 学术权。大学应有权依据学校的章程、政策和制度自主决定教学计划、课程设置、教材的选择，有权规定学生学业标准及考核方式和学位授予条件、程序，有权就本专业领域的学术问题发表言论和出版著作，在遵守国家有关法规、政策的前提下有权自主决定对外人员交流和学术交流，有权决定校内各种学术及其相关事务。③ 人事权。人作为社会和高等教育存在的前提和基础，是高等教育发展的目的和意义之所在，大学要实现自治，尤其要拥有人事的自治权利。大学应有权决定校内组织机构的设置，有权任命和调整校内管理人员，有权依据教学和科研需要对各类人员进行遴选、评聘、使用、考核、晋升和解聘，有权从国内外引进办学所需的教学、科研、管理等各类人才。④ 财政权。财政经费是高等教育发展所需的物质基础，拥有独立的财政权是大学自治又一重要标志。大学应有权编制学校财务预算，制定筹资策略和方案，自主统筹使用学校经费，有权分配学校经费的使用方向，有权制定学费标准等。

上述四项权力基本上概括了大学自治的内容，这一模式既是一种理论模式又是一种理想模式，它的实现有赖于政府、社会和大学自身共同努力以及协同

① 别敦荣. 中美大学学术管理[M]. 武汉：华中理工大学出版社，2000：63.

和配合。随着社会的发展和高等教育的演进，大学自治的内容也会与时俱进。同样，随着人类文明的进步，大学自治这一高等教育的内在发展逻辑也必将日臻完善。

第二，学术自由。现代大学起源于中世纪的学者行会，中世纪的学者行会是由学者为自由地传播知识和研究高深学问而创建的组织。当时的学者就是为了免受外界的干涉和侵犯，能够自由地进行辩论和研究，自由地从事创造性的知识活动，才组织起了自治性的行会组织。自中世纪以来，大学为了维护自身的学术自由，不停地与教会和皇室抗争，与各种世俗权势抗争。可以说，世界高等教育发展的历史就是学者们为争取学术自由而奋斗的历史，直到今天，学术自由仍是全世界大学和学者们孜孜以求的理想和境界。学术自由是科学、文化、教育繁荣和发展的必要条件，也是人类社会繁荣、进步的前提条件。《中华人们共和国高等教育法》第十条规定："国家依法保障高等学校中的科学研究、文学艺术创作和其他文化活动的自由。"这可以看作是学术自由的法律保障。

学术自由是指大学学者研究学问、探索真理的自由，它是大学的精神和灵魂，是大学生机活力的源头活水，追求学术自由是大学发展与进步的题中应有之义。中世纪的学术自由是当时的大学经过长时间斗争从教会和世俗政府那里得到的一种保证师生自愿参加学习、教学和研究活动的权利，是大学教育的精神追求。其含义是指大学学者和学生在从事教学和研究的活动过程中，可以自由选择和自主解决有关学术问题并且公开发表研究成果，可以与有关学者一同自由地探索深奥和有争议的观点，可以在校内外就本人专业范围内的问题自由演讲，而不受教会和世俗政府的干涉或控制，也不受其他学者的排挤和压制。在中世纪以来的高等教育发展史上，学术自由已经被高等教育领域的学者、学生和管理者人员奉为圭臬，被视为高等教育存在和发展的基本规律和内在逻辑。从学术发展的规律来看，学术的进步与繁荣、科学的前进、真理的探索都必须以学术自由作为基本条件。"学术自由与大学自治对于确保大学在高等教育机构中充分发挥其特殊作用至关重要。这并非是有关机构或学术界人士的特权，而是大学完成自身使命和履行国家职责的先决条件。"①

学术自由包含两个含义：一是思想自由、言论自由、研究自由；二是教育教学过程中教的自由和学的自由。教的自由是指教师有选择教什么、怎么教、何

---

① [瑞士]尤斯廷·托伦斯.学术自由与大学自治[J].教育展望，1999(3)：27.

时教的自由；学的自由是指学生有决定学什么、向谁学、何时学、如何学的自由。近几个世纪以来的实践显示，学术自由主要体现为教师的学术研究自由，学生的学习自由则相对欠缺。如别敦荣教授所言："大学教师享有按照自己的学术爱好和学术界公认的标准从事教学与研究的自由；在学术活动中通过言语交谈、书信写作或出版物发表其研究成果的自由；结成学者社团并参与社团活动的自由，以及通过出版物、口头或书信的方式与大学内外、国内外同事及同行进行学术交流的自由。……教师的学术活动只服从真理的标准，不受任何外界的压力。"①

总之，学术自由是大学师生在不受外界干涉和限制的条件下，自由、自主地学习和研究，进行客观地、创造性地学习、研究、表达和交流。美国卡内基促进教学基金会主席欧内斯特·博耶（Ernest L. Boyer）曾经指出："在学术界，最高的宗旨就是对知识本身的追求，就是探究的自由，并以专业的方式沿着自己的调研前进，而不管它导向何处。研究人员的探究精神，是学术界和全世界的无价之宝。"②"所谓学者就是从事研究、出版论文和著作，然后把他们的知识传授给学生，或把研究成果加以应用的学术人员。"③他把学术水平分为四个层面："发现的学术水平；综合的学术水平；运用的学术水平；教学的学术水平。"④学术自由的具体内容应包括以下几个方面："① 大学教师与研究人员应享有自由表达其学术工作心得与研究发现的权利；② 大学教师与研究人员非因能力不足以胜任本身的工作，其职务应受到保障；③ 大学教师与研究人员如受到惩处，应享有为自身申辩与公开解说的机会。"⑤

学术自由作为大学的一项基本权利，是大学发展必不可少的重要条件，也是高等教育发展的又一规律和内在逻辑。这一规律和逻辑是与时俱进、不断发展的，而不是僵化的理论和教条。这里的学术是相对广义的，包括与教学、科研有关的所有活动；这里的自由也是相对的自由，是学术权利与学术责任的有机

① 别敦荣. 中美大学学术管理[M]. 武汉：华中理工大学出版社，2000：65-66.

② 国家教育发展研究中心. 发达国家教育改革的动向和趋势[M]. 北京：人民教育出版社，1994：28.

③ 国家教育发展研究中心. 发达国家教育改革的动向和趋势[M]. 北京：人民教育出版社，1994：22.

④ 国家教育发展研究中心. 发达国家教育改革的动向和趋势[M]. 北京：人民教育出版社，1994：23.

⑤ 郭为藩. 人文主义的教育信念[M]. 台北：台湾五南图书出版有限公司，1994：151.

结合与统一。现代高等教育的发展，使得高等教育机构已经进入社会的轴心，成为社会发展的“轴心机构”，这使得大学的学术自由不应该也无法超越来自社会政治、经济、文化等方面的影响，学术自由应当而且只能是在保持其自由的精神和理想追求与对社会的高度负责相统一基础上的相对自由。

第三，教授(学者)治校。大学自治是高等教育的一个规律和内在发展逻辑，那么大学应当由谁来“治”呢？蔡元培先生说过：“交由教育家去办”。美国著名高等教育学家菲利普·阿特巴赫认为：“世界上所有的大学都源于中世纪欧洲大学模式。”①中世纪最早的大学之一，1150年建立的巴黎大学就是由研究神学的学者和教师组成的，被称为“教师行会”。中世纪大学是以传播知识和研究高深学问为鹄的的，教学是其永恒的职能，而教学的主导力量就是教授。教授一直是“自由之精神、独立之人格”的守望者，是道德良心的尊承者和引领者，是学术和真理的探寻者。在中世纪以来的世界高等教育发展史上，教授治校这一逻辑尽管在不同的国家和不同时期表现形式和程度有异，但它已成为大学发展历久弥坚的理念和规律，也是高等教育演进的又一内在逻辑。学者治校在我国又称为“依靠教师办学”或“民主管理”。

大学主要是由学术人员组成，以知识和学术为主导的组织机构，因此由作为学术代名词的教授管理大学的教学和学术事务成为大学的题中应有之义。“教授治校的内涵基本清楚，即教授参与大学学术事务的管理及其重大学术问题的决策。”②中世纪巴黎大学是教师组成的教师行会，一般不设立专职行政管理人员。教师在招生、教学、考试、学生管理、学位授予和对外交流等方面享有很大的决策与管理权。后来的牛津、剑桥大学也都继承了巴黎大学的模式，教授治校的传统得以很好地发扬并且日臻完善。创建于19世纪初的柏林大学是真正确立教授治校理念并深刻影响后世高等教育的大学。为保证大学师生探究真理的热情并使学术活动免受干扰，柏林大学以讲座教授为主体组成了校务委员会，用以决定办学方针、教学计划等学校重大事务，并且每年一度推荐校长。这就是真正意义上的教授治校的最初形态，后来影响全球，为各国大学所接受并践行。

当今世界高等教育最为发达的美国于1636年建立了第一所高校哈佛学

① [美]菲利普·阿特巴赫.比较高等教育：知识、大学与发展[M].北京：人民教育出版社，2001：2.
② 眭依凡.大学校长的教育理念与治校[M].北京：人民教育出版社，2001：296.

院，当时他们虽然沿袭了中世纪大学的大学自治传统，却未完全尊奉教授治校的传统，而是建立了董事会管理制作为管理大学事务的机构。1824 年哈佛大学九位教授联合向董事会抱怨教授缺乏学校重大事务的决策权，导致了哈佛大学教授要求参与学校学术事务管理的斗争，最终迫使学校董事会将招生和学生教育训练等内部事务管理权交给教授，而保留了制定学校大政方针以及筹集资金等外部事务的管理权。到了耶鲁大学第 13 任校长亚瑟・T. 哈德利(Arthur T. Hadley)主政时期，耶鲁大学已经形成了“教授会立法、校长同意、董事会批准”的管理模式，并由此而奠定了美国大学教授治校的基石。

美国高等教育的发展史表明，美国大学有一个共同的特点就是“教授治校，给教授会较大的决策权和管理权”。美国的教授治校或教授会治校大致归为如下几类：“一是教授个人治校，即个体式治校。教授特别是名教授对学生学习和低一级教师工作进行指导和监督，并对学校决策及常规工作提出意见与建义。二是教授集体治校，即学院式治校。通过大学成立的教授会、各种形式的联合会和专业协会或‘学者共同体’对大学进行管理和制约。三是行会治校即个体式与学院式相结合的一种治校形式。据有关资料介绍，加州大学伯克利分校董事会下面最重要的一个权力机构是‘教授会’，它可以制定学校的整个学术方针、政策和规划。它不仅拥有各种课程的设置或取消权，而且享有学校教学、科研即有关事务的决策权，包括教授的晋升、聘任和解聘、财源的合理使用以及学校未来的总体规划等。……教授特别是知名教授对大学学术事务的控制权更是日益加强。”①正如菲利普・阿特巴赫指出的：“大学由资深教授所控制，由这些资深教授选举自己职衔范围内的人担任某一任期的高级管理职务，管理并没有被看作是一种职业，校长或主管学校事务的副校长一旦卸任就重新任教。”②

教授治校的具体形式没有一定之规，但一般采取教授会、教授委员会、评议会、校务会及其他各种委员会的形式。教授治校的具体内容也比较宽泛，有学者把它归结为如下方面：“① 大学校长及其他重要职位人选之选任；② 教员之聘用与辞退；③ 大学人事任免、奖励、升迁、薪俸、退休、福利等事项；④ 有关学术研究之基本方针与具体计划；⑤ 有关教育之基本方针、学生必修与选修课程之排定及其内容；⑥ 大学招生方式及基准，学生成绩之评定方式、授予学位之标

① 韩延明. 大学理念论纲[M]. 北京：人民教育出版社，2003：317-318.

② [美]菲利普・阿特巴赫. 大众高等教育的逻辑[J]. 蒋凯，陈学飞，译. 高等教育研究，1999(2)：6.

准与方式；⑦ 有关大学研究教育活动所需资金、设施之分配与管理之基本方针；⑧ 有关形成及决定大学、各学院、各学系之组织、职权与程序；⑨ 大学与有关机关之权利与义务之分界；⑩ 有关大学基本方针之重要事项。”①

随着经济全球化和世界高等教育大众化的到来，现代大学已经从社会的边缘走入了社会的中心，大学与社会的关系也变得日益密切和复杂，从而使得完全依靠学术权力和教授治校来经营大学变得越发困难。如美国著名高等教育哲学家布鲁贝克指出的：“就像战争意义太重大，不能完全交给将军来决定一样，高等教育也相当重要，不能完全交由教授决定。”②“行会式的学术权力模式，偏执和保守，排斥改革，在18世纪，英国和美国不得不通过国家立法来打开自治的高等学校的铁门，让新的学科进入课程，其中许多学科与人类利益休戚相关，而学阀们却顽固地将其拒之门外。”③教授治校这一理念在现代高等教育演进过程中出现了弱化的趋势，中世纪时期的教授治校的内涵也已发生了很大变化。如菲利普·阿特巴赫指出的：“现代大学的规模和复杂性增加了科层结构，疏离了教师和学生，削弱了参与意识和共同管理。当前，在中世纪巴黎大学被视为神圣且几个世纪以来受到维护的教授治校的传统可能正面临最严峻的挑战。共同管理的思想，以及肇始于19世纪初德国洪堡思想后来又成为20世纪早期美国大学模式的教授治校的基本要素等，都值得我们深思。……直接的教师控制，或者说有意义的教员参与已经变得很困难了。……在美国，由于学院规模的扩大和责任要求，行政控制削弱了传统上的教授权力。”④尽管如此，教授治校作为高等教育发展的内在逻辑这一事实没有改变，而且以后也不会改变，只是它会随着高等教育现实的改变而需要做出灵活的调整和应对而已。

第四，教学与研究相统一。欧洲中世纪大学诞生时，其主要目的是传播知识、研究学问，主要活动方式是辩论。当时的研究领域主要是古希腊、古罗马的修辞、文法、逻辑等内容，这种“研究”还远非今天意义上的科学研究。当时的教学也不是今天高等学校普遍采用的教学形式，而主要是辩难的形式。回顾历史无疑有益于我们今天的事业。德国著名教育哲学家雅斯贝尔斯指出：“在历史

---

① 贾馥茗.教育与文化——田培林先生的教育哲学(下册)[M].台北：五南图书出版公司，1976：539.

② [美]约翰·布鲁贝克.高等教育哲学[M].郑继伟，等译.杭州：浙江教育出版社，1987：32.

③ [美]约翰·布鲁贝克.高等教育哲学[M].郑继伟，等译.杭州：浙江教育出版社，1987：32.

④ [美]菲利普·阿特巴赫.大众高等教育的逻辑[J].蒋凯，陈学飞，译.高等教育研究，1999(2)：4.

这面镜子中我们看到了当下的狭窄性，并找到了衡量事物的标准。没有历史，我们将失去精神与空气，如果我们掩饰历史，那么在我们不知道何原因的情况下，我们将遭到历史出其不意的袭击。”①虽然现代高等教育起源于中世纪，但“直到18世纪，大学的主要职能还是单一培养人才。当然，在此之前，个别教授也偶然从事过某些研究活动，但大学的科学研究还不普遍，不经常，一般不作为大学的计划内任务，只是纯粹的个人活动。”②

在大学中从事科学研究活动肇始于17世纪建立的德国哈勒大学，该大学不但重视现代哲学和现代科学，还重视思想和教学自由。首任校长托玛修斯就提出在大学教学过程中要加强科学研究。18世纪创办的哥廷根大学也把科学研究视为一项重要内容。德国教育史学家鲍尔生指出：“哥廷根大学不同于别校的优点，是该校使真正的科学研究受到大力的鼓励和支持，其中最主要的是它有经济充裕的设备和富丽的图书室，还有专门的自然科学和医学研究所，……柏林大学最初就把致力于专门科学研究作为主要的要求，把授课效能仅作为次要的问题来考虑，更恰当地说，该校认为在科学方面有所成就的优秀学者，也总是最好的最有能力的老师。在这种理解下，学术研究最终目标乃是取得新颖的知识，于是大可不再以博览群经和熟读百家为能事却要求学生掌握科学原理，提高思考能力和从事创见性的科学研究。”③

1809年，担任普鲁士教育大臣的洪堡在起草创办柏林大学的规划中首次提出教学与科研相结合这一著名大学理念，他认为：“教授不是给予之人，学生亦非接受之人，两者都是研究者及创造者。教授不是为学生而在这里，学生也非为了教授而在这里，两者都是为了学术而在大学。”④在次年建立的柏林大学里，教学与科研相结合这一理念正式得以确立并实施。教学与科研相结合包含“通过研究进行教学”和“教学与研究相统一”这样两个方面。洪堡认为：“大学教授的主要任务并不是‘教’，大学生的任务也不是‘学’，大学生需要独立地自己去从事‘研究’，至于大学教授的工作，则在诱导学生‘研究’的兴趣，再进一步去指导并帮助学生去做‘研究’工作。”

19世纪洪堡创建的柏林大学提出了教学与科研相统一的理念并付诸实践，

① ［德］雅斯贝尔斯．什么是教育［M］．邹进，译．北京：生活·读书·新知三联书店，1991：136．

② 潘懋元．高等教育学讲座［M］．北京：人民教育出版社，1993：53．

③ ［德］弗·鲍尔生．德国教育史［M］．滕大春，译．北京：人民教育出版社，1986：82-125．

④ 周志宏．学术自由与大学法［M］．台北：蔚理法律出版社，1989：15．

这使得高等教育向前进展了一大步，但当时的“研究”主要是指理论及语言学研究，主要采用研究班和研讨课的形式进行的。“在这种课程中，教师诱导学生积极探讨某一个与教师的研究有关的问题，并交给他们进行科学研究的方法。”① 教学与科研相统一的理念由于契合了19世纪科学技术发展的实际需要，在客观上推动了德国大学科学研究的发展。科学研究的深入和专门化发展又进一步推动了科研成果的大量涌现，成就了德国在19世纪初到20世纪上半叶世界科学研究中心的地位。不仅如此，教学与科研相统一这一规律还对世界近现代高等教育产生了深远的影响，为科学研究全面进入大学做了理论铺垫，促成了科学研究作为一种独立于教学之外的活动在大学开展起来，19世纪中叶的许多实验室也在大学建立起来。此后，“研究工作已成为大学学历所必须具备的资格，并且也是教授功能的一部分。研究的技术不再私下传授，通常在大学的实验室和讨论班里进行。”②

教学与科研的结合使德国一跃成为世界科学研究和学术的中心。正如美国教育史学家麦克莱兰(C. E. McClellan)所说：“作为学术和发现中心的德国大学的荣誉，在很大程度上取决于在大学古老的躯干里所包括的这些有生气的机构。”③“德意志帝国时期大学科学研究的发达，也使德国取代法国，成为世界科学的中心。第一次世界大战前42名诺贝尔自然科学奖金获得者中，有14名是德国学者，法国和英国分别为10名和5名，美国仅2名。值得注意的是，德国14名获奖者全部是大学教师，仅柏林大学就占8人。”④

19世纪德国高等教育和科学的发达使得德国成为美国高等教育界学习和效仿的对象。19世纪中后期，不但有许多美国有志青年赴德国留学，而且许多教育家和社会各界人士也仿照德国大学的模式在美国本土创办了以研究为主要目标的大学。如1876年成立的约翰·霍普金斯大学首先建立了研究生院，从而宣告了现代研究生教育制度的诞生。约翰·霍普金斯大学的建立加速了

---

① 国际教育百科全书：第9卷[M]. 贵阳：贵州教育出版社，1990：420.

② [德]约瑟夫·本·戴维. 科学家在社会中的角色[M]. 赵佳苓，译. 成都：四川人民出版社，1994：211.

③ MC CLELLAND C E. State，society，and university in Germany 1700—1914[M]. Cambridge：Cambridge University Press，1980：286.

④ 贺国庆. 近代德国大学科学研究职能的发展和影响[J]. 河北大学学报(哲学社会科学版)，1996(4)：14.

哈佛、耶鲁、哥伦比亚等传统学院改造成为现代大学的进程，并催生了克拉克大学、美国天主教大学、芝加哥大学、斯坦福大学等一批研究型大学的创建，而这些大学正是当今美国的一流研究型大学。因此，可以说，教学与科研相结合这一高等教育内在发展逻辑直接推动了近代高等教育向现代高等教育的过渡，并激活了今天世界研究型大学的基因。

总之，“大学自治”、“学术自由”、“教授（学者）治校”、“教学与研究相统一”这四条规律是高等教育发展的本质规律和演进的内在逻辑。自中世纪大学诞生以来的近千年时间里，世界高等教育由当初的“学者行会”发展到今天社会的“轴心机构”、由“象牙塔”发展到当今社会的“动力站”，无论在形式方面还是在内容方面都发生了巨大变化，但贯穿高等教育发展的一条主线不但从未中断，而且逐渐由模糊走向清晰，成为世界高等教育发展的内在逻辑。高等教育发展的这些内在逻辑是经过全世界高等教育近千年发展实践的检验和积淀而来的，因而也是当代高等教育发展必须遵循的逻辑和“哲学原则”。在人类新的千年纪元里，我国高等教育要想和谐发展进步，也必须遵循上述规律和逻辑。高等教育发展的逻辑源渊于过去的传统，汇注于现在（经过现实一代人的参与），又奔向未来。它不是死去的历史陈迹，而是至今活着的文化生命，是一种历史文化的衍生与流变，它深深熔铸在民族的生命力、创造力和凝聚力之中，成为活着的文化生命。正如德国著名哲学家黑格尔所言：“这种传统并不仅仅是一个管家婆，只是把她所接受过来的忠实地保存着，然后毫不改变地传给后代。传统并不是一尊不动的石像，而是生命洋溢的，有如一道洪流，离开它的源头越远，它就膨胀得越大。”①上述高等教育发展内在逻辑的四个方面是密切联系、互为条件、相辅相成的整体，它们共同支配着高等教育的发展和演进。对之我们应当从整体上加以把握，而不能偏废和忽视其中某一个方面。

3. 高等教育生态观

在本书第二章中已经详细阐述了高等教育生态系统观、高等教育生态整体观、高等教育生态平衡观和高等教育生态调控观，并且论述了高等教育人才资源、物力资源和文化资源分别与高等教育生态系统间的相互关系，这里不再赘述。

---

① [德]黑格尔. 哲学史演讲录·导言[M]. 北京：商务印书馆，1983：8.

4. 高等教育生态系统现状及高等教育资源的现实问题

高等教育系统是一个人工生态系统，其发展是按照自身规律，以长期、持续、稳定地维护数量、质量、结构、效益协调发展为目标，以最大限度地与高等教育生态资源供给能力和社会经济持续发展相适应为准则来选择发展道路。我们通常追求的是高等教育长期连续、相对平稳地发展。但事实上，一个国家的经济和文化会影响高等教育，使其沿着指数振荡式上升的路径发展。①

20世纪末启动高等教育大众化以来，我国高等教育系统受经济发展和市场经济文化的影响，已经出现了失衡状况。在人才资源方面，生师比过高，教师资源短缺严重。从1999年开始扩招，经过三年，全国普通高校学生规模增长近一倍，教师总量仅增长了31%，到2001年，全国普通高校生师比骤然增长为18.2∶1，而广东、四川、上海、江苏等省市则超过20∶1，远高于国际国内公认的14∶1～16∶1的合理区间，成为制约高等教育发展的瓶颈。近几年来，政府和各高校都在积极努力缓解教师资源严重短缺的状况，但合格教师的成长必须花费相当长的时间。在短时间内，可以在数量上明显缓解教师资源的短缺，但质量上却无法保障。急于求成、临渴掘井式的解决办法不但不可能从根本上解决教师资源的匮乏问题，反而会适得其反，为以后长期内的教育质量问题埋下隐患。在物力资源方面，大规模的扩招和国家无力投入高等教育系统更多的物力资源成了一对无法调和的矛盾，于是高校贷款、举债办学成了缓解这一矛盾的无奈之举，成了众多高校热情追逐的“时尚”，但巨额贷款的还本付息又成了诸多高校难以逾越的障碍，也为高等教育的长期发展埋下隐患。到目前为止，以高校贷款为典型表征的物力资源短缺的解决之道尚不明朗，但可以肯定的是，物力资源的严重短缺已经造成了整个高等教育系统的生态失衡。文化资源方面，我国传统文化中根深蒂固的“官本位”思想和价值观念与市场经济过分功利性的弊端共同作用，导致我国高等教育系统中“泛行政化”逻辑和庸俗化、浮躁之风盛行，一系列学术失范现象和腐败丑闻屡见不鲜，这些因素导致高等教育文化资源的逆向生长和蔓延。

显然，自20世纪末启动高等教育大众化进程至今，我国高等教育系统在获得巨大发展、取得巨大成绩的同时也出现了诸多问题，整个高等教育系统出现了生态失衡和调控失灵状况。在人才资源和物力资源短缺与浪费并存、生师比

① 贺祖斌.高等教育生态论[M].桂林：广西师范大学出版社，2005：46.

过高、文化资源逆向生长和蔓延等问题的背后潜藏着深层的生态危机，即高等教育没有按照高等教育生态系统演化的要求向前发展，高等教育生态系统已经出现失衡状况。

总之，当前我国高等教育生态系统在人才资源、物力资源和文化资源方面都不同程度地存在种种问题，虽然它们不一定都表现得非常明显和强烈，但它们共同作用，已经导致高等教育生态系统失衡的现实是客观存在、毋庸置疑的，只有这种失衡状况得到及时扭转，整个高等教育系统才能持续、和谐发展。

（二）高等教育资源生态化配置与培植的特点

20 世纪末启动高等教育大众化进程以来，我国高等教育资源的配置格局已经发生了很大变化，其特点有以下几个方面：① 当前我国高等教育资源配置与改革开放以前高等教育资源配置的最大区别在于配置方式的不同，改革开放以前的高等教育资源配置是以各级政府部门为决策主体，高校作为政府的执行机构按照政府的指令性计划进行资源配置，这是一种以政府计划为主要手段的配置方式；现在的配置方式是以政府的宏观调节为辅助，以众多高校作为资源配置的决策主体，面向社会不同利益主体进行的配置，这是一种以市场为主要手段的配置方式。② 通过与美国等高等教育发达国家高等教育资源配置在历史演进过程、区域统筹管理模式和运行机制等方面的比较发现，当前我国高等教育资源配置尚处于市场配置的初级阶段。③ 当前我国高等教育资源配置在运行机制、决策手段、政府统筹管理方法上有许多计划经济体制遗留下来的痕迹，表明我国高等教育资源配置转变的过程中带有明显的路径依赖倾向。这使得目前我国高等教育资源配置既有别于市场经济发达的国家，也不同于改革开放以前条块分割、分级而治的资源配置格局，而是体现了计划向市场转变的过渡时期资源配置特点。[①]

当前，我国高等教育系统资源配置方式既有计划的成分，也有市场的成分，处于计划和市场两种配置方式并存状况。实际上，我国高等教育资源配置很难再回到完全计划配置的情形，也不可能放弃计划配置转而完全由市场配置，而是将长期处于这两种配置方式并存的状况。

20 世纪末我国启动高等教育大众化进程并快速进入大众化阶段以来，我国高等教育系统快速膨胀，人才资源、物力资源和文化资源都出现了失衡的问题。

① 邵争艳．中国区域高等教育资源优化配置评价与对策研究[D]．哈尔滨：哈尔滨工程大学，2006．

人才资源方面，由于扩招导致学生规模急剧扩张，教师数量明显不足，出现了生师比过高，教学效率降低，培养质量下滑的严重问题。从人才资源生态平衡的视角审视这一问题，我们发现，其实质是高等教育人才资源的短缺与浪费并存，而且，这一问题是导致物力资源的短缺与浪费、进而出现整个高等教育系统生态失衡的根源所在。物力资源方面，本来我国财政性教育经费投入占国内生产总值的比例就长期偏低，不但远低于5.2%的世界平均水平，而且低于发展中国家4.6%平均水平。扩招以后，由于学生规模的急剧膨胀，使得生均教育经费、生均图书、仪器值、教学用房面积等指标直线下滑，为控制这种趋势，政府、高校和社会都努力寻找出路，在政府无力增加经费投入的情况之下，借鉴发达国家的经验，高校贷款这一举措新鲜出炉。于是，全国大多数高校纷纷向银行贷款进行大规模的基建，以缓解扩招带来的物力资源短缺，但几年的实践之后人们发现，高校贷款似乎喜忧参半，因为许多高校仅能还起贷款利息，无法偿还本金，巨额贷款的本金偿还前景令人担忧，甚至有的高校领导明确表示，他们贷款时根本就没打算还。当前，高等教育扩招速度虽然放缓，但并未停止，而国家对高校贷款却进行了严格控制，整个高等教育系统物力资源短缺的局面没有得到有效缓解。文化资源方面，改革开放30多年以来，我国社会主义市场经济建设取得了巨大成就，人们的思想观念、价值观念、生活方式等方面都发生了显著变化，在生活水平明显提高的同时，社会精神文化却未同步提高，发达国家一些负面的东西在我国大行其道。高等教育系统本应具有的引领社会文化、支撑社会道德良心、担当民族精神之魂的功能不但没有发挥，反而跟随在市场和社会时尚文化之后亦步亦趋，出现了两种主要取向：一是我国传统文化中的“官本位”思想根深蒂固，成为学术人员难以割舍的情结，受到他们的热情追捧；二是市场经济中过分功利的负面影响较为严重，功利成了众多高校和高校师生共同热衷的宠儿，他们对功利的热情远超过对学术和真理的忠诚，一系列学术失范现象和丑闻一再上演，成为象牙之塔上挥之不去的阴影和耻辱的瑕疵。高等教育系统中这两种取向共同作用，使得高等教育文化资源在某种程度上的逆向生长和蔓延，成为高等教育系统的“成果”——大学毕业生的综合素质滑坡，进而成为就业困难的重要原因之一。

高等教育系统人才资源、物力资源短缺，文化资源在一定程度上的逆向生长和蔓延，它们共同作用、最终体现在高校毕业生身上，表现出毕业生大面积社会适应能力不强、创新精神匮乏、综合素质不高，与国家经济体制改革等诸多因素带来的对高校毕业生吸纳能力有限一道，造成了大学生毕业就业难的局面在短期内难以根本解决。大学毕业生不能就业是高等教育资源最大、最严重的浪费，它所造成的负面影响是多方面的、非常严重的和相当长远的。如此，高等教育系统在输入端的高等教育资源短缺和输出端的高等教育资源浪费，二者相互纠缠，共同造成了高等教育资源短缺和浪费并存的现状，进而影响了整个高等教育系统的平衡，阻碍了高等教育的和谐发展与可持续发展。

前已经述及，高等教育的本质是文化与人的双向建构，高等教育的内在发展逻辑是大学自治、学术自由、教授(学者)治校、教学与科研相统一。高等教育的本质是高等教育区别于其他事物的根本性标志，是高等教育之所以存在的根本依据；高等教育的内在发展逻辑是高等教育在长期发展、演化进程中逐步形成的，它像一只“无形的手”支配着高等教育的发展，只有符合这一发展逻辑的高等教育才能获得持续的发展和进步。

新中国成立以来 60 多年间的高等教育发展历程中，政治和经济作为两个重要影响因素一直左右着高等教育的发展进程，使得高等教育沿着政治逻辑或者经济逻辑演进，而没有按照自身的内在逻辑向前演进。无论是计划经济体制下的高等教育资源配置，还是市场经济体制下的高等教育资源配置，都是对高等教育内在发展逻辑的异化甚至扭曲，并且，在这种异化或者扭曲了的环境下，不符合高等教育内在发展逻辑的文化因素潜滋暗长，渐渐成为阻碍高等教育发展的无形因素。这种文化因素是对高等教育本质及其内在发展逻辑的反动，是造成高等教育资源短缺与浪费并存的深层原因，也是未来高等教育发展进程中需要努力克服和扭转的不利因素。

高等教育系统是一个人工生态系统，具有生态特征，高等教育的发展演化遵循生态学规律和原理，因此，高等教育资源的配置与培植既要符合高等教育的本质和扭转发展逻辑，也要遵循高等教育这一人工生态系统演进的生态学规律和原理。而我国高等教育的发展及其高等教育资源的配置在相当程度上没有遵循高等教育的内在发展逻辑，因此，依据高等教育的本质和内在发展逻辑，遵循高等教育生态系统的特性，以生态化方式配置和培植高等教育资源既是必然也是必需。

显然，以生态化方式配置与培植高等教育资源，所遵循的最高指导原则就是维护和促进高等教育系统的生态平衡。从高等教育资源的视角来看，高等教育生态系统的平衡与否，取决于系统内高等教育资源的配置与培植是否合理以及在多大程度上合理，而评判高等教育资源配置与培植合理与否的根本标准就是看其是否符合高等教育本质与内在发展逻辑的要求。高等教育系统生态平衡与高等教育资源的配置和培植是否符合高等教育的本质与内在发展逻辑要求之间具有紧密的内在关联性和逻辑上的高度一致性，因此，高等教育资源的生态化配置与培植就是维护和促进高等教育系统生态平衡的配置和培植方式。这种配置和培植高等教育资源的方式，能够在最大程度上避免前文探讨和分析过的计划配置和市场配置高等教育资源的种种缺陷，这也正是高等教育资源生态化配置与培植方式的特点和优势所在。

二、人才资源的生态化配置

生态位是指物种在生物群落中的地位和功能，它用以表征生态群落内部和外部的关系。它表明每个物种在整个生物群落中都处于不同地位，这就形成了同一群落中各种不同物种之间的互补与竞争关系，并带来了资源分享问题。生态学中的生态位原理不论是在自然生态系统中，还是在人工生态系统中都有鲜明的体现。例如，在一座森林中，从高大的树木到地面上纤弱的小草，各自根据自身对阳光、水分和营养的需求，分别处在自己相对最有利的位置。这样，每一种植物都能获得自己生长所需的相对充足的养分，各种植物之间也能互相促进、互相补充，实现能量流动和物质循环的相对最佳状态，从而维护并促进整个森林旺盛的、长期生命活力。在动物界同样如此，在一个动物生态网中，每一种动物都有自己稳定的食物种类和食物来源，所有动物之间形成一个稳定的食物链，每一种动物都在自己的领域内生存、活动，这个食物链也可以理解为“食物金字塔”，从底层到顶层形成相对稳定的相互依存和相互制约的关系，从而保持该动物群落的相对稳定和发展。

生态学的生态位原理对高等教育有很大的启发，它要求我们进一步深化对高等教育生态系统中各主要因子生态位的认识。从大系统角度看，高等教育对社会各方面都有促进作用，同时高等教育系统也需要一定的能量输入，与其他系统共存，彼此间应有恰当的能量分配比例。那么在高等教育系统内部就有彼此竞争、排斥的作用，其作用有积极和消极之分，要及时分析，保持竞争始终处于良性状态。同时，鉴于它在整个社会大系统中的生态位，理所当然要优先发展。高等教育系统的生态位主要是通过各类不同层次的高等院校所处的生态位体现的，每所高校应该根据自己的性质、类型、资源环境等因子确定自己的最佳生态位。高等教育系统是一个主要由高等院校构成的人工生态系统，各类高等院校是该系统的核心组成部分。高等教育系统中的各类不同高等院校在性质、类别、功能、历史发展状况特色等方面各不相同。因此，需要依据生态位原理对高等教育系统内的所有高等院校进行分层，使所有高等院校在制定发展目标、选择发展道路时能够密切结合自身实际，从而实现自身更好的发展。

然而，我国高等教育系统中的高等院校存在严重的层次、类型与其职能混乱的现象。重点大学、一般本科院校、成人高校、高职专科院校之间层次不清、相互串位，出现办学层次交叉、办学秩序混乱。一般本科院校以及重点大学主要倾向于学术性培养目标，应该集中力量办好本科教育和研究生教育，但一些重点大学和一般本科院校却大量招收了不属于本层次高校应当培养的学生。“在1999年以来的高等学校连续扩招中，重点大学为完成地方政府下达的高职招生指标，居然又招收了一批高职学生。一些本科院校甚至从专科、高职、网络教育办到了成人教育中的专科层次。据统计，目前所有的本科院校都在招收专科生，且其招生数量已超过了专科学校的招生数。”①近年来，大多数本科院校甚至也有一批重点大学又都办起了独立二级学院。“据不完全统计，全国25个省、市举办的独立学院共300多个，在校本科生达到40多万人。”②重点大学举办专科、高职层次的教育，其培养的人才大多是本科教育的“压缩品”；而专科院校和成人高校举办本科教育，其教育质量也难以同重点大学和本科院校同日而语。另外，一些高职、专科院校与成人高校分工不明、职能交叉。不少专科院校通过联合办学、专本沟通等途径招收本科生，借以作为升格本科的准备，其质量显然既无法达到本科水平，也难以保证其专科的应用性，造成“四不像”毕业生的大量出现。

这种高等院校层次、分工混乱的状况不仅难以保证不同层次的高等院校的教育、教学质量，而且会降低办学效益，影响优秀高等院校的社会声誉，实际上是高等教育资源的巨大浪费。从高等教育生态系统的视角来看，高等院校的层次、分工混乱，违背了“高等教育生态整体观”的要求，破坏了高等教育系统内不

① 马陆亭.如何实现高等教育资源的优化配置——对我国高等学校层次类别的剖析[C]//高等教育研究百期精粹.武汉：高等教育研究杂志社，2001：217.

② 张钰，贺绍禹，邱国华.2000～2002年全国高等教育发展形式分析[J].教育发展研究，2003(10)：1.

同生态因子的相互关联性和互补性，没有关注到如拉兹洛所指出的："组成系统的各个部分之间存在着相互依赖关系，恰如一面网上的网线扭结"[①]，由于层次的混乱导致功能的失调，并进一步导致高等教育生态系统的最终失衡。因此，我们必须依据生态位原理，在高等教育系统中首先进行分层，依据各个类别和层次高校特点进行资源配置与培植，只有这样的资源配置与培植才是符合高等教育生态系统要求的，也才有可能实现高等教育资源的高效益和系统的长期平衡。

1. 教师资源的生态位分层配置

依据生态位原理，我们可以对高等教育系统中的人才资源进行配置。

要进行教师资源的合理配置，首先要对高等教育系统中的高等院校进行分层。根据已有的相关研究成果[②]，我们从两个不同视角把我国高等教育系统的高等院校分为四个层次，即研究型大学、研究教学型大学、教学型大学、高职专科院校或"985 工程"高校、"211 工程"高校、一般本科院校、高职专科院校，具体如图 5-1 所示。这种依据生态位原理的层次划分方法，能够清楚显示高等教育系统内各种高校所处的不同生态位，从而为各个层次高校准确定位和对其进行资源配置与培植提供了明确的根据。

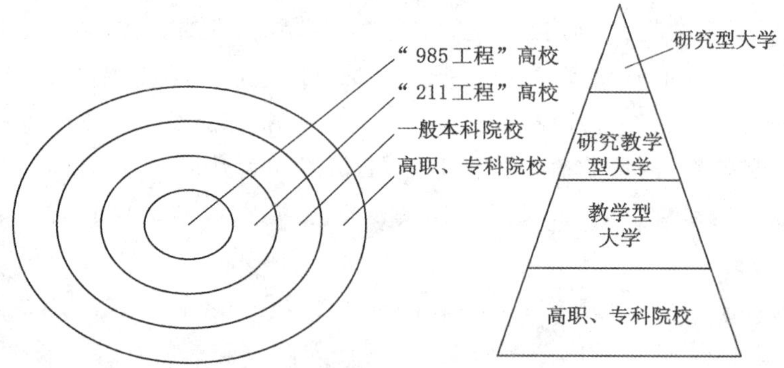

图 5-1　我国高等院校分层示意图

对于研究型大学和"985 工程"高校，应当把它们作为国家科学、技术事业的

① ［美］拉兹洛．用系统论的观点看世界［M］．北京：中国社会科学出版社，1985：13.

② 马陆亭．高等学校的分层与管理［M］．广州：广东教育出版社，2004：137-145.

精英机构和最高学术水平的代表者。首先,中央政府在全国范围内遴选各个专业最优秀的教师,同时面向国际招聘最优秀的教师和学者,组成国家高水平教师资源总库。研究型大学和“985 工程”高校的教师资源应完全由政府统一配置,所有研究型大学的教师必须从国家高水平教师资源总库中调配。对于这些教师,政府在物质生活、科研条件、经费等方面给予可能条件下的最优厚保障,使他们“全心向学而无他恋”。其次,国家在人事管理制度方面,给研究型大学和“985 工程”高校的教师划出“人事特区”,使他们在为了学术追求的条件下,能够在全国范围内同类大学或研究机构中无障碍地自由流动,同时,国家为他们提供到国际上最优秀的大学和研究机构交流、学习的机会。这一点就如同中世纪大学教师所具有的“国际性”和学术交流的高度自主性。如此,就为处于高等教育系统最高生态位的高等院校配置了最优秀的教师资源。由于研究型大学和“985 工程”高校的教师能够处于高等教育系统生态位的最高层,处于一种开放环境中自由流动的最佳状态,因此,这类高校的教师资源就具备了发挥最大效益、实现资源最佳配置相对充分的条件。

对于研究教学型大学和“211 工程”高校,中央政府从国家高水平教师资源总库中调配各学科专业第二梯队的最优秀教师,也为他们提供除参与国际最优秀学术机构交流、学习机会以外的全部其他条件,同时,为他们提供到国内研究型大学和“985 工程”高校交流、学习的机会,保证他们处于教学和学术研究的充分自由,能够在保证高水平教学的同时,不断提高研究水平,成为教学型大学的引领者和研究型大学的后备军。

对于教学型大学、一般本科院校,则由省级政府参照国家高水平教师资源库的模式建立省级高水平教师资源库,由省级政府统筹协调和调配,尽力提供物质、科研和经费方面的良好条件,使这类高校的教师能够在省内高校较为自由地流动,为他们向教学一流的高校发展提供相对充足的条件。

对于高职、专科院校,国家建立以省为单位的省级高水平、双师型、应用型教师资源库,提供在省级范围内教学、交流、流动的便利条件,培养大众化、实用性、技能型优秀教师。同时,这类院校应密切联系市场,从各种职业岗位上聘用和培养优秀的实用技术人才,作为高职、专科院校教师资源的交流和后备力量。

通过对教师资源的分层次配置(见图 5-2),能够为高等教育系统配置符合其特征和要求的“生产者”,为该系统高效益的产出打下良好的基础,也为高等教育系统的生态平衡提供了重要依据。

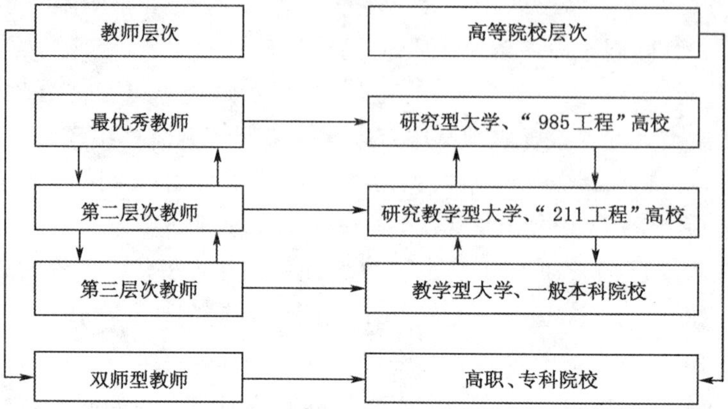

图 5-2 教师资源配置示意图

2. 学生资源的生态位分层配置

新中国成立后，我国于 1952 年建立全国统一高考制度，“文化大革命”期间曾经中断，1977 年恢复了全国统一高考制度，至今我国仍然实行这一制度，并把它作为选拔高中毕业生进入高等院校接受高等教育的最主要手段。尽管全国统一高考制度有种种弊端，教育主管部门也在不断尝试中逐步改进，但这种制度仍是现实中相对最为公平的人才选拔手段。至于高考制度的优劣及其改进办法，这里不作评判，我们只考虑在现行高考制度环境之下，如何配置高等教育系统的学生资源，以期这一资源能够产生更大效益。

依据上述我国高等教育系统的生态位分层，把我国高等院校分为四个层次，即研究型大学或“985 工程”高校、研究教学型大学或“211 工程”高校、教学型大学或一般本科院校和高职、专科院校。

对于研究型大学和“985 工程”高校，把现行高考选拔制度下最优秀、同时具有学术研究兴趣，愿意进入学术性、研究型大学进行学习和研究的学生资源配置到这一层次的大学进行培养。这一层次的大学具有最优秀的教师资源，具有研究兴趣的最优秀的学生资源，最符合这类大学的学术生态发展要求。类似于前述教师资源的配置，研究型大学和“985 工程”高校里相同学科和专业的学生也应当可以在研究型大学这一层次的其他大学自由流动，正如中世纪大学学生的“游学”和“国际性”。

对于研究教学型大学和“211 工程”高校，我们可以选拔优秀度方面紧随研究型大学和“985 工程”高校学生之后并且具有学术研究兴趣的学生，为他们提供在本层次高校范围内“游学”的最大自由。同时，也在学籍管理制度上为这类高校里的优秀学生提供进入研究型大学进一步研究学术的绿色通道，使这一层次高校的学生处于研究型大学（或“985 工程”高校）与研究教学型大学（或“211 工程”高校）的衔接位置上，既能为上一层次高校提供充足的后备力量，也能为下一层次高校提供引导、示范作用。

对于教学型大学和一般本科院校，我们仍可以根据现行选拔制度的选拔结果，把研究型大学和研究教学型大学之后的学生配置到教学型大学和一般本科高校中去，同时也为在优秀度方面达到上两层次高等院校的等级却愿意进入教学型大学学习的学生开放大门，以满足那些虽然被认定为在学术性方面具有优秀等级，但对研究高深学术兴趣不高的学生的需求。

对于高职、专科院校，则采取开放式的学生资源配置方式。因为这一层次高等院校的目标定位不是研究高深学问，而是传授实用知识和技术，培养实用技能型人才，对学生的学术能力要求并不高，所以，这类高校接受学生的范围相对更加广泛。它们既接受现行选拔制度下学术优秀度方面达到上三个层次高校要求却愿意到这一类高校来学习应用知识和技能的学生，也接受现行选拔制度下优秀度方面没有达到上三个层次高校要求的学生。

通过这种配置方式（见图 5-3），既能实现高等教育系统学生资源的生态位分层次配置，也能为学生资源在高等教育系统中跨层次流动和交流开辟通道，使高等教育系统的人才资源内部的教师资源和学生资源之间具有相对良好的配比关系和互动关系，为高等教育系统的高效益和生态平衡打下基础。同时，人才资源作为高等教育生态系统存在的前提，相对最佳的人才资源配置也是高等教育系统和谐发展的良好“前提”。

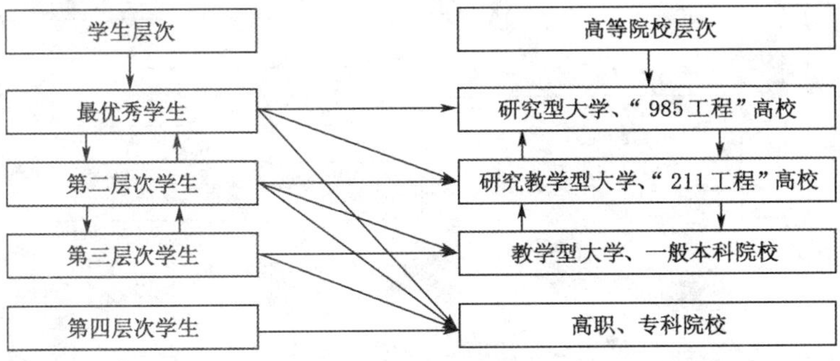

图 5-3　学生资源配置示意图

三、物力资源的生态化配置

根据本书的界定，这里的高等教育物力资源主要以经费的形态出现。新中国成立以后，我国高等教育财政拨款长期沿用“基数加发展”的模式，即当年各高校的拨款经费数额以上一年所得数额为基础，外加当年发展需要数额。20世纪90年代以后，改为“综合定额加专项补助”的新方式。“基数加定额”的配置方式以上一年支出为依据，而非基于合理的成本分析，导致单位成本越高的学校，获得的财政经费越多，节约开支的学校获得的经费反而越少，这不但不利于学校控制成本，反而会助长铺张浪费之风，浪费国家有限的物力资源。“综合定额加专项补助”的财政拨款方式依据生均培养成本和学生人数及各校特殊发展需要的方式分配财政经费。这种方式比以往更具公平性和透明度，体现了社会主义市场经济的要求，但它依据学生数为单一参数配置资源，既未能全面反映办学成本，也没考虑教育质量高低和办学效益优劣。这就导致“谁的学校规模大、人数多，谁就可以获得更多的教育资源”的不良导向，也是众多高校盲目扩大规模、增加招生人数的原因之一。这种仅以学校规模和学生数多少配置资源的方式貌似公平，但它以牺牲效益为前提实质上失去了“公平”的本义。

依据前述高等教育系统的生态位分层，这里提出对每一层次高校配置物力资源的设想。物力资源的生态位分层次配置具体思路可用图5-4来表示。

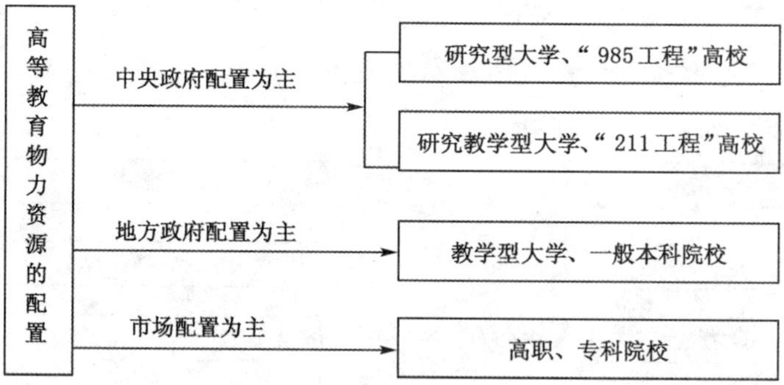

图5-4 物力资源配置示意图

前文已经述及，研究型大学、“985工程”高校在高等教育系统中具有最高的生态位，也应当为之配置最优秀的教师资源和学生资源。与人才资源的配置相对应，在物力资源方面，同样应当为此类高校免除后顾之忧，为其营造相对最优秀的学术研究环境，唯其如此，才能有更多、更好的成果出现。因此，中央政府应当尽其所能为研究型大学、“985 工程”高校提供相对充裕经费，保障此类高校的师生有足够的物质基础探寻高深学问，满足他们对科学和真理的浓厚兴趣。在同等条件下，物力资源越充足，学习、研究条件越优越，越有可能创造出优秀成果。最优秀的人才资源与相对最充足的物力资源的结合，培养最优秀的人才，创造出最优秀的成果，这就是位于高等教育系统生态位最高层次的研究型大学、“985 工程”高校应有的状态。

位于高等教育系统生态位第二层的研究教学型大学、“211 工程”高校，具有在优秀度方面仅次于研究型大学、“985 工程”高校的教师资源和学生资源，在物力资源方面，也应当由中央政府为此类高校提供相对充足的经费，以使它们能够在高等教育系统生态位的第二层次上，做好研究和教学工作，处理好科学研究和教学的关系，既做好本层次的工作，同时为研究型大学、“985 工程”高校准备了充足的后备力量。

对于教学型大学、一般本科院校，则由省级政府在全省范围提供相对充足的经费，尽力满足这类高校培养更多、更优秀人才的物质需求。

对于高职、专科层次的高等院校，应以市场为主，由政府和市场共同配置，依据市场需求，从市场中寻求物力资源，在满足市场需求的同时求生存、谋发展。

1. 纵向生态位分层配置

在配置物力资源时，对于整个高等教育系统的高等院校，依据其在高等教育系统中的生态位，在纵向层次上实行分层配置。研究型大学、“985 工程”高校和研究教学型大学、“211 工程”高校由中央政府拨款，由中央政府配置物力资源；教学型大学、一般本科院校由省级地方政府为其配置物力资源；高职和专科院校则按照政府少量拨款，以市场作为其物力资源配置主体的原则，放手让这类高校在市场中搏击，自由竞争、优胜劣汰。这样能够为每一层次的各类院校配置相对充足的物力资源，为其创造相对宽松的发展环境，避免分层不清、定位不准、盲目追求不切实际的目标、攀高求全的不良现象，减少物力资源的浪费，提高有限的物力资源的效益，促进高等教育系统的生态平衡。

2. 横向生态多样化竞争配置

在每一层次的同类高校中，实行物力资源的横向竞争配置。依据同一层次高等院校在教学和科研方面的成果，制定科学、合理的定性和定量标准，依照此标准对每一所高校进行综合评价，根据评价结果确定物力资源配置的标准。这样，在物力资源总量一定的情况下，由各高校进行竞争，能够激发它们的活力，促使它们努力争取在本层次内提高办学水平。同时，每一层次内的高校，根据其办学成果的优劣，也能够向上一层次高校晋升或者下滑到下一层次中去，为不同层次高校之间的流动开辟了通道，从而有利于保持高等教育系统的生态平衡。

每一层次的高等院校均应当在准确定位的基础上明确自己的发展目标，划定行为边界，制定符合实际的发展战略，凭借教育质量和办学成果在本层次内横向竞争资源。

对于研究型大学，其特征就是学术水平高、学科综合性强、培养的人才层次高、满足社会对高层次研究型人才和研究成果的需求。这类高校追求的目标是学术研究上的重大创新与突破，其研究内容要进入世界科技前沿和解决国内经济社会发展中具有全局性、基础性和带动作用的基本问题，因此，这类高校不仅与国内同一层次高校竞争，而且要参与国际竞争，争取在科研成果上取得国际先进水平，也为它们进入世界一流大学创造条件。

对于研究教学型大学，其教学层次以本科生和硕士生为主，它们处于高等教育系统的较高层次，但又不像研究型大学那样具有众多学科专业的垄断优势，容易陷入高不成低不就的办学低效益困境。因此，此类高校在难以保持全面学科的最高水平和研究质量的情况下，可以力争在部分学科和专业上保持优势，办学特色是其发展能力的重要标志。它们应当以创办特色为目标，有所为有所不为，有重点地发展优势学科，办出特色，通过应用研究和开发，为社会发展解决各种科技难题，为地方政府和企业的技术进步和决策提供科学依据。它们应当以特色为重点和突破口，参与同层次高校之间在教育质量和办学水平方面的竞争，获得更多的人才和物力资源。

对于教学型大学，本科生教学是其主体，在专业设置适应社会需求的前提下，实现学校的规模效益和专业规模效益是其提高效益的重要手段，拓宽专业面、提高规模效益是它们发展的基本策略。由于此类高校主要面向省市和区域的经济、社会发展，因此，通过技术开发、推广和服务工作，紧密与地方经济社会发展相结合，积极参与地方经济活动，为地方经济建设服务，努力成为省市和区域发展的教育、文化、科技支撑，是此类高校谋求发展、参与横向资源竞争的主要策略。

对于高职、专科院校，由于其实用性、技术性目标定位，它们是高等教育系统中学科、专业设置最为灵活的一类高校，从长远的发展角度来看，它们应逐步成为高等教育中的开放部分。适应市场多样化的高层次职业岗位需求、创办特色和追求规模效益，是它们的发展策略和参与市场竞争的重要手段。

根据生态学的多样性和主导性原理，通过对高等教育系统的人才资源和物力资源的生态位分层次配置，能够促进各个层次和类别的高等院校准确定位，避免层次混乱、功能交叉造成的人才资源和物力资源浪费。同时，也能促进同层次内部不同类别高等院校之间的横向竞争，在竞争中优胜劣汰，有利于优秀高等院校占据高等教育生态系统的主导地位和保持系统的活力，避免系统发展中资源“瓶颈”的出现。

四、文化资源的生态化培植

资源的培植就是借助一定的手段和力量促进资源的生长和发育。关于资源的培植，已有不少学者进行过探讨。“资源的培育是指人类应用科学技术措施去改变环境条件或资源内部的功能结构，以达到不断改善和提高资源生产能力的有力手段。”①以上论述指出了资源培植的目的和意义，至于资源培植的内容，则可以表述为：资源的培植是指人为地创造一种条件，促进资源的生成，从而增加资源存量的整个活动过程。根据资源培植对象性质的不同，可以把它分为三个方面。一是增加新的资源品类，培育原来不存在的资源；二是使原来数量少的资源多起来；三是提高已有资源的质量。后两方面是原有资源的培植和再生。培植现实中已有的资源，是为了增加其数量或提高其质量，以满足社会经济发展的需求。一般说来，人们对这种资源的产生和演变过程已经或多或少有了一些知识，而培植这些资源可以从其生成的条件出发，创造一种适宜的条件或环境，促进其生长和发育，如某些生物资源的培植就是这样。而前一方面是培植一些新的资源，这些资源一方面可以从功能上替代原有的某种资源，甚至比原有资源具有更强的功能、更广的应用前景和开发优势。这种新资源的培植在最初时没有更多的规律可循，一般需要付出更多的成本，但它可能给社会

① 尚杰，马波．资源经济学[M]．哈尔滨：哈尔滨出版社，1997：92．

经济的发展带来革命性的影响。如空间技术作为科学技术资源的一个方面，它的开发与培植，使得人类对自然的认识水平和范围突破了人类的生理极限。需要培植的新兴资源具有以下几种：第一，与现有的某种资源功能相同，因现有资源十分短缺，需要培植一种新的资源作为补充，如生物的人工繁殖；第二，与已有的某种资源具有基本相同的功能，但已有的开发能力较差、使用成本较高，需要新的资源来替代，如新兴能源的研制；第三，比现有的某些资源具有更大、更广的功能，不仅可以部分替代原有资源，而且可以提高原有资源的使用效率，如人才资源；第四，与现有资源没有替代关系，但它是一种具有新的功能的资源，该资源的使用可以使整个社会的素质显著提高，如知识、信息等文化资源。

资源的培植具有以下几个特征：一是具有人为的可干预性。任何可以培植的资源，都可以通过人为的力量促使其逐渐生成，并通过人们的努力加速其生成的进程，如生物的繁殖、人才的培养和技术的发明等。二是资源的培植要求具备一定的条件。任何资源的生成和培植都有其自身所要求的适宜条件或环境，即资源的生成具有一定的规律可循，人们在进行资源的培植时应遵循资源的生成规律。三是资源培植过程的时间性。任何资源的培植过程，不仅需要相应的条件，还需要一定的时间，因为资源的生成本身需要时间。如自然资源的生成一般需要几年、几十年甚至上百年时间。四是通过资源的培植可以增加资源的存量而不是资源的流量，存量突出的是某一时间点上的量，而流量是指某一时间段上的量。

资源培植的意义在于为资源的开发利用拓宽基础。资源培植是为实现社会经济的可持续发展奠定一个坚实的资源基础。就资源总体来说，一是利用问题，资源的意义就在于利用；二是开发问题，资源的原生状态并不能为人们直接利用，而必须首先进行开发，而开发是利用的前提；三是培植问题，自然资源按照是否可以再生而分为再生自然资源和不可再生自然资源，这样对于可再生资源就有一个培植问题，而文化资源则是具有再生特性的资源。因而对于整个资源来说，也就存在一个如何培植的问题，资源的培植也是资源开发利用的前提，没有培植就没有开发利用，所以资源的开发利用通常是与资源的培植紧密相连的。这就从理论上由原来的只是重视开发、利用资源，拓展到培植与开发、利用资源的有机结合。进行资源的培植是现实资源条件的要求，高等教育的发展离不开大量的资源消费，而现实中的资源总是稀缺的，因此，我们在善于利用资源的同时，还应当重视如何促进新资源的生成，重视资源的培植。

文化资源是高等教育的灵魂，是高等教育发展的精神向导和动力之源，离开文化资源高等教育将只剩下苍白而僵硬的外壳。从生成角度来看，文化资源具有生成的非自然性、生长过程的人为可干预性特征，这就为文化资源的培植提供了可能性。随着社会、经济的发展，高等教育在社会中的作用愈加重要，因此，大力培植高等教育文化资源，也具有更加重要的现实意义。

高等教育文化资源培植的具体思路如图 5-5 所示。

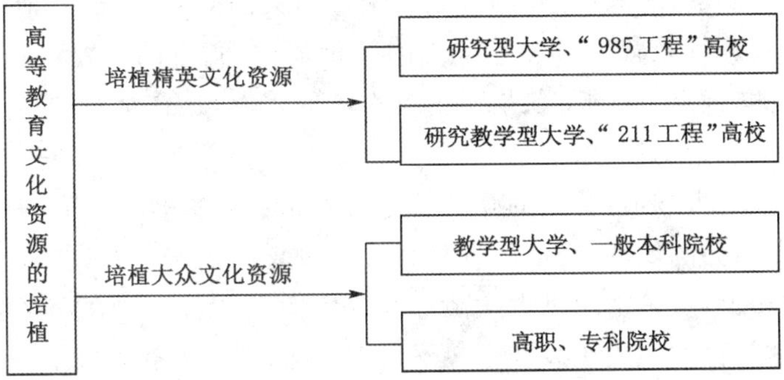

图 5-5　高等教育文化资源培植示意图

我国高等教育长期受计划体制的制约，制度安排已成为高等教育文化资源的一个主要要素。当前我国高等教育系统文化资源的一个主要问题就是高等院校层次不清、功能地位不准、特色匮乏，主要表现为 20 世纪 90 年代开始的高等院校追求“大而全”和“升格热”现象。产生这种现象的原因表面上看是各个高校以层次、规模、类型的高、大、全为筹码向政府争取更多的办学资源，而其更加深层的原因则是政府的资源配置政策、体制等制度安排不合理和片面追求高学历、以文凭为本位的社会风气，而这种不合理的制度安排和不良社会风气所反映的正是高等教育文化资源的低质。

从生态学的视角加以观照，高等院校追求“大而全”和“升格热”现象及其所带来的一系列问题，违背了生态学的“胜汰原理”和“多样性与主导性原理”，长此以往，必然造成高等教育系统的整体性受损和系统平衡被打破。因此，我们需要以高等教育生态调控观为指导，在调整人才资源和物力资源配置的同时，积极培植符合高等教育内在发展逻辑的文化资源，努力促进高等教育系统的生态平衡。

1. 精英高等教育文化资源的培植

精英化高等教育是高等教育的发展阶段之一。西方一些学者于20世纪70年代提出，高等教育按其总体规模的发展依次分为英才（精英）高等教育、大众高等教育、普及高等教育等阶段。马丁·特罗以量的指标定义了精英高等教育：高等教育的入学人口低于适龄人口的15%属精英高等教育。后来一些学者又提出若干不同的标准来定义精英高等教育，但他们同马丁·特罗一样，其意均指仅有少数青年得以进入高等教育的发展阶段，都是从数量上阐述了精英高等教育。这种阐释以一种直观的方式界定了精英高等教育，但并未能上升到质的高度。精英高等教育的质的要求也即其价值取向：着眼于“优秀”，是不可忽视的。这里的“优秀”一词不仅指对精英人才的培养，还包括对同整个人类的发展休戚相关的知识的探索。

第二次世界大战前，各国的高等教育均属精英高等教育。而在第二次世界大战后，随着社会的发展、经济的进步和普通教育的迅速普及，要求高等教育满足更多人的需求，这种情况下大众高等教育应运而生。随着大众高等教育的诞生，精英高等教育的性质也发生了变化。这样精英高等教育就有了“传统精英教育”和“现代精英教育”之分。传统精英教育主要体现为一种量的教育，即少数人享有的权利，是一种身份和社会地位的象征，在某种程度上体现着一定的阶级性和封闭性；而现代精英教育是一种着重质的要求，着重优秀的教育，即在大众平台上的高层次的教育，它的基本特征是一种心智和人格为核心的高标准教育。“它是建立在高深学问基础之上的，它所指的不仅仅是一种知识体系，还是一种方法体系及在未知领域里冒险、探索的过程。”现代精英教育是知识经济时代高科技发展的内在要求，为知识与经济的融合搭建优良的平台，这也是本书题中所取之义。

当前我国已经进入高等教育大众化阶段，高等教育大众化的一个重要特征就是多样化，大众化阶段的高等教育系统中同样存在精英高等教育，这部分教育以探索高深学问、发展科学真理和技术创新为旨归，以理论和实践上的重大突破和创新为战略目标，因此，这种教育相对远离繁华的市场和世俗的功利，这种教育理应具有浓厚的“精英”气质。由于精英教育所具有的“精英”理念，因此，我们应当在这一类高等教育系统中积极培植精英主义文化。

这里所要培植的“精英”文化，是指在我国当前的高等教育大众化进程中已经式微的大学精神，也就是大学的人文主义精神。“大学精神即大学的人文精神，就是大学的理念和价值追求，是所有大学中的人的一般心理状态。大学精神是大学产生、发展的最直接、最深刻的动力。大学通过高等教育的途径，守护、传承人类世代创造的优秀文化资源和精神传统。这本身就是教育，也是大学的最基本职守，是大学产生、发展的最基本动因。”①大学人文精神是高等教育文化资源的重要内核，它浸淫于大学千年来的演化所积淀而成的文化基因之中，是高等教育发展过程中无形的指针，规定着高等教育的发展路向和旨趣。

然而新中国60多年来的高等教育发展历程中，大学人文精神不但没有得到真正的弘扬，反而在政治、经济的夹缝中备受挤压，在科学理性和工具理性的遮蔽下艰难抗争，正如丁三青教授指出的：“近代的欧洲，科学理性把人提升到万物至尊的地位。但科学理性在对中世纪‘祛魅’的同时，也走向了自己的反面，即搭建了科学主义的神坛。尼采指出，科学主义‘不仅遮蔽了事物的本来面目，使人远离了事物本身，而且遮蔽了人的内心世界，使人的个性色彩淹没在平庸和一般化之中’。‘如今的大学成了精神退化的工场，高等教育的任务不过是把人变成机器’。大学不仅成为培养人才的‘教育机构’，而且成为‘研究中心’。由于科学理性占据着近代大学的话语权，人文精神陷入危机。然而，即使如此，大学仍然在极力守护着自己的精神领地，就是主张大学应开展科学研究活动的洪堡，也反对在大学中进行专业性的职业训练。近代大学人文精神传统的留存，也应归功于科学理性的力量。一方面，科学理性的霸权地位，直接导致了人文精神对它的反动，另一方面，科学理性为人类认识和理解这个世界提供了途径，它使人类冲破了蒙昧主义的阴霾，凸现出人性力量的伟大。大学发展至今，在科技上取得了骄人的成绩，成为工业社会、信息社会有力的推进器。但同时，大学在背离自我精神的道路上越走越远，大学所蕴藏的危机也越来越深刻。正因为如此，大学精神才重被提起，并且得到从未有过的关注。”②

改革开放前，我国高等教育受政治的影响较大，大学精神受政治文化的掣肘比较严重。改革开放以来，我国高等教育在对前一段所受政治影响的反思之后，出现了对政治文化的“反弹”，转而投入片面市场经济文化的怀抱，在工具主义和功利主义面前，大学精神再度陷入深刻危机。进入大众化以来，在高等教育领域可以举出诸多这方面的例子。如不少高校直接接入经济领域，从办厂、

① 丁三青.论大学复兴[J].高等教育研究，2004(5)：14.

② 丁三青.论大学复兴[J].高等教育研究，2004(5)：15.

破墙开店，到市场营销、证券交易，从地产开发到股票市场，几乎所有领域都有高校的身影；在高校内部专业调整和设置方面，众多高校对"专业包装"和"市场效应"趋之若鹜，成了市场的忠实仆人和功利的下贱侍女，名曰"引进市场机制或市场观念"、"与市场经济接轨"，教育教学质量却被抛于脑后，进而为大学毕业生的"低质化"和就业难以至造成难以估量的人才资源浪费埋下隐患。尽管这里可能有把问题看得过于严重之嫌，但这却是当前不争的现实。问题的原因何在，尽管是诸多因素共同作用的结果，但其中的重要原因之一是人们片面理解甚至人为扭曲了市场经济，把市场经济当作纯粹的经济活动，并把发展市场经济当作一切活动的终极目的，错误地把经济功能当成了高等教育基本功能，而忽视了人的自由、全面发展这一教育乃至高等教育的根本旨归。这些现象的出现既源于大学人文精神的缺失，同时也是造成新一轮大学精神失落的帮凶，使得高等教育陷于方向迷失的泥潭无法自拔。

高等教育系统内的上两层高等院校属于高等教育的精英部分，更应当具有浓郁的大学人文精神，丰厚的高等教育文化资源，然而，现实却令人忧心忡忡，这两层高等院校却是大学精神失落的重灾区。因此，当前的当务之急是要在这两层高校培植精英高等教育文化资源。以下提出一些具体的原则性思路。

第一，在高等教育系统的研究型大学、"985 工程"高校和研究教学型高校、"211 工程"高校开设并加强关于"中华文明"和"中国优秀文化"两个主题的课程体系建设。在精英层次高等院校大力挖掘、弘扬中华文明、中国文化的宝贵财富，积极培植我国现代高等教育的文化之根基。因为，任何卓越的大学无不是植根于深厚的文化土壤之中的。我国现代高等教育自诞生之日起就是一种舶来品，一百多年来，移植国外的高等教育制度并没有在我国的文化土壤里深深扎下根，更难以长成参天大树、结出累累硕果。相反，在新世纪进入大众化阶段之后，我国高等教育系统却出现了一系列亟待解决的问题，虽然这些问题表现各异，但在最深层次的本质上，是因为缺乏文化根基的强力支撑。因此，培植精英文化资源，先要在精英层次高等院校系统大力培植。

第二，在高等教育系统的上端两层高等院校大力弘扬坚守人文主义立场的大学精神和人文关怀。"大学精神的核心是大学的人文精神。humanity（人文）的本来含义是从类的角度来思考人和人的存在根基，其核心命意是超越个体、超越种族、超越国家、超越具体人伦事功，从人类整体甚至宇宙大全的角度思考世界，它是在自然科学和社会科学的边界处开始的一种超越性思想和价值观。

人文精神在大学中的发展，既历史悠远，又功能独特。”①在制度安排方面，为这类高等院校提供宽松、宽容的制度环境和氛围，祛除在人们思想观念当中根深蒂固并且非常顽固“泛行政化”逻辑，“大学要在培养目标、教育方法、组织结构、法律体系、政策导向等方面加以改革，改变‘单位所有制’、‘职称所有制’、‘待遇所有制’下的管理模式，改变应试教育、职业教育、工具教育的教育教学模式，祛除科学主义、工具主义、功利主义之魅，走出对市场化、世俗化、科学化、专业化的迷思。”②

第三，大力提倡和弘扬中华民族的优秀传统文化价值观。民族传统文化是每个民族和国家教育赖以存在的基础之一，同时，每个民族和国家的教育也负有传承和弘扬本民族优秀文化的责任。教育尤其是高等教育与民族传统文化具有天然的紧密联系，离开民族的优秀传统文化，教育存在的合法性将会受到质疑，教育功能的发挥也必将受到很大局限。我国当前的现代化建设是在相对不利的国际政治、经济环境中进行的，面临着发达国家诸多方面的制约和冲击。因此，在高等院校尤其是精英层次的高校，要大力提倡和弘扬民族自尊心、自信心和自豪感，弘扬民族进取精神和凝聚力。在当前市场经济文化发育不健全的条件下，尤其要弘扬周总理倡行的“为中华之崛起而读书”精神和当代“为中华民族的伟大复兴”而发奋的精神。这必然要求高等教育发挥传承和弘扬优秀传统文化来支撑我们的民族精神。我国当前正在进行的社会主义市场经济建设，只是一种手段，而非目的，最终目的是为了实现社会的和谐进步和人的全面自由的发展。但市场经济的发展难免产生一些消极的产物，它会损伤人的道德信仰和理想追求，因此，必须以人文精神来烛照高等教育，在高等教育系统大力弘扬中华优秀传统文化。同时，在这类精英型高等院校，更应当努力减少高等教育系统之外市场经济环境中过分的功利性对高等教育的负面影响，摒弃世俗、庸俗的风气对学术纯洁性的污染和侵蚀，使大学复归到神圣的“象牙塔”品性。正如黑格尔所言：一个民族有一些关注天空的人，他们才有希望；一个民族只是关心脚下的事情，那是没有未来的。培植精英高等教育文化资源就是要在高等教育系统内培植这种“关注天空”的精神、信念和理想，树立为了真理和科学而献身的精神、气节和情操。

---

① 丁三青.论大学复兴[J].高等教育研究，2004(5)：18.

② 丁三青.论大学复兴[J].高等教育研究，2004(5)：17.

第四，培植学术自由文化。“大学不是政府衙门，不是权力机关，而是学术圣地。学术独立是大学自古以来就一直秉持的精神品格。”①“学术的独立与自由应该是大学的最高的‘原则’，只有在这个原则的坚持与维护下，大学才能致力于真理的探索，才能在辩难析理的过程中将错误、独断的假知识减至最低程度，而且有可能一砖一石地建立起‘知识的金庙’来。”②当前，我国远未建立起完善的市场经济体制，更没有成熟的市场经济文化，整个社会对市场经济的理解和实践仍未从“市场经济就是纯粹的经济活动”和“发展市场经济就是终极目的”的错误观念完全转变过来。高等教育大众化也处于刚刚起步阶段，高等教育系统内外对高等教育大众化的理解和实践也远未成熟和理性。在高等教育系统，“行政逻辑泛化”文化盛行，“学术活动功利化”现象普遍，许多人在“不能学术自由”和“不愿学术自由”之间不断流转，对学术自由已经麻木和漠然，这也是当前学术失范、学术腐败现象屡见不鲜、学术大师严重匮乏的症结所在。因此，在精英型高等院校亟待培植学术自由文化，培养所有的大学人对学术的敬畏和信仰，树立学术权利的神圣不可侵犯威望，使对学术和真理的追求成为人们心目中神圣的理想。

这里有必要指出的是，上述精英型高等教育文化资源的培植，是一项长期而艰巨的工程，不是一朝一夕就能完成的。它既需要高等教育系统内外各种因素相互调谐和良性互动，也需要高等教育系统内的所有大学人长期不懈地奋斗和追求。同时，还有赖于整个社会政治文明、经济发展所提供的强力支撑，有赖于高等教育与社会共同一致的努力。

2. 大众高等教育文化资源的培植

大众化高等教育是高等教育发展阶段之一。常以普通教育的普及或极为发达和比较开放的高等教育招生制度为前提，以高等教育的层次、科类和形式的多样化为特征。马丁·特罗提出：高等教育入学人数达到适龄人口的15%～50%时，进入大众高等教育阶段。结果一些人产生了高等教育大众化等同于15%～50%这一数量指标的错误认识。其实不然，高等教育大众化有着丰富的内涵，其价值取向是：满足公众要求的机会平等。进入本阶段后，同精英教育阶段相比，高等教育不仅在数量上发生着变化，而且在高等教育的观念、教学内容

① 丁三青. 论大学复兴[J]. 高等教育研究，2004(5)：17.

② 金耀基. 大学之理念[M]. 北京：生活·读书·新知三联书店，2001：25.

与形式、学术标准、管理与决策及高等学校的功能、模式、招生和聘请教师的政策和办法等方面均发生变化。大众教育的理想是让希望接受且有能力接受高等教育的人都能接受高等教育，它更侧重“希望接受”，而精英教育更侧重“有能力接受”。如果说精英教育重视质量的提高，那么大众高等教育是重视在保障质量的前提下进行规模扩张。

高等教育大众阶段，高等教育系统越来越多样化、复杂化，既有精英高等教育存在，也有大众高等教育存在，既有以学术、真理和科学为理想追求的精英教育，也有以实用、功利为目标的大众教育。一花独放不是春，多样化的高等教育系统才是高等教育存在的本真面目，精英高等教育和大众高等教育都是高等教育系统存在和发展不可或缺的组成部分，二者是相辅相成、不可分割的，精英高等教育和大众高等教育的共同繁荣和发展是高等教育生态系统充满活力和持续发展的必要条件，因此，我们既要培植精英高等教育文化资源，也要培植大众高等教育文化资源。如果说精英高等教育是以追求质量为其重要目标，大众高等教育则在保证必要质量前提下对数量的追求，以体现其“大众”性和规模效益，因此，大众高等教育文化资源的培植与精英高等教育文化资源的培植具有相同的重要性。

具体来讲，大众高等教育文化资源的培植应从以下几点着手。

第一，增强质量意识。高等教育大众化是在必要质量保证前提下的大众化，而不是盲目数量扩张的大众化，质量仍然是大众高等教育的命脉，是大众化时代高等教育系统存在和生态平衡的第一要义，这一点是任何时候都必须坚持的，也是大众高等教育文化资源的首要因素。无论是精英高等教育文化还是大众高等教育文化，质量意识都是其重要因素。这里之所以强调大众化高等教育文化资源的培植要重视质量意识，是因为很多人的观念中存在着一种误区，即大众化高等教育是一种规模和数量型的高等教育，高等教育发展的好坏是以数量为评判标准的。

我国高等教育大众化启动以来，受这种观念的影响，教育主管部门和许多高等院校的决策者采取了非理性和盲目的手段，使得高等教育规模在短时间内急剧膨胀，而且，这种膨胀在大部分精英型高等院校也普遍存在。这也是造成高等教育质量下降、大学毕业生就业难等一系列后果背后的深层原因之一。因此，培植大众型高等教育文化资源，首先强调要坚守质量意识。这是我国高等教育整体持续、和谐发展的生命线，在任何时候、任何条件下都必须加以坚持。

在高等教育系统的大众型高等院校中，应当积极扭转对规模和数量的过度尊奉，培植以质量求生存、保证质量前提下的规模和数量扩张观念。在前一阶段规模快速扩张之后，着力提高教育教学、管理质量，由外延式发展战略转变为内涵式发展战略。

第二，强调服务理念。精英高等教育也具有服务性，也是以其在高深学问、科学和真理上的探索与创造为人类、为社会服务，只是这种服务是在更加基础和更高层面上的服务。大众高等教育的服务则更加贴近现实和实际，更具有实用性和普遍性。精英高等教育和大众高等教育都是高等教育的组成部分，都是从不同层面为人类社会服务，二者不存在高低贵贱之分。从数量上讲，大众高等教育所占的份额更大，与社会的联系更加紧密和复杂。

由于大众型高等院校在教师资源、学生资源方面都与精英型高校有较大区别，它们在高等教育系统中所处的生态位也不相同，因此，它们在自身定位上侧重于为社会提供更加直接的服务，满足社会相对短期和具体的需求。在基础性和相对长期研究方面则应尽可能减少。然而，当前在大众型高等院校中，弥漫着与其应有的定位不相适应的科研理念。在教师的成果认定、职称评定、物质待遇等方面主要以其科研成果（包含许多泡沫化的垃圾论文）为标准。这种文化显然与这类高校的定位不相符，其结果是导致教师没有充足的时间和精力从事教学工作，阻碍了教学质量的提高，同时，由于他们不具备相对较强的科研能力和条件，做出的“科研成果”也大为缩水。两头忙，两头都没做好，造成教师资源、学生资源、物力资源的巨大浪费。因此，这类高校亟待培植关于服务的文化资源，培植“教学第一，服务第一，切实提高教学质量”的服务理念，以高质量的教学和高水平、应用型的实用人才为社会服务，获得发展。

第三，确立特色目标。大众高等教育文化并非千人一面的文化，而是满园春色、百花争艳的文化。特色是大众高等教育的一个重要标志，只有具有特色的高等院校才能在高等教育生态系统中茁壮生长，长期繁荣。失去特色，高等教育这朵鲜花终将凋零，沦为枯萎的明日黄花。因此，确立大众高等教育的特色目标是培植大众高等教育文化资源的又一重要方面。

特色并非大众型高等教育才需要，精英型高等教育也需要准确定位、创办特色，但由于大众型高等教育与具体的社会实际需求联系更加紧密，实用性人才培养目标更加明确，因此，特色应该成为大众型高等院校更为醒目的标识。“经济全球化和知识经济的浪潮，深刻地影响着高等教育的走向，其中最集中地表现为对高等教育的需求更趋向于多样化和个性化。所以，大学的发展也开始呈现出强烈的多样化、个性化和特色化发展的趋势，不同类型、不同层次、不同形式的高等教育会物以类聚，形成不同的生态族群，各个学校会在自身发展的历史传统基础上，根据社会相近领域需求的变化，重新确定自己的战略选择、目标定位和发展路径，以进一步弘扬优秀传统，发挥比较优势，在特定的领域和层面上形成更加突出的个性特色。”①

作为高等教育系统大众型高等院校，走强烈的特色化发展道路是其理性选择。然而，高等教育大众化以来，“升格”热潮一浪高过一浪，“攀高求全”、“趋同化”、“泛去特色化”成为高等教育系统中使用频率颇高的词汇。在升格的大军中，大众型高等院校的升格愿望更为强烈，数量也最为庞大。其目的不外乎是获得更多资源，实现更好的发展。这一良好愿望无可厚非，但结果却事与愿违。很多学校升格后更加特色匮乏，非但没有获得更多资源，反而陷入发展困境。造成这种局面的原因是复杂的，但其深层文化根源主要在于“大一统”、“官本位”思想的支配，升格后更“大”更“全”了，级别地位更“高”了，但特色更少了，发展更难了。

因此，在大众型高等院校中应当积极培植立足本位、创办特色的文化氛围，转变求大求全的观念。准确定位，找准自己的服务目标和学科专业优势，努力在自己的优势领域办出特色和质量。唯其如此，此类高校才能在日益激烈的竞争中获得持续发展。

① 王亚杰.挑战与出路：特色型大学的发展出路[J].高等工程教育研究，2008(1)：3.

第六章 苏北地区高等教育资源的生态化配置与培植

一、苏北地区经济、社会与高等教育发展概况

苏北地区，包括徐州、连云港、淮安、盐城、宿迁5个省辖市，共37个县(市、区)。苏北地处黄海之滨，海岸线744公里，与日本、韩国隔海相望，紧靠以上海为龙头的长江三角洲地区，处在南下北上、东出西进重要位置，是全国沿海经济带的重要组成部分。近年来，苏北地区交通状况有了根本性改善，区位优势更加凸显，拥有新亚欧大陆桥即陇海铁路、京沪铁路、京杭大运河、数条高速公路和国道、徐州观音机场、连云港机场、盐城机场等骨干通道和基础设施，现代化的立体交通网络逐步形成，与国内外重要城市的时空距离大大缩短。连云港港是江苏省重要的大型海港，也是国家主枢纽港之一和欧亚水陆联运的重要结合点。

苏北地区拥有矿产资源、海洋资源、土地资源等较为丰富的自然资源，在资源短缺的江苏以及华东地区具有重要地位。矿产资源方面，徐州的煤炭、石膏和石灰石，淮安的岩盐、芒硝和凹凸棒土，以及连云港的水晶、金红石和蛇纹石等都具有良好的开发条件与利用价值，丰富的矿产资源为苏北地区大力发展重化工业提供了重要条件。该区域丰富的海洋资源是发展海洋产业的物质基础。同时，该区域土地资源较为丰富，人均土地、耕地拥有量均超过苏南地区。

改革开放以来，苏北地区经济社会发展呈现出良好势头，已经站在了一个新的起点上。主要表现是，工业化进程加快推进，改革开放实现新突破，基础设施建设全面加强、社会事业发展和人民生活水平都取得了显著成绩。2015年苏北地区生产总值达到16564.3亿元，是2010年的1.86倍，人均地区生产总值55127元。

综观江苏高等教育的发展，一直存在着苏南和苏北不平衡的问题，苏北高等教育处于比较落后的状态，主要表现为布局不合理、结构失衡、效益低下。目前这一落后现状虽有所改观，但仍低于全省平均水平。以 2015 年统计数据计算，苏北五市人口占全省总人口的 37.7%，土地面积约占全省总面积的 50%，高校总数仅占全省高校的 19%，在校生人数也仅占到 17%。苏北地区高等教育不但总量上不足，而且层次偏低，主要表现在三个方面：一是定位层次低。研究生培养占 11%，本科占 50%，专科占 39%；教学研究型大学占 11%，教学型大学占 89%。二是生源层次低。从历年公布的江苏省普通高校招生录取资料汇编中可以看出，苏南高校的生源普遍好于苏北，在连续扩招的形势下，苏南某些高校的扩招人数远远高于苏北，但这些高校的录取分数线仍高于省控线，而苏北大部分高校的生源层次明显低于苏南。三是师资层次低。没有一流的专家群，科技力量总体薄弱。

二、基于 DEA 的苏北地区高等教育资源配置效率分析

（一）评价对象的选取

我们通过对苏北高等教育资源配置实证研究想要达到的目的是对苏北高等教育资源的使用效率进行评价，以检验现有高等教育资源配置是否符合高等教育发展的内在逻辑，为苏北地区高等教育资源的合理配置和文化资源的优化培植提供建议。所选择的分析模型的主要作用是对苏北地区高等教育资源的效率做出区分。

定性研究与定量研究具有辩证的关系，它们都是人类把握认识对象、描述客观世界的方法，运用这两种方法进行研究均有可能接近或达到我们的研究目的。如果把定性研究比喻成是决定一件雕塑身段轮廓的话，那么定量研究就是规定身段各部分的尺寸，二者相辅相成，互为补充。美国著名控制论专家查德认为，当系统的复杂性日趋增长，我们做出系统特性的精确然而有意义的描述的能力将相应降低，直至达到这样一个阈值，一旦超过它，精确性和有意义性变成两个几乎相互排斥的特性。① 这就是控制论的不兼容原理，即“高精确度和高复杂性在同一系统中不能共存”的原理。由于高等教育系统的高复杂性，我们

① 马陆亭. 我国高等学校层次结构研究[D]. 北京：北京航空航天大学，1999.

在选择数学模型时不应追求高度精确的处理方法，应当选择尽可能少的变量指标，突出主要变量。在本研究划分的三类高等教育资源中，人才资源和物力资源易于获取数据，能够进行定量研究，文化资源则难以获取量化数据，因此，这里只以对人才资源和物力资源两项指标的数据处理结果来评价高等教育资源配置效率，文化资源的培植则单独进行定性的评价与分析。

选取苏北地区五个地级城市九所省属以及教育部直属本科高校中的五所作为研究对象，所选取的各项统计数据均为该五所院校2013～2015年的统计数据，运用DEA模型分别对这五所院校2013～2015年的高等教育资源输入和输出情况进行对比分析和评价。

（二）DEA简介

1. DEA方法用于高等教育资源配置效率评价的优势

数据包络分析（data envelopment analysis，DEA）是由著名的运筹学家A. Charnes和W. W. Cooper等人以相对效率概念为基础发展起来的一种崭新的系统分析方法。[①] DEA方法是在运用和发展运筹学理论与实践的基础上，逐渐形成的主要依赖于线性规划技术、用于经济定量分析的非参数方法。具体来说，DEA是使用数学规划模型比较决策单元（decision making unit，DMU）之间的相对效率，对决策单元做出评价。确定DMU的主导原则是：就其“耗费的资源”和“生产的产品”来说，每个DMU都可以看作是相同性质的实体，即在某一视角下，各DMU具有相同类型的输入和输出。通过利用线性规划技术对决策单元的输入和输出指标数据进行综合分析，DEA方法可以得出每个DMU的相对综合效率。据此将各DMU定级排队，确定有效（即相对效率高）的DMU，并指出DMU非有效的原因和程度，给主管部门提供管理信息。DEA还能判断各DMU的投入规模是否适当，并给出各DMU调整投入规模的正确方向和程度。DEA把单输入单输出的工程效率的概念推广到了多输入多输出同类决策单元的有效性评价中去，不需要事先设定任何权重，能够有效地避免主观因素，大大简化了算法。因此，DEA方法已经成为当代一种十分重要的评价工具，广泛应用于各种资源优化配置评价中。除了DEA方法外，常用的资源优化配置综合评价方法有：专家评价法、层次分析法、模糊综合评价法、数理统计方法、人工神经网络评价方法。

---

① 盛昭翰，朱乔，吴广谋. DEA理论、方法与应用[M]. 北京：科学出版社，1996：31.

下面通过对这些方法逐一阐述比较，说明 DEA 方法用于评价高等教育资源配置的优势：

① 专家评价法。专家评价法是一种基于一组有关专家的知识、经验和主观判断能力，根据评价目的，按照规范的程序和评价标准，对某一评价对象提取最一致的信息，形成专家群决策意见的方法。这种方法简单、易于操作、能够有效吸收专家的知识和意见。但这类方法在使用中受专家知识、经验和主观见解影响较大。② 层次分析法（AHP）。层次分析法是一种定性与定量相结合的多层次权重解析方法。利用该方法进行评价时，首先要系统地分析问题，建立系统的递阶层次结构和同一层次两两要素的判断矩阵，然后利用判断矩阵计算各要素对于上一层准则的相对权重，进而对方案进行排序。层次分析法的优点是所需的数据量少，能够克服一般评价方法要求样本点多、数据量大的困难，从而使复杂系统因素间的量化分析和方案的评价成为可能。但评价过程中要素之间的比较及判断矩阵的建立需要有关专家根据经验来完成，因而评价结果必然要受到主观因素的影响。③ 模糊综合评价方法。该方法是一种利用集合论和模糊数学理论将模糊信息数值化来进行定量评价的方法。这种方法的优点是通过建立隶属度函数为定性信息和定量信息提供了一种统一的表达与处理模式，降低了人为因素对测度各指标数值的影响。但评价过程中使用的指标权重需要人为设定，另外隶属度函数的确定也很困难。④ 数理统计评价方法。数理统计评价方法主要包括主成分分析法、因子分析法、聚类分析法等方法，数理统计评价方法的优点是不依赖专家的主观判断，直接针对研究的问题，搜集原始数据进行加工、整理，利用专门的数学方法确定问题中各因素之间的因果关系，形成高度综合的信息。缺点是不善于处理具有多输入、多输出特征的系统评价问题。⑤ 人工神经网络评价方法。神经网络是仿生物神经网络，本质上是一个分布式矩阵结构，它通过对训练数据的采掘逐步计算网络连接权值。人工神经网络评价法主要根据所提供的数据，通过学习和训练，找出输入与输出之间的内在联系，从而对研究的问题进行分类和模式识别。该方法的优点是具有自组织、自学习的能力，能够处理具有多输入和多输出特征的系统数据，指标权重无须人为设定。缺点是需要的数据量大，既需要各种类型的训练网络的参考集样本，又需要待评价的样本数据；另外，评价准则是依据参考集样本的最优标准而定的。⑥ 数据包络分析法。该方法属于运筹学研究的领域，它主要采用数学规划方

法，利用观察到的有效样本数据，对具有多投入和多输出特征的相同类型的单元进行相对有效性评价或效益评价的一种新方法。该方法的优点是能够处理具有多输入多输出特征的系统的相对效率评价问题；无须事先人为设定指标权重，也不用人为假定各种函数的形式以及对参数进行估计和检验；DEA 方法既可以对样本单元进行评价，又可以对非有效单元提出优化调整的办法，而且经严密的数学推理证明，DEA 方法中用到的相对有效性概念与经济学的帕累托有效性等价。缺点是 DEA 方法对单个样本数据的误差非常敏感，评价的稳定性不如参数方法好。

通过上述比较分析，专家评价法、层次分析法、模糊综合评价方法适用于系统指标值难以定量表示的评价问题，指标值和指标权重受人为因素的影响较大，故属于主观决策的范畴；数理统计评价方法、人工神经网络评价方法以及 DEA 方法均不需要人为设定指标权重，属客观决策的范畴。就本研究的高等资源优化配置而言，一来选择的评价指标体系均属定量指标，主观决策评价方法不适用；二来区域高等教育系统是一个具有多输入和多输出特征的复杂系统，善于处理一果、多因问题的数理统计方法显然不适合；另外，由于可获得的相关数据有限，而且也没有可供学习的参考样本，人工神经网络评价方法也不适用。故笔者选择 DEA 方法作为研究苏北高等教育资源优化配置的评价方法。DEA 方法最突出的优点是：第一，DEA 方法能够很好地处理具有多输入、多输出特征的复杂系统的相对效率评价问题，非常适合区域高等教育系统相对效率评价；第二，无须事先人为设定指标权重，保证了评价结果的客观性；第三，DEA 方法中用到的相对有效性概念与经济学的帕累托有效性等价，符合高等教育资源优化配置的评价标准。DEA 方法的这些优点使其用于高等教育资源优化配置评价，不仅可行，而且相对较好。

2. DEA 方法的基本概念

(1) 决策单元。一个经济系统或一个生产过程可以看成是一个单元在一定的可能范围内，通过投入一定数量生产要素并产生一定数量的产品的活动，虽然这种活动的具体内容各不相同，但其目的都是尽可能地使这一活动取得最大的效益。由于产出是决策的结果，所以这样的单元被称为决策单元 DMU。因此，可以认为每个 DMU 都代表或表现出一定的经济意义，其基本特点是具有一定的输入和输出，并且在将输入转化成输出的过程中，努力实现自身的决策目标。在 DEA 中，使用较多的是同类型的 DMU。

所谓同类型的 DMU，是指具有以下三个特征的 DMU 集合：

① 具有相同的目标和任务；

② 具有相同的外部环境；

③ 具有相同的输入和输出指标。

(2) 生产可能集。设某个决策单元在一项经济活动中的输入、输出向量为 $x=(x_1,x_2,\cdots,x_m)^T$，$y=(y_1,y_2,\cdots,y_s)^T$，于是，我们可以简单地用 (x,y) 来表示这个决策单元的整个生产活动。

称集 $T=\{(x,y)\mid$ 产出 y 能用输入 x 生产出来$\}$是该决策单元所有可能的生产活动构成的生产可能集。

根据实际情况和研究问题的方便，生产可能集 T 满足下面四条公理，这四条公理是 DEA 方法及其相应模型建立的基本假设①：

① 凸性：对任意的 $(x,y)\in T$ 和 $(x',y')\in T$，以及 $\mu\in[0,1]$，有 $\mu(x,y)+(l-\mu)(x',y')\in T$，即如果分别以 x 和 x' 的 μ 和 $(1-\mu)$ 倍之和作为新的输入，则可得到与原产出相同比例之和的新的产出。凸性表明 T 是一个凸集。

② 锥性：若 $(x,y)\in T$ 及 $k\geqslant 0$，则 $k(x,y)=(kx,ky)\in T$，这表明若以原输入的 k 倍为新的输入，则得到原产出的 k 倍是可能的。

③ 无效性：设 $(x,y)\in T$，若 $x'\geqslant x$，则 $(x',y)\in T$；若 $y'\leqslant y$，则 $(x,y')\in T$，这说明在原来的生产活动的基础上增加投入或减少产出进行生产总是可能的。

④ 最小性：生产可能集 T 是满足上述条件①、②、③所有集合的交集。

在满足①～④基础上，对已有观测值 $(x_j,y_j)(j=1,2,\cdots,n)$，可得

$$T=\{(x,y)\mid k\sum_{j=1}^{n}\mu_j x_j\leqslant x,k\sum_{j=1}^{n}\mu_j y_j\geqslant y,\mu_j\geqslant 0,\sum\mu_j=1,\ k>0\}$$

令 $k\mu_j=\lambda_j(j=1,2,\cdots,n)$，则上述生产可能集变为

$$T=\{(x,y)\mid \sum_{j=1}^{n}\lambda_j x_j\leqslant x,\sum_{j=1}^{n}\lambda_j y_j\geqslant y,\lambda_j\geqslant 0\}$$

3. DEA 方法的有关模型

DEA 方法对决策单元效率评价的模型主要有两个，即 C^2R 模型和 BC^2 模型。这两个模型各有所长，C^2R 模型是建立在凸性、锥性、无效性和最小性四个

① 盛昭翰，朱乔，吴广谋. DEA 理论、方法与应用[M]. 北京：科学出版社，1996：33.

公理假设基础上的，BC^2 模型则是放宽了对锥性的考虑后形成的。两种模型是针对不同生产可能集条件下的决策单元进行评价，因而得出的结果会有差别。C^2R 模型下的决策单元相对效率包含了技术有效和规模有效双重评价的综合效率值，而 BC^2 模型下的决策单元相对效率仅仅体现了技术效率。因此，这两个模型结合起来进行评价，能够更加接近苏北地区高等教育资源配置效率的真实状况。

(1) C^2R 模型简介。

假设有 n 个决策单位 $DMU_j(1\leqslant j\leqslant n)$，每个 DMU_j 都有 m 项输入和 s 项输出指标，DMU_j 输入、输出向量分别为

$$x_j=(x_{1j},x_{2j},\cdots,x_{mj})^{T},\ j=1,2,\cdots,n$$

$$y_j=(y_{1j},y_{2j},\cdots,y_{sj})^{T},\ j=1,2,\cdots,n$$

以上这些向量均可以通过观测得到具体数据。要想对决策单元进行评价，还需要对它的输入、输出指标赋予恰当的权重，但一般情况下，我们对输入、输出量之间的信息结构了解不多，也很难理清他们之间的相互替代关系。为了避免分析者主观意志的影响，DEA 方法不对指标权向量赋值，而是把它们看作变向量。这里假设决策单元输入指标和输出指标的权重向量为：

$$v=(v_1,v_2,\cdots,v_m)^{T}$$

$$u=(u_1,u_2,\cdots,u_s)^{T}$$

那么，第 j 个决策单元 DMU_j 的效率评价指数可表示为：

$$h_j=\frac{\text{输出加权和}}{\text{输入加权和}}=\frac{u^{T}y_j}{v^{T}x_j}=\frac{\sum_{k=1}^{s}u_k y_{kj}}{\sum_{i=1}^{m}v_i x_{ij}},\ j=1,2,\cdots,n$$

我们总可以适当地选取权系数 v 和 u，使 $h_j\leqslant 1$，满足生产可能集的约束条件，同时可以第 j_0 个决策单元的效率指数最大为优化目标，构造评价第 j_0 个决策单元相对效率的 C^2R 模型：

$$
(\overline{P}) = \begin{cases} \max \dfrac{\sum_{k=1}^{s} u_k y_{kj_0}}{\sum_{i=1}^{m} v_i x_{ij_0}} = V_{\overline{P}} \\ \text{s. t.} \quad \dfrac{\sum_{k=1}^{s} u_k y_{kj}}{\sum_{i=1}^{m} v_i x_{ij}} \leqslant 1 \quad j = 1,2,\cdots,n \\ \qquad v = (v_1, v_2, \cdots, v_m)^{\mathrm{T}} \geqslant 0 \\ \qquad u = (u_1, u_2, \cdots, u_s)^{\mathrm{T}} \geqslant 0 \end{cases}
$$

上述问题是一个分式规划问题,可以利用 Charnes-Cooper 变化(为方便计,记 j_0 为 0),转化成一个等价的线性规划问题,令:

$$
\begin{cases} t = \dfrac{1}{v^{\mathrm{T}} x_0} \\ w = tv \\ \mu = tu \end{cases}
$$

则分式规划($\overline{P}$)变为:

$$
(P) = \begin{cases} \max \mu^{\mathrm{T}} y_0 = \overline{V}_p \\ \text{s. t.} \quad w^{\mathrm{T}} x_j - \mu^{\mathrm{T}} y_j \geqslant 0 \quad j = 1,2,\cdots,n \\ \qquad w^{\mathrm{T}} x_0 = 1 \\ \qquad w \geqslant 0,\ \mu \geqslant 0 \end{cases}
$$

根据对偶理论,上述线性规划可以转化为对偶规划。为了简化最优解的判别过程,需要在对偶规划模型中引入松弛变量和非阿基米德无穷小量 ε,线性规划(P)的对偶规划(D_ε)表示为:

$$
(D_\varepsilon) = \begin{cases} \min \theta = V_{D_\varepsilon} \\ \text{s. t.} \quad \sum_{j=1}^{n} \lambda_j x_j + s^- = \theta x_0 \\ \qquad \sum_{j=1}^{n} \lambda_j y_j - s^+ = y_0 \\ \qquad \lambda_j \geqslant 0 \quad j = 1,2,\cdots,n \\ \qquad s^+ \geqslant 0, s^- \geqslant 0 \end{cases}
$$

对于上述线性规划模型(D_ε)而言,θ 模型所涉及变量的经济含义为:

① θ 为 DMU_j 的相对综合效率,反映了第 j 个决策单元资源配置的合理程度。θ 越大,说明相对于其他被评价单元,第 j 个决策单元的资源配置效率越高,资源配置状态越趋于合理;反之,θ 值越小,则说明第 j 个决策单元的资源配置效率越低,资源浪费程度越高,资源配置状态越扭曲。

② λ_i 表示若干个决策单元的线性组合权重。若干决策单元通过这种线性组合,能够重构出一个相对于所有被评价单元而言效率最高的虚拟决策单元。DEA 方法正是以所有决策单元优化形成的有效前沿面为评价标准,对各个决策单元资源配置效率进行比较评价的。

③ s_i^-,s_i^+ 为松弛变量,非零的 s_i^-,s_i^+ 分别表示投入冗余量和产出不足量。具体来说,当 $\theta=1$ 且 $s_i^-=s_i^+=0$ 时,表示第 j 个决策单元是 DEA 有效的。说明相对于其他被评价单元,该决策单元既没有因投入多余而造成的资源使用上的浪费,也没有因产出不足而产生的资源分配上的效率损失,表明该决策单元资源配置状态相对合理,配置效率相对最优。当 $\theta=1$,且 $s_i^-\neq0$ 或 $s_i^+\neq0$ 时,表示第 j 个决策单元是弱 DEA 有效的。说明该决策单元已接近资源配置相对最优状态,但还有改进的余地。它可以在保持原有产出不变的情况下,在某些资源的投入上减少,也可以保持现有的投入水平,将某些方面的产出增加。当 $\theta<1$ 时,表示第 j 个决策单元是非 DEA 有效的。说明于其他被评价决策单元相比,该决策单元远没有达到资源最优配置状态,它可以通过讲所有资源投入压缩 θ 倍,而保持原产出不减。

(2) BC^2 模型简介。

1985 年,A. Charnes,W. W. Cooper,B. Golany,L. Seitord 和 J. Stutz,提出了不考虑生产可能集满足锥性的 DEA 模型,简记为 BC^2 模型。① 模型的具体形式如下:

① 魏权龄.评价相对有效的 DEA 方法[M].北京:中国人民大学出版社,1988:76-98.

$$(D_2)=\begin{cases}\min\theta=V_{D_2}\\ \text{s. t.}\quad \sum_{j=1}^{n}\lambda_j x_j\leqslant\theta x_0\\ \qquad\quad \sum_{j=1}^{n}\lambda_j y_j\geqslant y_0\\ \qquad\quad \sum_{j=1}^{n}\lambda_j=1\\ \qquad\quad \lambda_j\geqslant 0\quad j=1,2,\cdots,n\end{cases}$$

同样，在求解线性规划模型(D_2)及识别决策单元相对有效性的过程中，需要引入松弛变量和非阿基米德无穷小量 ε，以简化求解和判别最优解的过程。因此该模型还可以写为：

$$(D_{\varepsilon_2})=\begin{cases}\min\theta=V_{D_{\varepsilon 2}}\\ \text{s. t.}\quad \sum_{j=1}^{n}\lambda_j x_j+s^-=\theta x_0\\ \qquad\quad \sum_{j=1}^{n}\lambda_j y_j-s^+=y_0\\ \qquad\quad \sum_{j=1}^{n}\lambda_j=1\\ \qquad\quad \lambda_j\geqslant 0\quad j=1,2,\cdots,n\\ \qquad\quad s^-\geqslant 0,\ s^+\geqslant 0\end{cases}$$

这里我们不加证明地给出上述 BC^2 模型评价决策单元相对效率的规则。假设上述线性规划模型(D_{ε_2})的最优解是 $\lambda^*, s^{*-}, s^{*+}, \theta_i^*$。① 若该模型的最优解不仅满足 $\theta^*=1$，而且还满足 $s^{*-}=s^{*+}=0$，则称 DMU_{j_0} 为 DEA 有效。② 若该模型的最优解仅满足 $\theta^*=1$，则称 DMU_{j_0} 为弱 DEA 有效。③ 若该模型的最优解 $\theta_i^*\leqslant 1$，则称 DMU_{j_0} 为非 DEA 有效。

BC^2 模型与 C^2R 模型有关变量的经济含义是相同的，这里不再详述。两个模型是站在不同的角度对决策单元的生产过程进行描述和建模的，在 BC^2 模型下 DEA 有效仅仅代表技术有效，而不代表规模有效；在 C^2R 模型下 DEA 有效兼有技术有效和规模有效的双重含义，因此两个模型结合起来使用能挖掘出更多有用的数据信息。

（三）基于DEA的评价分析

1. 评价过程

基于上述介绍，以下我们建立基于DEA的苏北地区高等教育资源配置评价模型。DEA方法的研究对象是决策单元，我们把某一时段的苏北地区高等教育系统中的每所高校视作一个决策单元，该单元具有起特定的输入和输出，该系统在把输入转化为输出的过程中会努力追求提高资源的配置效率。运用DEA方法对苏北地区高等教育资源进行评价的思路如图6-1所示。

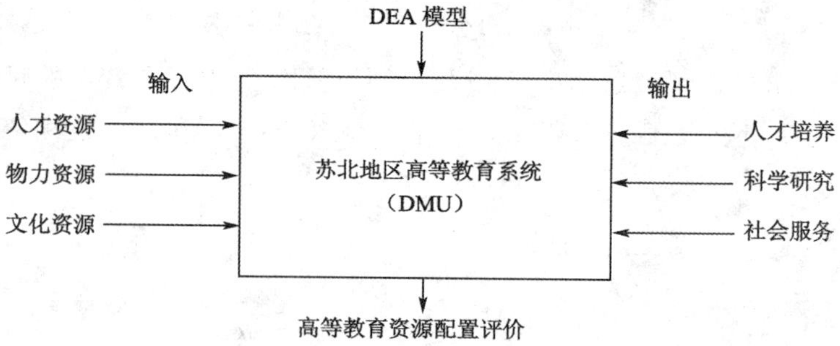

图6-1　基于DEA的苏北地区高等教育资源配置效率评价思路

运用DEA方法评价苏北地区高等教育资源配置效率的具体步骤如图6-2所示。

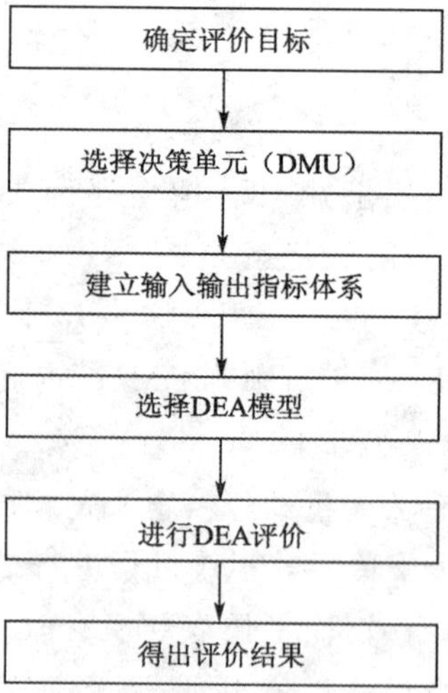

图6-2　基于DEA的苏北地区高等教育资源配置效率评价步骤

（1）确定评价目标。笔者主要运用DEA方法来评价苏北地区高等教育资源的配置效率，对于该系统而言，资源配置效率越高，表明在现有资源条件下该系统能以较少的资源消耗获得较多的产出，现有的资源配置越合理；反之，效率越低，表明该系统资源配置越不合理。

（2）选择决策单元。选择决策单元即决定参考集，笔者选择2013～2015年这三个年份作为时间参照，评价三年中苏北地区5所高校高等教育资源配置效率，既进行同一年度的横向比较，也进行不同年度同一高校的纵向比较，从而更为全面地评价苏北地区高等教育资源的配置效率。

（3）建立输入输出指标体系。笔者依据常用高等教育资源评价指标和实际可获取的数据选择如下指标进行评价：教职工总数、专任教师数、年度经费收入、年末固定资产总值、年度在校生数、毕业生数、科研经费数、出版专著数、发表论文数、技术转让收入和专利转让收入，见表6-1。

表6-1　　苏北地区高等教育资源配置评价指标体系

一级指标	二级指标	三级指标
高等教育输入	人才资源	教职工总数
		专任教师数
	物力资源	年度经费收入
		年末固定资产总值
高等教育输出	人才培养	在校学生数
		毕业生数
	科学研究	科研经费数
		出版专著数
		发表论文数
	社会服务	技术转让收入
		专利转让收入

（4）选择DEA模型。DEA模型有多种形式，在研究中主要选择评价规模有效和技术有效的C^2R模型。

（5）进行DEA评价分析。根据设计的指标体系和收集到的数据，运用不同的软件进行数据处理并加以验证，使评价结果尽可能接近高等教育资源配置的客观实际，为后续的结论和建议提供可靠依据。

(6) 得出评价结论。通过 DEA 方法的建模和对数据处理结果的分析，可以得到 DEA 的有效性、相对规模收益情况、各 DMU 的相对有效性及不同指标对 DMU 的影响等结果。依据这一结果，结合该地区高等教育系统的实际背景，可以找出影响高等教育资源配置效率的制约因素，从而制定科学、合理的高等教育资源优化配置策略。

2. 数据处理与分析

采用 Lindo 软件对 2013～2015 年苏北地区的高等教育资源配置效率进行评价分析。将苏北 5 所高校分别作为决策单元(DMU)，使用 C^2R 模型和 BC^2 模型计算各高校规模收益不变条件下的综合效率值(θ^*)、规模收益可变条件下的技术效率值(σ^*)以及两者的比值即规模效率值(s^*)。分别从整体方面、管理方面、规模结构方面完整地分析现阶段苏北 5 所高校的资源配置效率，见表 6-2。

表 6-2　2013～2015 年苏北地区 5 所高校的资源配置效率值

高校 \ 年份 / 效率	2013 年			2014 年			2015 年		
	θ^*	σ^*	s^*	θ^*	σ^*	s^*	θ^*	σ^*	s^*
高校 A	1.000	1.000	1.000	1.000	1.000	1.000	1.000	1.000	1.000
高校 B	0.325	0.893	0.364	0.477	1.000	0.477	0.572	1.000	0.572
高校 C	0.981	1.000	0.981	0.890	1.000	0.890	0.969	1.000	0.969
高校 D	0.898	1.000	0.898	0.924	1.000	0.924	1.000	1.000	1.000
高校 E	1.000	1.000	1.000	1.000	1.000	1.000	1.000	1.000	1.000

数据来源：以上计算结果所依据的数据均来源于对 A、B、C、D 四所高校的实际调研和 E 校网站的公开数据。

从现阶段苏北地区 5 所高校资源配置的综合效率来看，总体上配置水平不高，各高校综合效率有逐年上升的趋势。2013 年有两所高校的资源配置综合效率值达到了 1，三所高校未能处在资源配置综合效率的前沿面上；2014 年同样有两所高校的资源配置综合效率值达到了 1，三所高校未能处在资源配置综合效率的前沿面上；2015 年三所高校处在资源配置综合效率的前沿面，两所高校的资源配置综合效率未能达到 1。三年中高校 B 的资源配置综合效率均非 DEA 有效，主要是由于固定资产投资增长较快，而在人才培养、科学研究和社会服务等方面却没有相应的提高和改善。

从技术效率来看，苏北地区 5 所高校资源配置的水平尚可，而且比较接近，几乎都处在技术效率的前沿面。这说明苏北 5 所高校的教育管理水平还是比较高的，尤其是高校 E，一直处在技术效率的前沿面。由于该校是一所教育部直属高校，又处于高等教育系统生态位的上层，长期以来政府的投资力度比较大、科学研究和社会服务水平均比较高，社会声誉度也比较好，多年来的文化资源积淀比较丰富，管理水平相对较高，这是其办学相对更加符合高等教育生态内在发展逻辑而产生的良好结果。

从规模效率看，苏北地区 5 所高校资源配置的规模效率一般，但有不断改善的趋势。2013 年、2014 年有三所高校的规模效率非 DEA 有效，到 2015 年只有两所高校的规模无效。高校 C 的规模效率在 2014 年比 2013 年有所下降，到 2015 年又开始上升。

根据表 6-2 中各年份苏北地区 5 所高校资源配置效率值，我们可以计算出不同年份各高校资源配置效率差异的标准差，具体见表 6-3。

表 6-3　　2013～2015 年苏北地区 5 所高校资源配置效率差异比较

年份 标准差值	2013 年	2014 年	2015 年
综合效率 θ^* 标准差	0.2609	0.1955	0.1688
技术效率 σ^* 标准差	0.0429	0	0
规模效率 s^* 标准差	0.2454	0.1955	0.1688

数据来源：以上计算结果所依据的数据均来源于对 A、B、C、D 四所高校的实际调研和 E 校网站的公开数据。

表 6-4 列出了 2013～2015 年苏北地区 5 所高校的生师比数据，由此可以得出如下结论：

表 6-4　　2013～2015 年苏北地区 5 所高校生师比

	2013 年	2014 年	2015 年
学校 A	22.5∶1	22.1∶1	21.0∶1
学校 B	21.0∶1	19.8∶1	16.5∶1
学校 C	19.0∶1	18.6∶1	18.4∶1
学校 D	19.7∶1	15.8∶1	15.0∶1
学校 E	19.2∶1	18.8∶1	18.2∶1

数据来源：以上计算结果所依据的数据均来源于对 A、B、C、D 四所高校的实际调研和 E 校网站的公开数据。

（1）苏北地区5所高校生师比总体呈下降趋势，在逐步向国内外公认的14∶1～16∶1的合理区间发展。

（2）苏北地区唯一一所教育部直属高校的生师比较其他高校要高，教师资源的配置失衡较为严重。

综合以上数据处理结果可以看出，苏北地区5所高校在人才资源配置和物力资源配置两方面总体上处于不平衡状态。虽然并非每一所高效在所有指标上都合理、高效或不合理、低效，但每一所高校都有资源低效之处，并且处于小幅波动状态，因此，苏北地区高等教育资源配置有待调整。

三、苏北地区高等教育资源的生态化配置与培植

基于前面实证分析的结果，苏北地区高等教育资源在人才资源和物力资源的配置方面均有效率参差不齐的状况，高等教育系统总体上处于生态不平衡状态，这里提出苏北高等教育人才资源和物力资源优化配置的建议。

第一，苏北地区拥有唯一一所"211工程"高校，该高校处于苏北高等教育系统生态位的顶层，具有若干全国一流的学科专业优势、悠久的办学历史、良好的学术氛围和深厚的历史积淀，正努力建设世界一流大学。但就现实来看，该校物力资源比较匮乏，由于建设新校区投入过大，目前仍有银行贷款负担，处于负债运行状态，从而制约了该校在教学、科研、人才引进等方面的投入。因此，中央政府应当加大对该校的投入，减轻其债务负担，给予其与同层次高校相当的经费支持，使之具有相对充裕的物力资源保障。在人才资源方面，既要在全国范围内调配该校所具有优势学科专业的一流教师，促进其学术水平的提高和科研实力的增强，又要控制其招生规模的过快扩大，促进其生师比回归到合理区间。通过对人才资源和物力资源配置的调整，使该所高校达到与其在高等教育系统中所处生态位相符的状态，从而实现其资源的更大效益，促进和维护其生态平衡。

第二，苏北地区面积占江苏省面积的一半，人口占全省人口的近40%，但2015年苏北的普通高校总数仅占全省普通高校总数的近20%，与苏北的面积、人口在全省的比重很不相称，也制约了苏北经济发展对各级各类人才的需求，因此，政府应加大对苏北地区高等教育的投入，在该地区增设普通高等学校，使苏北地区的高校数与人口的比例趋于合理。

第三，苏北地区9所普通本科高校中有5所工科类院校，3所师范类院校，1所医学类院校，其中有3所校名就叫某某学院。从学科生态的角度来看，这种结构是不合理的，工科类院校偏多，医学类院校过少，这种学科结构会导致苏北地区高等教育系统培养人才的能力和所培养人才的种类无法满足区域经济发展、社会进步的需求，从而制约该区域总体发展水平的提高。因此，政府应当调整苏北地区不同科类高校的比例，减少工科类高校的设置，设立综合性大学、减少工科类高校的数量、增加其他科类高校的设置，例如财经类、政法类、农林类、医学类高校等。对于已有的工科类高校，则可以实行资源整合，把现有工科类院校中工科学科专业的优秀教师资源调整、集中配置到2所工科类高校当中去，其余科类的教师资源调整到其他地区工科类高校当中去，以维护苏北地区高等教育系统学科和学术生态的平衡。

第四，1999年开始的高校大规模扩招，使全国大部分高等院校的学生规模急剧膨胀，而合格教师的成长又不是短期内能够实现的，所以全国高校的生师比普遍偏高。从统计数据来看，苏北地区高校的生师比也偏高。因此，苏北地区各高校一方面要控制招生规模的快速增长，同时要积极扩充合格教师资源，把生师比控制在正常区间，促进人才资源配置区域合理。

鉴于苏北地区高等教育系统已有的失衡现状，应当在人才资源、物力资源方面积极进行调整，以促进整个区域高等教育人才资源和物力资源的合理配置，维护苏北地区高等教育系统规模、结构、质量、效益的平衡，提高高等教育系统的投入、产出效率，实现苏北地区高等教育的持续、和谐发展。

文化资源方面，苏北地区拥有唯一一所教育部直属高校，该所高校是“211工程”高校，并且正在努力向世界一流大学迈进。同时，该校又是全国行业的龙头大学，具有近一百多年的办学历史，丰富的科研成果和丰厚的历史积淀。因此，该大学属于全国高等教育系统的精英型大学，应当按照精英型高等院校的模式培植其文化资源。

然而现实表明，该校的精英意识仍有欠缺。例如，该校2013～2015年的生师比高于公认的14：1～16：1的正常区间，且仍有稳定上升的趋势。同时，据调研所知，该校的一些公共课班级规模过大，教学效果受到很大影响。这些情况说明，该校仍在继续扩大招生规模，其原因可能是多方面的，但有一点是显而易见的，那就是该校仍在用外延式发展的理念经营自己，这有悖于其在高等教育系统中的精英生态位。若延续这种发展模式，势必损害教育质量，难以持续和谐发展。因此，建议该校积极稳定招生规模，着力提高教育质量，走内涵式发展道路，稳定并逐步提高自身在全国高等教育系统中的地位，并在自己的优势学科上向国际一流大学迈进。

另外，根据调研所得资料，苏北地区高校普遍存在优秀的学术人才担任学校不同级别的领导职务的"学者从政"现象。显然，这是各高校为了吸引和稳定优秀人才的一个举措，其良苦用心显而易见。也许这样做能在某种程度上达到预期目的，但从根本上和长远来看，这样做恰恰走向了其良好愿望的反面。因为学术上优秀的人才非但未必就是从政的优秀人才，甚至可能是从政的"低能者"。虽然"学者从政"的负面效果难以精确量化，但从政占用了他们的大量时间，耗费了大量精力，使其难有时间和精力从事他们最具优势的科研工作，甚至使他们醉心于从政带来的诸多"好处"之中而不愿再做枯燥的科研工作，这是毋庸置疑的事实。因此，不论"学者从政"现象有多少理由，它确实严重制约了学术的发展，在客观上限制了学术自由，既伤害了沉迷其中的学者，也戕害了学术的进步。这是我国本土近代以来难以产生推动人类历史发展的学术思想和原创性科研成果，难以培养出具有创新思想和批判精神的人才，难以实现本土诺贝尔奖零的突破，难以实现世界一流大学梦想的重要原因，也在某种程度上成为高等教育生态扭曲和失衡的重要原因。

对"学者从政"现象的深层追问和反思，不难得出这样的答案，它是我国传统文化中极其顽固的"学而优则仕"和"官本位"思想的现实体现，同时，这种现象也从更深的层面反映出学术自由的来之不易。因为，新中国成立以来，尤其是改革开放以来，我国广大人民享有了越来越多的政治自由，高等教育领域也享有前所未有的自由，但在实质上，学者从政反映的仍然是"学术不自由"，因为学者在学术上所取得的成绩难以赢得广泛的认可和尊重，取得成绩不是为了科学和真理本身，反而成了学者"从政"才能获得认可和尊重的工具和平台，这充分暴露出深层次的"学术没有得到足够尊重"、"学术不够自由"的现实。这种现象的普遍存在正说明了高等教育文化资源在一定程度上逆向生长和蔓延严重形势。普遍的"学者从政"现象严重违背了高等教育的内在发展逻辑，是高等教育发展的重大羁绊，也是我国高等教育未来发展进程中应当努力消除的文化阴影。

对于苏北地区高校普遍从政的"学者从政"现象，我们应当在积极祛除其负面作用的同时，努力培植真正意义上的学术自由文化资源，遵循生态学中的"基因和环境都很重要”规律，以生态学“乘补原理”和高等教育生态系统观、整体观、平衡观和调控观为理论依据，积极培植符合高等教育本质和扭转发展逻辑的文化基因和环境，为优秀的学术人才创造良好、自由的学术发展空间、环境，使其在探索科学和真理的道路上心无旁骛，永无止境。

结　语

本研究基于生态学的视角，理论研究和实证分析相结合，重点研究高等教育资源的配置应如何与高等教育系统演进的内在逻辑相符合。在文献研究的基础上，首先对高等教育资源概念的内涵和特征进行探讨，进而对高等教育资源进行分类，强调高等教育文化资源是继高等教育人才资源和物力资源之后的又一重要资源，接着论述了高等教育本质及其内在发展逻辑，并把新中国成立以来我国高等教育资源配置大致分为两个时间段，对这两个时间段内高等教育资源的主要配置方式进行了介绍与评析，然后重点介绍和分析了计划和市场两种配置方式下的高等教育文化资源状况，接着对当前高等教育资源的现实问题进行了总结与分析。其次，本书介绍了生态学的发展、规律和原理以及教育生态学的研究和进展，论述了高等教育生态的系统观、整体观、平衡观和调控观以及三类高等教育资源分别与高等教育生态的关系，介绍并分析了当前高等教育系统的生态失衡现状。再次，在上述理论与分析的基础上，笔者提出了以生态位原理为依据，在对高等教育系统内的高等院校分层的基础上，对高等教育人才资源进行生态位分层配置，对高等教育物力资源进行纵向分层配置和横向竞争配置，并积极培植精英高等教育文化资源和大众高等教育文化资源。最后，笔者选取苏北地区五所不同层次和类别的高等院校作为实证分析对象，运用DEA方法构建了数学模型，经过数据处理与分析，得出当前苏北地区高等教育资源配置效率欠佳、有待进一步优化的结果，进而提出了苏北地区高等教育资源优化配置的建议。本研究的主要结论如下：

(1) 高等教育资源配置方式与高等教育生态系统平衡具有紧密的内在关联。在经济学理论中，资源配置方式主要有两种，即计划配置方式和市场配置方式。新中国成立60多年来，经济体制由单一的计划经济体制发展到“市场在资源配置中起基础性作用”的社会主义市场经济体制，高等教育资源配置方式也由改革开放前单一的计划配置方式逐步演变为由政府计划和市场供求共同配置的方式。新中国成立 60 多年来的高等教育发展实践表明，不同的高等教育资源配置方式下，高等教育资源在高等教育系统内存在和产生效益的方式也将不同，从而出现相同的资源会产生不同的效益，并最终决定着高等教育生态系统的相对平衡或失衡。

（2）高等教育三类资源相辅相成、密不可分、缺一不可，它们作为一个整体共同发生作用。高等教育是人类的文明和智慧之花，是位于教育系统顶端的教育子系统，是人工系统，它要与自身周围的环境相互作用，具有生态特征。人是高等教育系统存在和发展的前提，人才资源是高等教育系统存在的前提。人兼具生物性和社会性，人既是物质性存在，也是社会性存在，所以，人的存在和发展都离不开物质，高等教育是人类活动的产物，其存在和发展同样离不开物质基础，物力资源是高等教育系统存在和发展的基础。文化是一个抽象的概念，是人类劳动所创造成果的抽象性存在和表现形式，它虽然无形，却时刻存在并制约着人类的活动。高等教育文化资源是高等教育系统的灵魂和领袖，它对高等教育的影响、制约是潜在的、长期的。人才资源、物力资源和文化资源都是高等教育存在和发展不可或缺的资源，它们在高等教育系统的各个层面共同发挥作用，只有这三类资源相互协调、密切配合，才能产生最大效益，维持高等教育生态系统的相对平衡与和谐发展。

（3）新中国成立至今，我国高等教育人才资源和物力资源的配置一直备受重视，但对文化资源的培植却重视不足。新中国成立至改革开放之前，政治文化是我国的主导文化，受其影响，高等教育文化资源具有浓厚的政治色彩，“又红又专、先红后专”是其典型特征。改革开放后，经济发展成为国家的战略重点，建立社会主义市场经济探索实践中的“一手硬、一手软”使得市场经济的盲目性和过分功利性弊端有了滋生、蔓延的土壤，过分功利性文化观念一度冲破大学围墙，渗透进象牙塔并大行其道。高等教育无论是沉浮于政治漩涡，还是荡漾于经济海洋，都严重违背了其本质和内在发展逻辑，并导致高等教育文化资源的逆向生长和蔓延。然而，由于高等教育文化资源不像人才资源和物力资源那样容易配置和具有相对明显快速的效益性，因而更容易被忽视。新中国成立至今的高等教育发展中，文化资源一直没有得到应有的重视和恰切的培植，因此，符合高等教育本质和内在发展逻辑的文化资源的培植应成为今后我国高等教育发展中的重要内容。

（4）高等教育资源的配置必须符合高等教育的本质和内在发展逻辑。高等教育的本质是文化和人的双向建构，高等教育的内在发展逻辑是大学自治、学术自由、教授(学者)治校、教学与研究相统一。自中世纪大学产生以来的近千年时间里，在全世界范围内，高等教育系统在与其环境相互作用的过程中，发生过无数的变化，但贯穿高等教育发展的一条主线从未中断，而且逐渐由模糊走向清晰，成为世界高等教育演进的内在逻辑。高等教育的内在发展逻辑是经过全世界高等教育近千年发展实践的检验和积淀而来的，因而也是当代高等教育发展必须遵循的"哲学原则"。在新的千年纪元里，我国高等教育的和谐发展，也必须遵循其规律和内在逻辑。高等教育发展的逻辑源渊于过去的传统，汇注于现在，又奔向未来。它不是死去的历史陈迹，而是至今活着的文化生命，是一种历史文化的衍生与流变，它深深熔铸于民族的生命力、创造力和凝聚力之中，成为活着的文化生命。因此，我们在配置高等教育资源时，必须遵循高等教育的本质和内在发展逻辑，既要"制器"也要"成人"，既要功利也要博雅，并且要实现资源在高等教育系统内的协调配置。唯其如此，才可能实现高等教育系统的生态平衡，实现高等教育的和谐、可持续发展。

(5) 基于DEA模型对苏北地区高等教育资源配置的效率进行分析，得出苏北高等教育资源配置整体效率不高，高等教育生态偏离平衡。笔者运用DEA方法构建模型，对苏北地区高等教育资源配置效率进行了实证分析。从分析结果看，苏北高等教育资源配置在生师比、科研经费投入产出、社会服务等指标上均显示出低效率。因此，建议苏北地区调整高等教育资源配置方式，调整招生规模，促使生师比趋于合理；各高校找准自己在高等教育系统中的位置，准确定位，以质量和特色求生存、谋发展，实现高等教育资源的高效益和苏北高等教育的和谐发展。

在前人研究成果的基础上，本研究有以下创新之处：

(1) 对已有高等教育资源种类进行了概括与深化，把高等教育资源分为人才资源、物力资源和文化资源，增加了高等教育文化资源这一种类，使高等教育资源概念更为丰富和完善。同时，对高等教育生态系统的文化资源现状进行剖析，概括了高等教育发展过程中不符合其生态演化逻辑的现象，并分析原因、指出危害，进而提出培植符合高等教育内在发展逻辑的文化资源的思想及具体思路。

(2) 在已有高等教育资源计划和市场配置方式的基础上，提出以高等教育生态系统整体观、系统观、平衡观和调控观为指导，依据高等教育生态系统演化的内在逻辑，以生态化方式配置高等教育资源，拓展了高等教育资源配置方式。

(3) 以苏北五所普通高校为样本，运用数学方法和模型，实证分析了苏北地区高等教育人才资源和物力资源的配置效率，提出了调整其人才资源、物力资源配置以及培植其文化资源的思路。

在研究过程中，我们深感对“高等教育资源配置”的研究是一项十分复杂的课题。因为该课题涉及的学科领域非常广泛，不但需要教育学、高等教育学的理论基础，还需要经济学、教育经济学、数学、生态学、教育生态学、文化学、教育文化学等学科的知识和基础，如此众多的学科和理论，对于研究者来说着实是一个不小的挑战。因此现在书稿虽已完成，但由于作者水平所限，在研究过程中发现对高等教育资源生态化配置的理论研究和实证研究数据资料不够充足，加之时间的限制，有些最初的设想并未实现，可以说，对该项课题的深入研究才刚刚开始。

回顾整个研究过程，主要有以下不足之处：

(1) 生态学本身是一门复杂的学科，它与教育学、高等教育学的交叉学科教育生态学和高等教育生态学尚处于发展的初始阶段，远非成熟。本研究以教育生态学和高等教育生态理论为基础研究高等教育资源配置与培植问题，感觉在高等教育学与生态学的一些概念、理论的转换和结合上深度不够。

(2) 对高等教育人才资源、物力资源的计划配置和市场配置与生态化配置之间复杂的交互作用关系的探讨有待进一步深化。

(3) 对于笔者想重点探讨分析的现实文化资源问题及其缘由以及文化资源的生态化培植问题仍没有达到预期的状态，这也是本研究的一个不足和遗憾之处。

展望未来，随着我国政治、经济、文化的持续发展和高等教育大众化进程的深入，我国高等教育资源的配置和培植问题将越来越突出和重要，这一领域新的研究课题会不断出现，笔者认为以下几个问题急需进行深入研究：

(1) 在高等教育资源配置过程中政府、高校和市场谁应该起主导作用，各自应该承担的责任。新中国成立后，我国高等教育发展历经起伏和振荡，既曾受到政治的过度干预，也曾受到经济的过度影响。改革开放之后，我国高等教育管理体制不断改革，在这一改革过程中，高校与政府、高校与市场的关系一直是高等教育理论和实践工作者十分关注的问题，也是高等教育资源配置和培植必须考虑的重要因素。因此，在社会主义市场经济体制下，政府、高校和市场在高等教育资源配置中的相互关系和机制问题是该课题继续研究的方向。

(2) 经济发展和文化流变对高等教育文化资源培植的影响。本研究从宏观层面论述并探讨了高等教育的本质及其内在发展逻辑，提出了高等教育文化资源的培植应符合高等教育的本质与内在发展逻辑，随着我国政治体制改革和社会主义市场经济建设的进一步发展，文化环境的变化将对高等教育发生更大的影响，这种影响既有显而易见的，也有潜移默化的。在这种条件下，高等教育文化资源的培植问题将是一个有待继续深入研究的课题。

(3) 实证研究和数据资料工作的深入。本研究以苏北地区五所高校为例，实证分析了苏北高等教育资源配置中的问题，由于苏北五市高等教育发展水平参差不齐，各高校的数据资料积累得不够完善，有些更加细致的数据难以采集，因此，在研究过程中深感数据资料的重要性和难度。例如，由于毕业生就业率与高校的专业设置、学科建设、学校拨款等密切相关，使得毕业生就业率成为各高校的敏感数据，即便能够采集到，其可靠性也难以令人信服，所以在实证研究中没有设计毕业生就业率这一指标。资料的细致、全面直接关涉到实证分析结果的科学性和可靠性，因此，在进一步研究过程中，需要加强数据这一的基础工作，采集更为深入细致的数据，才能进一步提高研究的质量，保证实证研究结果的准确可靠。

参考文献

[1] 柏植.我国高等教育的经济学分析[J].江苏高教,1998(6).
[2] 别敦荣.世界一流大学教育理念[M].厦门:厦门大学出版社,2016.
[3] 别敦荣.我国现代大学制度探析[J].江苏高教,2004(3).
[4] 别敦荣.中美大学学术管理[M].武汉:华中理工大学出版社,2000.
[5] 邴正.当代人与文化——人类自我意识与文化批判[M].长春:吉林教育出版社,1998.
[6] 蔡克勇.我国高等教育体制改革及其综合效益分析[M].北京:人民教育出版社,1997.
[7] 陈平原.抗战烽火中的中国大学[M].北京:北京大学出版社,2015.
[8] 陈平原,谢泳,等.民国大学——遥想大学当年[M].北京:东方出版社,2014.
[9] 陈序经.文化学概观[M].北京:中国人民大学出版社,2005.
[10] 程莹,王琪,刘念才.世界一流大学:对全球高等教育的影响[M].上海:上海交通大学出版社,2015.
[11] 楚永生.政府与市场资源配置有效性边界分析[J].西安电子科技大学学报(社会科学版),2003(4).
[12] 丁三青.论大学复兴[J].高等教育研究,2004(5).
[13] 董泽芳,陶能祥.高等教育分流的理论与实践[M].武汉:华中师范大学出版社,2010.
[14] 段从宇,迟景明.内涵、指标及测度:中国区域高等教育资源水平研究[J].高等教育研究,2015(8).
[15] 段从宇.资源视角的高等教育区域协调发展研究[D].大连:大连理工大学,2015.
[16] 范国睿.共生与和谐:生态学视野下的学校发展[M].北京:教育科学出版

社,2011.
[17] 范国睿.教育生态学[M].北京:人民教育出版社,2000.
[18] 范国睿.美英教育生态学研究述评[J].华东师范大学学报(教育科学版),1995(2).
[19] 范进.康德文化哲学[M].北京:社会科学文献出版社,1996.
[20] 高桂娟.现代大学制度演进的文化逻辑[M].青岛:中国海洋大学出版社,2007.
[21] 高平叔.蔡元培教育论著选[M].北京:人民教育出版社,1991.
[22] 高平叔.蔡元培教育文选[M].北京:人民教育出版社,1980.
[23] 顾岩峰,孙慧佳."双一流"建设背景下高等教育资源"差异化"配置指标设置刍议[J].读天下,2016(5).
[24] 国家教育发展研究中心.发达国家教育改革的动向和趋势[M].北京:人民教育出版社,1994.
[25] 韩延明.大学理念论纲[M].北京:人民教育出版社,2003.
[26] 郝书辰,高文兵.中国高等教育资源分布与协调发展研究[M].北京:高等教育出版社,2008.
[27] 郝维谦,龙正中.高等教育史[M].海口:海南出版社,2000.
[28] 贺国庆.近代德国大学科学研究职能的发展和影响[J].河北大学学报(哲学社会科学版),1996(4).
[29] 贺国庆.欧洲中世纪大学[M].北京:人民教育出版社,2009.
[30] 贺麟.文化与人生[M].北京:商务印书馆,2015.
[31] 贺祖斌.高等教育生态论[M].桂林:广西师范大学出版社,2005.
[32] 黄达人,等.大学的根本[M].北京:商务印书馆,2015.
[33] 黄达人,等.大学的声音[M].北京:商务印书馆,2012.
[34] 黄达人,等.大学的治理[M].北京:商务印书馆,2013.
[35] 黄达人,等.大学的转型[M].北京:商务印书馆,2015.
[36] 黄福涛.欧洲高等教育近代化——近代法、英、德高等教育制度的形成[M].厦门:厦门大学出版社,1998.
[37] 金耀基.大学之理念[M].北京:生活·读书·新知三联书店,2001.
[38] 劳昕,薛澜.我国高等教育资源的空间分布及其对地区经济增长的影响[J].高等教育研究,2016(6).

[39] 李昌宇.资源倾斜与配置——中国产业结构的转变过程[M].西安:陕西人民出版社,1992.
[40] 李亮.关于DEA和逆DEA模型与算法的研究[D].北京:中国科学院系统工程研究所,2003.
[41] 林莉,周鹏飞,吴爱萍.中国高等教育效率损失的系统研究[M].北京:中国财政经济出版社,2012.
[42] 刘翠.我国高等教育资源区域配置问题研究综述[J].内蒙古农业大学学报(社会科学版),2015(2).
[43] 刘根东.后现代主义与当代高等教育改革[J].江苏高教,2003(2).
[44] 刘贵华.大学学术发展研究——基于生态的分析[M].武汉:华中师范大学出版社,2005.
[45] 刘华军,张权,杨骞.中国高等教育资源空间分布的非均衡与极化研究[J].教育发展研究,2013(5).
[46] 刘述礼,黄延复.梅贻琦教育论著选[M].北京:人民教育出版社,1993.
[47] 刘亚荣.从双轨到和谐:中国高等教育资源配置机制的转轨[M].杭州:浙江大学出版社,2010.
[48] 陆扬,王毅.文化研究导论[M].上海:复旦大学出版社,2006.
[49] 吕昭河.中国高等教育资源优化配置的经济分析[J].河北科技大学学报(社会科学版),2002(6).
[50] 马陆亭.高等学校的分层与管理[M].广州:广东教育出版社,2004.
[51] 马陆亭.我国高等学校层次结构研究[D].北京:北京航空航天大学,1999.
[52] 马歆静.对大教育的教育生态学分析[J].赣南师范学院学报(社会科学版),1996(4).
[53] 马歆静.生态化与可持续发展——现代教育发展的必然[J].教育理论与实践,1998(5).
[54] 马占新.数据包络分析方法的研究进展[J].系统工程与电子技术,2002(3).
[55] 毛礼锐,瞿菊晨,邵鹤亭.中国古代教育史[M].北京:人民教育出版社,1983.
[56] 欧阳志远.生态化——第三次产业革命的实质与方向[M].北京:中国人民大学出版社,1994.

[57] 潘懋元.对接资本市场——在民办高等教育与资本市场高级论坛上的发言[J].教育发展研究,2004(3).
[58] 潘懋元.高等教育大众化的教育质量观[J].中国高教研究,2000(1).
[59] 潘懋元,陆根书,王洪才.高等教育研究方法[M].北京:高等教育出版社,2008.
[60] 潘懋元.新编高等教育学[M].北京:北京师范大学出版社,1996.
[61] 任凯,白燕.教育生态学[M].沈阳:辽宁教育出版社,1992.
[62] 尚杰,马波.资源经济学[M].哈尔滨:哈尔滨出版社,1997.
[63] 邵争艳.中国区域高等教育资源优化配置评价与对策研究[D].哈尔滨:哈尔滨工程大学,2006.
[64] 盛昭翰,朱乔,吴广谋.DEA 理论、方法与应用[M].北京:科学出版社,1996.
[65] 施晓光.我国大学内部管理制度之检讨与改造[J].沈阳师范大学学报(社会科学版),2004(1).
[66] 眭依凡.大学校长的教育理念与治校[M].北京:人民教育出版社,2001.
[67] 眭依凡.大学庸俗化批判[J].北京大学教育评论,2003(3).
[68] 孙霄兵.中国特色现代大学制度建设研究[M].北京:教育科学出版社,2014.
[69] 陶火生.生态实践论[M].北京:人民出版社,2012.
[70] 王成端,游建军.中国西部高等教育资源优化配置研究[M].成都:西南交通大学出版社,2015.
[71] 王沪宁.行政生态分析[M].上海:复旦大学出版社,1989.
[72] 王亚杰.挑战与出路:特色型大学的发展出路[J].高等工程教育研究,2008(1).
[73] 魏权龄.评价相对有效的 DEA 方法[M].北京:中国人民大学出版社,1988.
[74] 文辅相.关于教育与高等教育本质的讨论[J].高等工程教育研究,1995(1).
[75] 文辅相.我国大学的专业教育模式及其改革[J].高等教育研究,2000(2).
[76] 邬大光.近年来我国高等教育研究若干问题述评[J].教育研究,2015(5).
[77] 吴鼎福,诸文蔚.教育生态学[M].南京:江苏教育出版社,1990.

[78] 熊贤君.中国教育行政史[M].武汉:华中理工大学出版社,1996.
[79] 杨德广.高等教育学概论[M].上海:上海交通大学出版社,1991.
[80] 杨明.论高等教育中的市场失灵及其矫正[J].浙江大学学报(人文社科版),2004(4).
[81] 杨叔子.现代大学与人文教育[J].高等教育研究,1999(4).
[82] 余谋昌.生态文化论[M].石家庄:河北教育出版社,2001.
[83] 余谋昌.生态哲学[M].西安:陕西人民教育出版社,2000.
[84] 岳武,靳丽英.中国高等教育资源配置改革问题及对策研究[M].长春:东北师范大学出版社,2015.
[85] 曾祥云,吴育华,郑道英.随机 DEA 模型及其应用[J].系统工程理论与实践,2000(6).
[86] 张楚廷.哲学是什么[M].重庆:西南师范大学出版社,2015.
[87] 张椿年.从信仰到理性——意大利人文主义研究[M].杭州:浙江人民出版社,1993.
[88] 张帆,王英杰,刘宝存.德国高等学校的兴衰与等级形成[M].北京:北京师范大学出版社,2012.
[89] 张应强.从生活空间到文化空间:现代大学书院制如何可能[J].高等教育研究,2016(3).
[90] 张应强.精英与大众:中国高等教育 60 年[M].杭州:浙江大学出版社,2009.
[91] 张应强.文化视野中的高等教育[M].南京:南京师范大学出版社,1999.
[92] 张应强.我国高等教育改革的反思和再出发[J].深圳大学学报(人文社会科学版),2016(1).
[93] 赵光龙.中国高等教育资源配置空间分布研究[D].上海:华东师范大学,2014.
[94] 赵文华.高等教育系统论[M].桂林:广西师范大学出版社,2001.
[95] 郑雪.教育的生态评定简介[J].外国教育动态,1983(5).
[96] 钟书河,朱纯.过去的学校[M].长沙:湖南教育出版社,1982.
[97] 周聚.我国高等教育资源配置的对策探索[J].江苏高教,2014(7).
[98] [奥地利]贝塔朗菲.一般系统论[M].林康义,等译.北京:清华大学出版社,1987.

[99] [德]弗·鲍尔生. 德国教育史[M]. 滕大春,译. 北京:人民教育出版社,1986.
[100] [德]海德格尔. 存在与时间[M]. 北京:生活·读书·新知三联书店,1987.
[101] [德]汉斯·萨克塞. 生态哲学[M]. 文韬,佩云,译. 北京:东方出版社,1991.
[102] [德]兰德曼. 哲学人类学[M]. 贵阳:贵州人民出版社,1988.
[103] [德]雅斯贝尔斯. 什么是教育[M]. 邹进,译. 北京:生活·读书·新知三联书店,1991.
[104] [法]埃尔. 文化概念[M]. 康新文,译. 上海:上海文化出版社,1988.
[105] [法]路易·多洛. 个体文化与大众文化[M]. 黄建华,译. 上海:上海人民出版社,1987.
[106] [美]安德鲁·德尔班科. 大学:过去、现在与未来[M]. 北京:中信出版社,2014.
[107] [美]奥德姆. 系统生态学[M]. 北京:科学出版社,1993.
[108] [美]伯顿·克拉克. 高等教育新论:多学科的研究[M]. 王承绪,等译. 杭州:浙江教育出版社,2001.
[109] [美]德里克·博克. 美国高等教育[M]. 乔佳义,译. 北京:北京师范学院出版社,1991.
[110] [美]杜威. 民主主义与教育[M]. 王承绪,译. 北京:人民教育出版社,1990.
[111] [美]菲力浦·孔布斯. 世界教育危机——八十年代的观点[M]. 赵宝恒,等译. 北京:人民教育出版社,1990.
[112] [美]菲利普·阿特巴赫. 比较高等教育:知识、大学与发展[M]. 北京:人民教育出版社,2001.
[113] [美]菲利普·阿特巴赫. 大众高等教育的逻辑[J]. 蒋凯,陈学飞,译. 高等教育研究,1999(2).
[114] [美]菲利普·巴格比. 文化:历史的投影[M]. 上海:上海人民出版社,1987.
[115] [美]拉兹洛. 用系统论的观点看世界[M]. 北京:中国社会科学出版社,1985.

[116] [美]马丁·特罗.美国人看撒切尔和梅杰时代的英国高等教育[J].国际高等教育研究,2000(2).
[117] [美]孙隆基.中国文化的深层结构[M].桂林:广西师范大学出版社,2004.
[118] [美] 韦恩·布斯,格雷戈里·卡洛姆,约瑟夫·威廉姆斯.研究是一门艺术[M].陈美霞,徐毕卿,许甘霖,译.北京:新华出版社,2017.
[119] [美]约翰·布鲁贝克.高等教育哲学[M].郑继伟,等译.杭州:浙江教育出版社,1987.
[120] [日]金子元久.高等教育的社会经济学[M].北京:北京大学出版社,2007.
[121] [日]矢野真和.高等教育的经济分析与政策[M].张晓鹏,等译.北京:北京大学出版社,2006.
[122] [日]细谷俊夫.教育环境学[M].雷通群,译.北京:商务印书馆,1938.
[123] [瑞士]尤斯廷·托伦斯.学术自由与大学自治[J].教育展望,1999(3).
[124] [苏]凯勒.文化的本质与历程[M].陈文江,等译.杭州:浙江人民出版社,1989.
[125] [英]阿什比.科技发达时代的大学教育[M].滕大春,译.北京:人民教育出版社,1983.
[126] [英]埃德蒙·金.别国的学校和我们的学校——今日比较教育[M].王承绪,等译.北京:人民教育出版社,1989.
[127] [英]马尔特比.生态系统管理——科学和社会问题[M].康乐,等译.北京:科学出版社,2003.
[128] [英]麦肯齐,鲍尔,弗迪.生态学[M].孙儒泳,等译.北京:科学出版社,2000.
[129] MORRIS A,SIZER J. Resources and higher education[M]. Maidenhead: Open University Press,2013.
[130] GLOTFELTY C,FROMM H. The ecocriticism reader: Landmarks in literary ecology[M]. Georgia: The University of Georgia Press, 1996.
[131] COHN E. Economics of education[M]. New York: The Penguin Press,1992.
[132] WORSTER D. Nature's economy: A history of ecological ideas[M].

Cambridge:Cambridge University Press, 1994.

[133] EICHER J C, CHEVAILLIER T. Rethinking file financing of post-compulsory education[J]. Europe Journal of Education, 1987(27).

[134] RENNINE F, MORRISON T M, MASON R. E-learning and social networking handbook: Resources for higher education[M]. New York: Routledge Press, 2013.

[135] GIBBS G E, JENKINS A E. Teaching large classes in higher education: How to maintain quality with reduced resources[M]. New York: Routledge Press, 2014.

[136] GOLLEY F B. The philosophy of ecology: From science to synthesis [M]. Georgia: The University of Georgia Press, 2000.

[137] KULIK J A, KULIK C C. Meta-analysis in education[J]. International Journal of Education Research, 1989(13).

[138] MC CLELLAND C E. State, society, and university in Germany 1700—1914[M]. Cambridge: Cambridge University Press, 1980.

[139] ODUM E. Ecology: The link between the natural and social sciences [M]. New York: Holt Rinehart & Winston, 1975.

[140] PRESTON E M. Evaluating cumulative effects on wetland functions: A conceptual review and framework[J]. Environment Management, 1988, 12(5).

[141] WILLIAM F M. Resource allocation in higher education[M]. Michigan: The University of Michigan Press, 2016.

后　记

本书是国家社科基金(教育学)青年课题“高等教育资源的生态化配置与培植研究”(CIA110149)的最终研究成果。

自该课题获批立项以来，兀兀穷年，夙兴夜寐，唯恐交不出满意答卷，愧对所有关心、支持我的师友亲朋。如今课题完成，历经数载“理性探险”终于走到了能够静憩片刻的港湾。回望研究历程，心中感触颇多，正如胡适诗言：“醉过才知酒浓，爱过方知情重”。

学术是人类发展过程中淬炼出的宝贵精神财富，是人类生活和实践探索的浓缩与凝结。学术上的点滴进步无不凝聚太多的汗水和心血。为学，实在不易！几年来，开展该课题研究的同时，我还承担着本科生、研究生的教学工作及繁重的家务，沉重的工作和生活负担着实让我品尝了人间正道的艰辛。为课题研究付出的辛苦无须多言，它将融入我的生命，沉淀为我生命中永不磨灭的一份深深印记。

一个以学术为志业的人如果能在学术上做出一点成绩，实属幸运。完成该课题虽然不易，但我还是深感幸运和庆幸。幸运的是生活和命运给了我一次磨炼心性、感悟人生的机缘；庆幸的是经历了课题研究的艰辛之后，交上了合格答卷。我想，从课题申报到完成，整个研究过程经历的酸甜苦辣，于我而言是一个苦中作乐的过程。有了这份历练，我的人生无疑提高了一个层次！

课题完成和拙著定稿，喜悦自是充溢心扉。同时，热切的感激之情油然而生。虽有俗套之嫌，但我这份真诚的谢忱非吐不快！

感谢该课题的评审专家给我进一步深入开展高等教育资源生态领域研究的机会；感谢课题结题鉴定专家给我的信心和力量。感谢王政教授、李福华教授和姚本先教授在我开展该课题研究的前前后后给予的莫大支持和帮助。感谢我的同事冯建民博士在本书修改完善期间提供的无私支持。

感谢我的博士导师张万红教授！恩师既引领我从事学术研究，也教我做人做事，恩师是我生命中的贵人。记得课题研究陷入困境时，我总能从恩师的点拨和启发中获得灵感，步入柳暗花明之境。自有幸忝列师门十多年来，承蒙恩师一直关心和支持。这份师生情谊已超出一般师生关系，成为我宝贵的人生财富。这份财富既是我完成该课题研究的有力支撑，也是未来我踏实做人、努力工作、好好生活和终身学习的强大动力。

感谢我的硕士导师秦秋田教授！跟随秦老师攻读硕士学位时秦老师正担任大学校长，虽然公务繁忙，但秦老师还是坚持为我上课，对我悉心指导。秦老师恢宏大气的人生视野、干事创业的实干精神以及高超的高等教育领导艺术让我开了眼界、长了见识。秦老师领导下的大学由薄弱到内涵与外延俱佳的现实就是最好的例证，也是高等教育研究最鲜活的素材。正是在秦老师的教导下我立志要攻读博士学位，而且，在秦老师的鼓励和支持下，我实现了秦老师的“名言”：“想考博的都考上了”。至今每每给秦老师打电话时，“做人要大气，做事要踏实；宁可被困难打败，不能被困难吓倒”这样的谆谆教诲仍言犹在耳。

感谢我的父母和岳母。无论家庭处于顺境，还是异常艰难的困境，父母亲一直尽己所能倾力支持我在学业道路上不断追求。直到我娶妻生子之后较长一段时间，父母还帮我尽家庭的责任，为我节省时间用于求学。我的岳母虽然身在农村，识字不多，但她深明“读书求学是正道”的道理，毫无怨言地与我妻子一起支持我追求学业。这真让我感到万分幸运和无比感激！该课题的完成也算对三位老人的些许回报吧。

课题研究期间，我的贤妻赵玉春女士以病弱之躯承担繁重工作的同时，始终坚持多尽家庭责任，默默支持我的课题研究。可以说，课题顺利完成，有她一半功劳。我的儿子彭照畅比较懂事，学习优秀、身心健康，让我十分省心，给了我很大安慰，这也算是对我工作和课题研究的大力支持吧。亲人们为我付出太多太多，这份情我将用未来的全部生命时光去报答！

我还要感谢课题研究中参考和借鉴的所有文献的作者，是站在你们的肩膀上，我才有了一点点学术进步。同时，感谢课题组全体成员为课题研究所做的工作和努力。

此外，还有许多曾经帮我成长、促我进步的人要感谢，在此不再一一列举，我会在心中默默感念你们！

著名未来学家阿依曾说：未来不是我们要去的地方，而是我们要寻找的地方；通往未来的路不是找到的，而是走出来的。今天，课题研究任务虽已完成，但我对高等教育资源生态领域的学术追求不会停歇。期待未来能用更多成绩回报社会,报答所有关心和支持我的人们。路漫漫其修远兮,我一定会奋力求索!

由于本人知识和水平有限,书中谬误和不妥之处在所难免,恳请读者和同行指正!

彭　勃

2017 年 6 月